UNIVERSITÉ DE MONTPELLIER

FACULTÉ DE DROIT

DROIT PÉNAL

ÉTUDE

SUR

LA COMPLICITÉ

DROIT FRANÇAIS

LÉGISLATION COMPARÉE

THÈSE

POUR LE DOCTORAT ÈS SCIENCES JURIDIQUES

PAR

Louis CHAUTEN

MONTPELLIER

IMPRIMERIE Gustave FIRMIN et MONTANE

Rue Ferdinand-Fabre et Quai du Verdanson

1900

THÈSE

POUR LE DOCTORAT ÈS SCIENCES JURIDIQUES

UNIVERSITÉ DE MONTPELLIER

FACULTÉ DE DROIT

DROIT PÉNAL

ÉTUDE

SUR

LA COMPLICITÉ

DROIT FRANÇAIS

LÉGISLATION COMPARÉE

THÈSE

POUR LE DOCTORAT ÈS SCIENCES JURIDIQUES

PAR

Louis CHAUTEN

MONTPELLIER

IMPRIMERIE Gustave FIRMIN et MONTANE

Rue Ferdinand-Fabre et Quai du Verdanson

1900

UNIVERSITÉ DE MONTPELLIER

Faculté de Droit

MM. **Vigié,** Doyen, professeur de Droit civil, chargé du cours d'Enregistrement.

Brémond, Assesseur, professeur de Droit administratif.

Gide, professeur d'Économie politique, en congé.

Glaize, professeur de Procédure civile, chargé des cours des Voies d'exécution et de Législation financière.

Laborde, professeur de Droit criminel, chargé du cours de Législation et Economie industrielles.

Charmont, professeur de Droit civil, chargé des cours de Législation notariale et de Droit civil approfondi.

Chausse, professeur de Droit romain.

Meynial, professeur d'Histoire du Droit.

Barde, professeur de Droit constitutionnel, chargé du cours de Droit civil dans ses rapports avec le notariat.

Valéry, professeur de Droit commercial, chargé du cours de Droit international privé.

Declareuil, professeur de Droit romain, chargé des cours de Pandectes et d'Histoire du Droit public français.

Perreau, agrégé, chargé d'un cours de Droit civil.

Moye, agrégé, chargé des cours de Droit international.

Lévy-Ullmann, agrégé, chargé d'un cours de Droit civil.

Rist, agrégé, chargé d'un cours d'Economie politique et du cours d'Histoire des doctrines économiques.

Bigallet, chargé d'un cours d'Économie politique.

Grangé, secrétaire.

Laurens, professeur honoraire.

Giraud, secrétaire honoraire.

Membres du Jury :

MM. **Laborde,** *président.*

Vigié, }

Valéry, } *assesseurs.*

A MA GRAND'MÈRE

A MON PÈRE

A MA MÈRE

L. CHAUTEN.

A MES PARENTS

L. CHAUTEN.

INTRODUCTION

Nous nous sommes proposé, dans cette thèse, d'étudier une des questions capitales du droit pénal : *La Complicité*. Notre Code pénal de 1810 s'est très certainement inspiré, en cette matière, des règles de la législation romaine et de notre ancien droit. Il serait très profitable, assurément, de remonter jusques au droit romain pour y trouver l'origine des principes consacrés par les textes de 1810, et d'assister à l'évolution de ces principes dans notre ancienne législation. Nous n'avons pas cru devoir entreprendre cette étude historique très intéressante, mais où fourmillent les questions obscures et controversées; en raison de l'importance et de l'intérêt considérable qu'elle présente, elle demanderait à être traitée d'une façon spéciale et exclusive, et avec de longs développements.

La complicité offre un vaste champ d'études, soit au point de vue juridique, soit au point de vue théorique. A ce dernier point de vue, la notion fondamentale, sur laquelle repose toute la théorie de la complicité suivant les criminalistes classiques, à savoir : l'unité de délit, a été soumise à une critique rigoureuse par les écoles récentes du droit pénal, allemandes et italiennes. Les criminalistes allemands et italiens s'efforcent de démontrer que la participation de plusieurs individus implique autant de délits que de délinquants. Dans ce but, ils se livrent à des analyses subtiles et à des explications variées assez différentes entre elles, à la vérité ; mais ils sont unanimes pour combattre le principe de l'unité de délit, qu'ils qualifient d'arbitraire, et lui substituer le principe de la pluralité de délits. Ce n'est pas, d'ailleurs, un jeu stérile de théoriciens. Le point de vue adopté par ces auteurs comporte, quant à la pénalité, des conséquences très importantes, notamment dans l'hypothèse de la provocation. Nous avons laissé de côté toutes ces théories très séduisantes qui ont été remarquablement exposées et discutées dans une thèse récente soutenue devant la Faculté de droit de Paris (1).

Nous avons envisagé la complicité sous son aspect juridique.

Notre but a été d'exposer les règles de la complicité en droit français, et de commenter les textes actuels qui prévoient les divers modes de complicité (art. 59, 60, 61, 62).

Nous avons négligé systématiquement la procédure et la compétence, qui, à elles seules mériteraient un travail spécial.

Indiquons en quelques mots le plan que nous développerons. Notre étude comprendra deux parties générales :

Première partie : Étude de la complicité en droit français.

Deuxième partie : Étude de la complicité en droit comparé, complétée par un examen des principes rationnels de la complicité.

La première partie sera divisée en quatre chapitres : le premier chapitre est consacré à la définition du sujet et à la détermination des éléments qui rendent la participation punissable. Ce chapitre contient l'exposé préliminaire indispensable des principes généraux de la matière.

Le deuxième chapitre comprend l'étude détaillée des

_____

(1) Voyez Thibierge, *Étude sur la notion de la complicité.* Paris, 1898, Rousseau.

divers cas de complicité. Chacun de ces cas fait l'objet d'une section. Nous nous conformerons à l'ordre du Code pénal (art. 60, 61, 62). Cet ordre concorde d'ailleurs avec une classification des faits de complicité depuis longtemps classique parmi les criminalistes, et qui consiste simplement à envisager l'époque à laquelle la participation s'est produite.

Dans le troisième chapitre, nous nous occupons des principales exceptions apportées par le Code pénal et les lois spéciales aux règles ordinaires de la complicité.

Dans le quatrième chapitre, nous traitons des peines de la complicité. Dans une première section, nous analysons la disposition de l'article 59, qui inflige au complice la même peine qu'à l'auteur.

La peine de l'auteur peut être aggravée, atténuée, supprimée par suite de certains événements ou de certaines circonstances. Dans les trois dernières sections de ce chapitre, nous nous demandons quel doit être l'effet de ces causes d'aggravation, d'atténuation, d'exonération, à l'égard du complice.

La deuxième partie sera divisée en deux chapitres. Dans un premier chapitre, nous comparons les dispositions de la loi française avec les principales dispositions des lois étrangères.

Beaucoup de criminalistes ont reproché au législateur français de n'avoir pas su discerner entre les nombreuses manières de coopérer à une infraction, des différences de criminalités bien tranchées. Il a été ainsi conduit à établir une peine identique pour tous les codélinquants et à frapper le simple auxiliaire, le complice, d'une peine aussi rigoureuse que l'auteur.

Dans le deuxième et dernier chapitre de notre deuxième partie, nous examinerons si ces critiques sont fondées, ce qui constituera la conclusion naturelle de notre étude.

ÉTUDE

SUR

LA COMPLICITÉ

PREMIÈRE PARTIE

CHAPITRE PREMIER

DÉFINITION ET ÉLÉMENTS

Définition. — Dans la langue usuelle, le mot « complicité »
éveille l'idée d'une réunion d'individus associés pour la perpétration d'une infraction. Mais, en droit, ce terme possède
une signification précise : sous le nom de complices, on désigne les personnes qui, par leur coopération matérielle ou
morale, ont simplement facilité le délit, qui ont tenu un rôle
accessoire dans l'entreprise criminelle. On réserve l'appellation d'auteurs aux malfaiteurs responsables de l'exécution
matérielle et directe du fait délictueux. Nous verrons bientôt,
en analysant l'article 60 du Code pénal, pour quels actes un
individu peut être incriminé comme complice. Pour le moment,
il importe de remarquer que, suivant la notion admise par la
loi pénale française, la complicité suppose essentiellement la
pluralité des délinquants et l'unité de délit. En d'autres termes, l'acte de chaque participant, de chaque complice, ne doit

pas être envisagé en lui-même. Il n'a de valeur pénale qu'en tant qu'il se rattache à un fait principal criminel dont il emprunte la criminalité. L'unité de délit, tel est le trait caractéristique de la complicité, qui la distingue très nettement de la connexité avec laquelle, au premier abord, on pourrait la confondre. Les cas de connexité, prévus par l'article 227 du Code d'instruction criminelle, comportent évidemment la pluralité des délinquants. On trouve même, dans quelques-unes des espèces énumérées par cet article, un concert formé à l'avance par les co-délinquants connexes, ou une présomption de concert, ce qui constitue une des conditions ordinaires de la complicité (1). Mais il y a autant de délits que de délinquants. D'une manière générale, nous pouvons maintenant, avec Le Sellyer, définir la complicité : « la participation à une infraction par des faits extrinsèques aux faits constitutifs de cette infraction et ne constituant nécessairement pas eux-mêmes aucun délit et aucun crime puni par la loi » (2). Ce dernier membre de phrase marque bien l'idée générale que nous avons voulu mettre en relief au début de cette étude. Cette idée est que le fait de complicité tire sa criminalité d'un fait principal délictueux auquel il se relie, tandis que l'acte de chacun des délinquants unis par le lien de la connexité contient une criminalité distincte. Ce principe de la criminalité d'emprunt domine toute la matière de la complicité. Il a servi de guide au législateur pour déterminer les règles et les peines de la complicité (art. 59). Nous aurons plus d'une fois recours à lui pour résoudre de multiples questions de détail. Pour être punissable, la complicité doit réunir les conditions générales qu'on exige dans une infraction quelconque. Elle

(1) Mais non pas nécessaire (pp. 20 et suiv.).
(2) Voy. Le Sellyer, *Traité de la Criminalité et de la Pénalité*, t. II, n° 353.

requiert, en outre, certaines conditions spéciales à notre matière. Ce sont là les éléments constitutifs de toute complicité, auxquels nous consacrerons les deux sections de ce chapitre.

Section Première

CONDITIONS GÉNÉRALES

PARAGRAPHE PREMIER.— La loi française n'atteignant que les manifestations matérielles de la résolution criminelle, la complicité qui ne se traduit pas par des actes positifs de participation reste impunie. Dès lors, la complicité par réticence, qui consiste à ne pas dénoncer un crime que l'on sait devoir être commis, n'existe pas dans notre droit (1). Les articles 103 et suivants du Code pénal, abrogés par la loi du 23 avril 1832, qui punissaient la non-révélation des crimes compromettant la sûreté intérieure ou extérieure de l'Etat, n'incriminaient et ne pouvaient incriminer ces actes que comme infractions *sui generis*, et non comme faits de complicité. La même solution s'impose pour le cas où on s'abstient de porter secours à une personne qui est mise en péril par une agression (2). De là, il résulte encore que le complice par connivence échappera à toute répression : nous faisons allusion à l'hypothèse où, par suite d'une entente préalable entre deux malfaiteurs, l'un d'eux s'engage à ne pas dénoncer son comparse, qui se charge d'exécuter l'infraction. Et le principe ne changerait pas si le silence et l'abstention du confident étaient achetés à prix d'argent. Cette circonstance rend l'acte de ce dernier particuliè-

---

(1) Jurisprudence constante. En ce sens, voy. Cass., 16 décembre 1852, Sirey, 53-1-143.
(2) Voy. Cass., 22 juillet 1897, D. 99-1-422.

rement immoral, mais elle n'en modifie pas le caractère juridique : nous sommes toujours en présence d'une complicité négative, et, comme telle, non punissable (1).

PARAGRAPHE DEUXIÈME. — Il faut que le complice ait participé au crime sciemment.

1° Les faits de complicité ne tombent sous le coup de la loi pénale qu'autant que celui qui s'en est rendu coupable a agi en connaissance de cause ; il faut qu'il ait su qu'il participait à une infraction. C'est une condition qu'indique l'équité naturelle, et qui est exigée en matière de complicité comme en toute autre matière.

Si l'article 60 (2° et 3° §§), les articles 61 et 62, la mentionnent spécialement, c'est que, dans toutes les hypothèses pré-

---

(1) Pour toutes ces hypothèses, voir : Rauter, *Traité de Droit criminel,* n° 113 ; Blanche, *Etudes pratiques du Code pénal,* 2° éd., 2° étude, n° 81, p. 161 ; Garraud, *Traité théorique et pratique du Droit pénal,* 1ʳᵉ éd., t. II, n° 237, p. 388. Ces principes sont constants en doctrine. En législation, on peut se demander s'il ne conviendrait pas d'ériger en délit *sui generis* l'inaction consistant, en présence d'une personne mise en péril par des malfaiteurs, à ne pas la secourir ou à ne pas avertir les autorités. Le législateur français ne l'a pas pensé. Il a vu là simplement la violation d'un devoir moral de conscience, du devoir de mutuelle assistance. A notre avis, le législateur, en n'incriminant aucun de ces deux faits, a obéi à un scrupule exagéré. Que l'on ne fasse pas aux particuliers une obligation pénale de secourir les personnes exposées à un danger par les malfaiteurs, nous l'admettons facilement ; la loi n'a pas mission spéciale de faire observer la morale. Au contraire, nous comprendrions parfaitement, bien que la difficulté de la preuve rende la chose un peu téméraire, que la Société, atteigne comme délit *sui generis,* le fait de ne pas dénoncer une infraction aux autorités de police. En effet, la Société protège également tous les citoyens par les mêmes lois. Elle a donc le droit strict d'exiger d'eux en échange de cette protection qu'ils aident dans leur œuvre les personnes chargées de maintenir l'ordre dans son sein.

vues par ces textes, la connaissance du but criminel poursuivi par l'auteur principal ne résulte pas nécessairement de l'acte du complice ; voici, par exemple, un individu, un domestique qui donne des instructions, des renseignements à un tiers qui les utilisera pour commettre un vol. Le domestique peut avoir ignoré cette circonstance ; on n'aura peut-être à lui reprocher qu'une simple imprudence, et non une coopération criminelle. Il est donc indispensable de savoir s'il a connu le dessein criminel de l'auteur, et s'il l'a favorisé sciemment ou malgré lui. Cette question ne se pose pas pour l'individu qui a provoqué à un délit par dons, promesses, menaces (art. 60, § Ier), puisqu'il a excité lui-même à perpétrer une infraction (1).

La condition de connaissance, étant rigoureusement exigée par la loi, doit être spécialement énoncée dans la question posée au jury (2).

2° Certains criminalistes vont plus loin, s'appuyant sur le Code pénal de 1791 ; ils exigent, en outre, que le complice ait contribué au crime, dans l'intention et avec le dessein d'en favoriser la préparation ou l'exécution. Aux termes de l'article premier de ce Code (part. I, titre III) : « Lorsqu'un crime aura été commis, quiconque sera convaincu d'avoir par dons, promesses, ordres ou menaces, provoqué le coupable ou les coupables à le commettre, ou d'avoir sciemment et dans le dessein du crime aidé ou assisté le coupable ou les coupables, soit dans les faits qui ont préparé ou facilité son exécution,

---

(1) Il résulte de là, qu'en matière de provocation, le juge n'a pas à se prononcer sur la connaissance ; la constatation du fait suffit. Voy. Cass., 9 juin 1857. D. 57-1-372 ; 27 décembre 1872, *Bull. crim.*, n° 333.

(2) Voy. Cass., 24 juillet 1847, *Bull. crim.*, n° 160 ; 8 août 1872, *Bull. crim.*, n° 213 ; 26 février 1874, *Bull. crim.*, n° 62 ; 23 décembre 1880, D. 81-1-96 ; 20 juillet 1882, D. 83-5-118.

sera puni de la même peine prononcée par la loi contre les auteurs dudit crime. »

Donc, d'après ce texte, il ne suffisait pas que le complice ait eu connaissance du but criminel ; sa pensée et sa volonté devaient tendre à la réalisation de l'infraction, condition remplie seulement lorsqu'il avait conscience de coopérer à un crime ou à un délit déterminé (1).

Le Code de 1810, prétendent ces auteurs, n'a nullement entendu innover en ne rappelant pas expressément cette règle. A leurs yeux, une pareille précaution était d'ailleurs absolument inutile, parce que, le plus souvent, la connaissance que le délinquant a du crime auquel il participe, implique nécessairement de sa part l'intention et la volonté de le favoriser. Si cette théorie était exacte, le Code de 1791 s'appliquerait encore aujourd'hui, sur ce point particulier, ce qui conduirait à la conclusion suivante : l'individu qui fournit sciemment à un malfaiteur les moyens d'exécuter une infraction, doit être présumé avoir concouru intentionnellement à cette infraction. Mais, comme en droit pénal il n'y a pas de présomption irréfragable, il conserve le droit de démontrer qu'il n'a pas voulu favoriser le délit, ou plutôt tel délit déterminé (2).

Empruntons un exemple aux auteurs dont nous exposons la théorie. Un serrurier fabrique de fausses clefs : s'il a partagé le bénéfice du délit avec le voleur, il sera complice, parce que

---

(1) Ainsi, aux termes de cette législation, un individu fournissait à un autre un instrument qui, dans sa pensée, devait servir à forcer une porte ou une fenêtre à l'effet de commettre un vol concerté entre les deux coupables ; mais, au lieu d'un vol, un assassinat était commis. Dans ces circonstances, celui qui avait prêté l'instrument n'était certainement pas complice du crime auquel il n'avait pas pensé.

(2) Voy. en ce sens Haus, *Principes généraux du Droit pénal belge*, 2ᵉ éd., t. II, nº 435, p. 349, nº 517, p. 397 ; Garraud, *op. cit*, t. II, nº 238, p. 391 et suiv.

cette dernière circonstance montre qu'il a entendu coopérer à
tel délit déterminé ; il y a un lien précis entre son intention
et le délit ; mais, s'il réussit à prouver qu'il n'a rien touché du
produit du vol, il ne pourra être inculpé que du délit *sui
generis* de fabrication de fausses clefs (voy. art. 399, § 2 du
Code pénal) (1).

Nous ne contestons pas la valeur rationnelle et philoso-
phique de cette théorie, mais il nous paraît évident qu'elle
n'a pas été consacrée par le Code de 1810. Les termes très
généraux dont il se sert prouvent qu'il a répudié, sur ce point,

---

(1) Voyez cet exemple proposé par Haus, *op. cit.*, t. I, n° 558,
p. 423, 3ᵐᵉ édition, et par Garraud, *op. cit.*, t. II, n° 238, p. 392.
— Le Code n'a pas prévu le cas où l'infraction commise a été
différente et plus grave que celle qui a été provoquée ou concertée.
Par exemple, un individu a donné des instructions pour faire un faux
en écriture privée, et l'agent se rend coupable d'un faux en écriture
publique. Autre exemple : un individu enfonce une porte pour aider
à commettre un vol, et l'auteur principal commet un homicide.
Selon M. Garraud (voyez Garraud, t. II, n° 238, p. 392, note 5) on doit
encore s'inspirer de la législation de 1791, pour résoudre cette difficulté. Sous cette législation, celui qui a concouru à un délit avec une
intention distincte de celle de l'auteur principal ne peut être tenu
que de ce qu'il a prévu et voulu : c'est un principe certain (voyez-en
l'application à l'hypothèse identique à celle qui nous occupe, page 16,
note 1), qui n'a pas été écarté par les textes de 1810 : « Au point de
vue *subjectif*, dit M. Garraud, le complice ne coopère pas au délit
d'autrui, mais à son propre délit. Par conséquent, le provocateur
ne peut encourir que la peine de l'infraction qu'il a provoquée, à
moins qu'il ait *prévu* qu'une infraction plus grave ou une infraction
connexe pouvait être commise. » Mais objecterons-nous à M. Garraud,
l'auteur venant à commettre un délit moindre que celui auquel il a
été déterminé, tout le monde reconnaît qu'il bénéficie de cette
circonstance. Ne doit-il pas, par contre, subir la peine de l'infraction
commise, quand elle dépasse en gravité celle qu'il a provoqué à
exécuter ? Puisque le complice emprunte toujours la criminalité
du fait principal ? (Voyez, au surplus, la réfutation de la théorie
de Garraud, au texte, page 17).

la législation révolutionnaire. A cet égard, les textes sont très clairs. L'article 60 s'exprime ainsi : « Seront punis comme complices ceux qui auront procuré des armes, des instruments ou tout autre moyen qui aura servi à l'action (et non à une action déterminée), sachant qu'ils devaient y servir ; ceux qui auront, avec connaissance (la connaissance suffit), aidé ou assisté les auteurs de l'action (et non d'une action *déterminée*).»

La disposition du Code comprend deux catégories d'individus : d'abord, ceux qui fournissent les armes, les instruments devant servir à l'action, avec une coopération de volonté, comme le Code de 1791, et, de plus, les indifférents, ceux qui disent : Je ne m'associe pas, par ma volonté, à votre crime ; j'y reste étranger, tout en sachant que l'arme que je vous ai prêtée va servir à commettre une infraction.

Dès que cet individu sait que les moyens qu'il fournit serviront à une action criminelle, qu'il soit renseigné ou non exactement sur la nature de l'infraction, il est complice de cette dernière.

Par conséquent, d'après nous, celui qui a provoqué à une infraction, et qui voit exécuter une infraction plus grave que celle à laquelle il a provoqué, est complice.

Même principe pour celui qui a fourni des armes ou des instruments en vue d'un délit déterminé, alors qu'un délit plus sévèrement puni a eu lieu (1).

PARAGRAPHE TROISIÈME.— De la théorie que nous avons combattue, M. Garraud tire une autre conséquence : l'individu qui a concouru à une infraction par simple faute ne peut être

---

(1) Nous déciderons de même que l'individu qui a prêté aide ou assistance à l'auteur, croyant participer à une infraction moins sérieuse que celle qui a été commise, tombe sous le coup de l'article 59.

déclaré complice, parce que la complicité implique une communauté d'intention et de but qui n'existe pas en cas de faute.
Cette règle est parfaitement exacte, mais elle se justifie par
un autre motif : l'individu en faute n'a pas eu la volonté criminelle, qui est une condition d'imputabilité essentielle, puisqu'il
n'a même pas soupçonné le crime ou le délit qu'il favorisait
par sa conduite. Mais, peut-il y avoir complicité par imprudence ou par négligence (1) d'une infraction non intentionnelle ? Par exemple, un cocher, sur l'ordre de son maître,
pousse ses chevaux au milieu d'une foule et tue quelques personnes ; ou un mineur de 16 ans, sur l'ordre de son père, tire
un coup de fusil dans un lieu où la prudence la plus élémentaire lui commandait de s'abstenir ; ou encore, un loueur de
chevaux confie un cheval trop vif à un individu qu'il sait incapable de le maîtriser ; le cheval blesse ou tue des passants.
Doit-on appliquer les peines de la complicité au maître, au
père, au loueur de chevaux ?

Quelques auteurs pensent que la notion de la complicité est
théoriquement inconciliable avec les infractions non intentionnelles. A leur sens, déclarer que l'auteur a agi sans intention,
et reconnaître néanmoins qu'il a eu pour le provoquer, l'aider
ou l'assister, un complice, c'est se heurter à une manifeste
contradiction ? Pourquoi cela ? Parce que, dit-on, la complicité suppose nécessairement, de la part des codélinquants,
l'intention commune de commettre une infraction ; elle implique
que l'auteur et le complice se concertent et visent le même
but ; ce qui ne peut jamais se rencontrer dans les infractions
non intentionnelles. « La complicité, disent MM. Chauveau et
Hélie, suppose un accord, un concert préalable. Toutes les

(1) L'imprudence ou la négligence, à la différence de la simple
faute, supposent, sinon la volonté criminelle, du moins la possibilité
de prévoir l'infraction.

fois, donc, qu'il s'agit d'un fait purement matériel, que la loi saisit, abstraction faite de l'intention de son auteur, la complicité n'est pas admissible, puisqu'il y aurait contradiction à supposer, à la fois, que cette intention existe et qu'elle n'existe pas » (1). A notre avis, les auteurs qui soutiennent que le défaut d'intention est exclusif de la complicité, partent d'un point de vue erroné, qui explique très bien l'erreur dans laquelle ils sont tombés. Ils imaginent une classe d'infractions purement matérielles, punissables dès que le fait a été commis.

Avec cette manière de voir, il paraît bien impossible, en effet, de parler de complicité. Pour participer à une infraction, il faut vouloir y participer ; or, nous sommes en présence d'actes pour lesquels il est inutile de se préoccuper, chez le délinquant, d'un élément intellectuel quelconque : ces actes deviennent punissables dès que leur existence matérielle a été constatée. Dans ces conditions, la volonté des codélinquants n'a pas pu se rencontrer ; ils se trouvent séparés par un mur infranchissable, et la participation accessoire ne peut pas se concevoir. Dans ces sortes d'infractions, par la force des choses, il n'y aura qu'un ou plusieurs auteurs, mais jamais de complices. Mais la base sur laquelle repose toute cette théorie est bien fragile : en réalité, il n'a jamais existé d'infractions purement matérielles. Seulement, dans certaines infractions, il faut soigneusement distinguer l'*intention* de la *volonté* : ce sont deux choses très différentes. Cette distinction, qui a échappé à beaucoup d'auteurs, concilie tout naturellement, comme nous allons voir, la complicité avec les infractions non intentionnelles. L'intention, c'est la volonté appliquée à la violation de la loi, par le moyen d'un fait ou d'une abstention.

---

(1) Chauveau et Hélie, t. I, *op. cit.*, 6ᵉ éd., n° 396, p. 494 ; voy. dans le même sens Haus, *op. cit.*, t. I, n° 456, p. 350.

L'élément moral de l'infraction, c'est la volonté appliquée au fait ou à l'abstention qui constitue l'élément matériel du délit. En d'autres termes, l'intention, c'est la volonté d'accomplir le fait. L'intention n'est pas exigée dans toutes les infractions, tandis que l'élément moral est une condition d'imputabilité générale que l'on doit trouver dans toutes les infractions, même dans les infractions non intentionnelles.

Mais, dans ces dernières, la loi y punit la faute ; l'infraction consiste plutôt dans l'imprudence ou dans la négligence de l'agent que dans le fait ou l'abstention qui en est résultée. Avoir voulu cette imprudence, cette négligence, c'est avoir voulu le fait du délit, et, par conséquent, avoir l'élément moral de l'infraction ; mais cette négligence ou cette imprudence, dans laquelle consiste l'infraction non intentionnelle, au moins faut-il l'avoir voulue, parce qu'un principe essentiel de raison et d'équité est qu'on ne peut imputer à un homme une action que s'il l'a voulue. Un exemple fera mieux comprendre la distinction. Supposons un vol, délit intentionnel. Le voleur a eu la volonté d'accomplir le fait matériel, la soustraction, voilà l'élément moral. Il a eu, en outre, la volonté de violer la loi, au moyen de cette soustraction, car il savait qu'elle constituait un fait répréhensible défendu par la loi pénale : voilà l'élément intentionnel. Supposons, maintenant, un homicide involontaire, délit non intentionnel. Ici encore, nous retrouvons l'élément moral, car le délinquant a eu la volonté d'accomplir l'acte qui est la cause du délit ; mais, de l'élément intentionnel, il n'en est plus question ; ce que la loi exige en plus de l'élément moral, c'est la faute du délinquant. Par exemple, si un homicide est résulté d'un coup de fusil tiré imprudemment dans un lieu public, son auteur a, tout au moins, une imprudence à se reprocher ; cette imprudence constitue la faute, dont l'absence ferait disparaître le délit.

Voilà l'intérêt de la distinction quand l'agent a été *unique*.

En ce qui concerne le cas de pluralité des délinquants, de complicité, que nous étudions en ce moment, le raisonnement de MM. Chauveau et Hélie doit logiquement exclure, ainsi que nous l'avons vu, la possibilité de trouver des complices d'un délit non intentionnel. Et, cependant, l'article 59 du Code pénal formule la théorie de la complicité, pour les crimes et délits sans aucune distinction ; et, rien que dans le Code pénal, on trouve 28 délits non intentionnels (1), auxquels on ne peut, sans arbitraire, refuser d'appliquer les principes de la complicité.

Est-ce donc que ces délits constituent autant d'exceptions aux dispositions de l'article 59 ? Nullement. Les conditions générales de l'imputabilité parmi lesquelles figurent l'élément moral et l'intention ne changent point, à raison de cette circonstance, que le délit est l'œuvre de plusieurs délinquants, au lieu d'être l'œuvre d'un seul, ou à raison de celle-ci, que la participation des uns a été accessoire, et celle des autres, principale. Il suffira donc d'appliquer à la volonté de participer accessoirement, élément essentiel de la culpabilité du complice, la distinction de l'élément moral et de l'intention. Dans les délits intentionnels, on exigera la volonté de participer accessoirement à la violation de la loi, ou au résultat que l'auteur du délit se proposait d'atteindre. Dans les délits non intentionnels, on se contentera d'exiger la volonté de participer accessoirement au fait qui a été la cause du délit. Et comme dans ces dernières infractions, la loi punit la faute, l'acte accessoire sera punissable aux deux conditions suivantes : 1° s'il se lie au délit, sinon il n'y aurait pas de participation ; 2° si l'agent de qui il émane a, relativement à cet acte,

_____

(1) Perrot de Chezelles, *Revue critique de législation et de jurisprudence*, t. XIV, p. 70.

une imprudence ou une négligence à se reprocher (1) Ainsi donc, avec cette distinction, disparaît cette prétendue incompatibilité radicale de la complicité avec les délits non intentionnels.

Si, en effet, dans ces délits, on ne trouve pas un concert et une entente préalables, circonstance qui caractérise ordinairement la complicité (la plupart des délits exigeant l'intention), du moins peut-on constater que les volontés se sont rencontrées et jointes. Il y a eu une volonté principale, si on peut ainsi parler (la volonté d'accomplir le fait principal *matériel*), et il y a eu une volonté accessoire qui s'est réunie à la première pour tendre à l'accomplissement d'un fait unique, qui est résulté de la faute commune de tous les délinquants. Par conséquent, les deux conditions que nous venons d'énumérer sont remplies. Et, comme on le voit, elles donnent satisfaction à la fois aux principes du droit et à ceux de la raison (2).

Remarquons, du reste, en terminant, que la preuve soit de

(1) Reprenons l'exemple que nous avons proposé plus haut. L'auteur de l'homicide involontaire que nous supposions tout à l'heure est un mineur de 16 ans. Il a tiré sur l'ordre de son père : celui-ci devra être poursuivi comme complice de l'homicide involontaire, car il a participé à l'imprudence de l'auteur principal. Il l'a provoqué à tirer un coup de fusil dans un lieu où la prudence la plus élémentaire lui commandait de s'abstenir.

(2) En ce sens, Laborde, *Revue critique de législation et de jurisprudence*, 1885, p. 256-259 ; Villey, *France judiciaire*, 1876, 1re partie, pp. 2-9, pp. 312-318 ; année 1885-1886, t. I, pp. 365-370. *Sic* : Cass., 8 septembre 1831, D. 31-1-314 ; Lyon, 10 mars 1887, *Jurisprudence de la Cour d'appel de Lyon*, 1887, p. 82 ; Cass. 30 novembre 1887. *Bull. crim.*, n° 291. En sens contraire : Molinier, *Traité théorique et pratique de Droit pénal*, t. II, p. 225.

Haus écarte aussi la théorie de la complicité en cette matière, mais il ne laisse pas impunis les individus qui ont coopéré à des délits non intentionnels. Il les considère tous comme coauteurs, en tant que causes de l'acte qui leur est reproché. D'après lui, ils se sont tous rendus coupables d'infractions distinctes mais connexes. Cette théorie

l'intention, soit de l'état de faute du complice, sera à la charge du ministère public. En effet, en principe, la complicité ne se présume pas. L'article 61, qui établit un cas de complicité présumée, est une exception.

Section II

PARAGRAPHE PREMIER. — Nécessité d'un fait principal constituant une infraction.

C'est là un élément indispensable à l'existence de la complicité, qui, avons-nous dit, n'a qu'une criminalité d'emprunt. Par conséquent, si, pour une raison ou pour une autre, l'infraction principale ne peut naître, les actes de participation se trouvent à l'abri de toute poursuite.

Ce principe reçoit son application dans plusieurs hypothèses. Ainsi, le fait est déclaré non constant par défaut de preuves ; le complice en profite comme l'auteur principal (1). La complicité s'évanouit aussi si l'action ne présente pas les caractères d'un délit (2). Dans les délits d'habitude également, la complicité ne sera pas punissable tant que les faits principaux ne

---

nous paraît insoutenable. La connexité suppose bien que les infractions des délinquants sont distinctes, mais le lien qui les réunit et les rapproche est justement une entente commune préalable entre les délinquants, à la suite de laquelle les infractions ont eu lieu (cf. article 227, C. inst. crim.); or, où se trouve ici cette entente commune ?

(1) Voy. Cass., 25 octobre 1894, D. 99-1-389 ; 12 février 1898, D. 99-1-58.

(2) Voy. Cass., 26 avril 1851, D. 51-5-132 ; 22 mars, 4 septembre, 29 novembre 1851, D. 51-5-133 ; 3 septembre 1863, *Bull. crim.*, n° 241 ; 14 janvier 1864, *Bull. crim.*, 1864, n° 12 ; Trib. correctionnel de la Seine, 4 janvier 1889, *Gaz. Pal.*, 1889, 1-414.

seront pas devenus habituels, l'habitude étant une condition
de l'incrimination principale. Par exemple, le notaire qui prête
son ministère à des actes usuraires ne pourra être inquiété,
que si l'on a affaire à un usurier d'habitude.

Doit-on exiger que l'infraction ait été consommée?

L'article 59 parle des complices d'un crime ou d'un délit;
prises à la lettre, ces expressions ne visent que les infractions
achevées. Mais ce texte ne tranche nullement la question. Il
signifie simplement qu'il faut restreindre les peines de la complicité aux infractions punies de peines criminelles ou correctionnelles. En réalité, il suffit qu'on puisse rattacher les faits de
participation à un corps de délit. Or, l'article 2 punit, sous
certaines conditions qu'il indique, la tentative de crime comme
le crime, et l'article 3 punit la tentative de délits, dans certains
cas. La tentative rentre donc, rigoureusement, dans les termes de
l'article 60, qui prévoit la complicité des crimes et des délits (1).

Mais est-il nécessaire que le complice ait participé au commencement d'exécution de la tentative, ou suffit-il qu'il assiste
l'auteur de la tentative dans les faits préparatoires? L'article 60, paragraphe 3, répond à cette question. Il considère
comme complices non seulement ceux qui ont assisté l'auteur
dans les faits qui ont consommé l'infraction, mais encore ceux
qui ont assisté l'auteur dans les faits qui ont préparé et facilité
l'infraction. Dès lors, ce fait doit caractériser la complicité,
dans les tentatives comme dans les crimes consommés, puisque
la tentative qui réunit les conditions de l'article 2 forme un
crime principal. De même que l'intention de son auteur a toujours été de consommer le crime, de même aussi c'est à cette

---

(1) En ce sens, Chauveau et Hélie, *op. cit.*, n° 67, p. 128 ; Blanche,
op. cit., n° 265, p. 416 ; Le Sellyer, *op. cit.*, n° 23, p. 47; Rauter, *op.
cit.*, n° 117 ; Bertauld, *op. cit.*, p. 500 ; Garraud, *op. cit.*, 2° éd.,
n° 652, p. 625. — *Sic :* Cass., 14 avril 1842, D. 42-1-397.

consommation que s'est rapportée l'aide donnée dans les actes préparatoires. L'agent qui a participé aux faits préparatoires d'une tentative de crime ou de délit a donc participé à un crime ou à un délit de la manière indiquée par l'article 60. Par conséquent, il tombe sous le coup de ce texte, à la condition, bien entendu, que les actes préparatoires, toujours impunis dans notre législation, aient été suivis d'un commencement d'exécution (1). Quant à l'hypothèse inverse de la tentative de complicité (2), elle ne souffre aucune difficulté. La loi pénale

---

(1) En ce sens, Chauveau et Hélie, *op. cit.*, n° 265, p. 417; Le Sellyer *op. cit.*, n° 23, p. 47 ; Rauter, *op. cit.*, n° 118 ; Arrêt Cass., 6 février 1812, rapporté par Merlin, *Répertoire de Droit,* v° *Tentative de crime ou délit,* n° 60 : « Attendu, dit cet arrêt, que le fait de l'assistance donné avec connaissance dans les actes préparatoires du crime rentre dans les dispositions de l'article 60 du Code pénal, que celui qui a donné cette assistance doit, par ce seul fait, lorsqu'il n'en a pas détruit la criminalité en concourant à empêcher l'exécution du fait principal, être réputé complice, et puni conformément à l'article 59 de la peine ordonnée par la loi contre le crime consommé ». — Au sujet de la complicité de tentative, un cas intéressant peut se présenter : Un individu accomplit les actes préparatoires, de concert avec l'auteur de la *tentative ;* puis il l'engage en temps utile, mais sans succès, à abandonner l'entreprise. Est-il encore punissable ? Quelques auteurs lui appliquent par analogie l'article 2, qui ne prononce aucune peine contre la *tentative* qui a manqué, par suite du changement de la volonté de l'agent et de son repentir (*Sic :* Le Sellyer, *op. cit.*, t. I, p. 447 ; Rauter, *op. cit.*, n° 118). On ne peut, croyons-nous, invoquer ce texte, en raison des règles spéciales à notre matière. Le complice n'a pas une criminalité qui lui soit propre. Il est frappé parce qu'il a favorisé l'acte de l'auteur; c'est précisément le résultat qui s'est produit en l'espèce, puisque, malgré ses efforts, la tentative a eu lieu. En réalité, il a contribué à celle-ci contre son gré, il est vrai, mais peu importe ; au point de vue du droit, son acte constitue un lien matériel de participation, que son repentir est impuissant à briser ; on devra le poursuivre avec l'auteur.

(2) La tentative de complicité peut se manifester, soit avant, soit pendant l'exécution de l'infraction. — 1° Avant : le complice a pro-

ne peut jamais l'atteindre (1). De deux choses l'une, en effet :
ou les actes de complicité ne sont punissables que parce qu'ils
se rattachent à un fait principal ; or, si ce fait principal n'existe
pas, comment la complicité, qui est, par définition, une participation accessoire, existerait-elle en dehors de tout fait principal ? ou ces actes constituent par eux-mêmes, des délits
spéciaux, en l'absence d'un fait principal auxquels ils se
rattachaient dans la pensée de l'agent, et alors ils ne le sont
pas comme actes de complicité, mais comme délits *sui generis* (2).

Supposons maintenant une infraction achevée.

Elle a été précédée d'une provocation (par dons, promesses
etc.). Le complice, saisi de remords, révoque le mandat criminel qu'il a donné. Sera-t il encore passible des peines de l'article 59 ? L'affirmative n'est guère douteuse dans le cas où
l'auteur principal, n'ayant pas reçu à temps la révocation du
mandat, accomplit le délit. La responsabilité du provocateur
subsiste tout entière, parce que l'acte de complicité a produit
son effet propre, qui est de faciliter l'infraction. L'infraction

---

voqué au délit par dons ou autrement, ou bien il a donné des instructions, ou il a fourni des instruments, et le délit n'a pas lieu. —
2° Pendant : le complice prête aide et assistance, au moment de l'exécution (par exemple, il fait le guet) et l'auteur n'accomplit le délit,
ou s'arrête spontanément après avoir commencé.

(1) En ce sens, Ortolan, *Éléments de droit pénal*, t. I, n° 1200 ;
Molinier et Vidal, *op. cit.*, p. 224 ; Le Sellyer, *op. cit.*, t. I, n° 25,
p. 49 ; Haus, *op. cit.*, n° 459, p. 353 ; n° 460, p. 354 ; Bertauld, *op. cit.*,
p. 431 ; Blanche, *op. cit.*, n° 68, p. 138.

(2) Il en est ainsi, par exemple, de la proposition non agréée de
former un complot (art. 89), de la tentative de corruption des fonctionnaires (art. 179). L'article 24 de la loi sur la presse, du 29 juillet
1881, punit comme délit spécial la provocation à des crimes ou délits,
non suivie d'effet.

une fois consommée, le repentir de l'agent ne peut rien changer à la situation qu'il a lui-même créée (1).

Mais le provocateur intervient avant l'exécution du délit. Il cherche à dissuader le tiers d'agir. Que se passera-t-il alors ? Il ne saurait prétendre dégager sa responsabilité en faisant connaître simplement son désistement au tiers qu'il a poussé au crime, car sa provocation a pu exercer une influence décisive sur l'agent d'exécution et créer chez lui une détermination criminelle irrévocable. Si donc il veut se soustraire aux peines de la complicité, il s'appliquera à annihiler l'efficacité néfaste du rôle qu'il a joué. Il s'efforcera de détruire l'effet funeste de sa conduite passée, en apportant des obstacles sérieux à la réalisation du délit (2). Si, malgré ses efforts, le délit a été exécuté, ne serait-ce pas violer les principes élé-

---

(1) En ce sens, Garraud, *op. cit.*, t. II, n°240, p. 397 et suiv.; Ortolan, *op cit.*, t. I, n° 1291 ; Haus, *op. cit*, n° 459, p. 353, n° 485, p. 372 ; Molinier et Vidal, *op. cit.*, p. 243. M. Bertauld s'élève contre la rigueur de cette solution : « Si elle a agi, dit-il (la personne qui a révoqué le mandat), si elle a pu surtout avoir raisonnablement l'espérance d'agir à temps, l'accident qui aura trompé ses espérances, la précipitation mise par l'agent d'exécution, l'impossibilité fortuite de le rencontrer, de lui donner un salutaire avertissement, tout cela ne saurait paralyser les conséquences d'un véritable retour au bien, et donner à la Société le droit de punir une complicité qui pourrait être une monstrueuse fiction » (p. 433, *op. cit.*). Monstrueuse fiction ! Pourquoi donc ? Il est impossible de nier que le provocateur ait participé à l'infraction. Il y a nécessairement coopéré, puisque le délit a été commis, et à la suite de ses agissements criminels. Il est très malheureux que les circonstances l'aient trahi, nous le reconnaissons. Mais le juge pourra tenir compte de ses bonnes dispositions en lui accordant les circonstances atténuantes. C'est l'unique moyen de tempérer la sévérité d'une doctrine imposée par les principes (voy. dans notre sens, Cass., 2 septembre 1847, S. 48-1-458).

(2) Par exemple, il retirera les dons et promesses qu'il a faits, les menaces qu'il a proférées, pour enlever à l'auteur tout motif d'agir ; il reprendra les instruments qu'il a fournis.

mentaires de la justice et du droit que de le considérer comme complice ? (1). A moins cependant que le mode de participation employé n'ait eu des conséquences ineffaçables, par exemple les ordres du provocateur avaient été accompagnés d'instructions nécessaires pour commettre l'infraction. Les ordres ont été révoqués, mais l'auteur du crime s'est servi des instructions et des renseignements qu'on lui a fournis. Le provocateur doit rester complice pour les instructions données, puisque la révocation des ordres qu'il avait donnés n'empêche pas qu'on ait utilisé les instructions qu'il avait jointes à ses ordres (2).

PARAGRAPHE DEUXIÈME. — Arrêtons-nous quelques instants sur le suicide et sur le duel, qui, au point de vue de la complicité, offrent quelques particularités intéressantes. Le suicide était, dans l'ancien droit, l'objet de mesures très rigoureuses. La législation séculière, dominée alors par la religion, interdit, à son exemple, le suicide, et ajouta des peines temporelles aux peines religieuses. Deux ordres de châtiments furent établis presque partout, l'un frappant les dépouilles, l'autre le patrimoine. Le cadavre du suicidé devait être traîné sur une claie, la face contre terre, et ensuite pendu par les pieds, et privé de la sépulture. Les biens étaient confisqués. Les coutumes se divisèrent seulement sur l'application des châtiments. La Révolution française, en proclamant le principe de la liberté humaine, rendit à l'homme le droit de disposer de sa vie. En passant sous silence le suicide, le Code de 1810 lui a reconnu le même droit. Les législations modernes ont

---

(1) Les conditions de la provocation ne seraient pas remplies, en effet, puisqu'en définitive l'auteur n'a obéi qu'à sa propre inspiration, et n'a exécuté le délit que pour son propre compte.

(2) Voy. en ce sens les auteurs cités à la note 1, page 28.

accepté ce point de vue, et, actuellement, le suicide ne relève plus de la législation pénale (1). L'efficacité des lois répressives comme moyen de détourner du suicide, n'est, en effet, rien moins que démontrée. Le suicide est surtout le résultat des mœurs et d'un certain état social : les lois sont impuissantes à l'empêcher. D'autre part, il serait souvent extrêmement difficile de savoir si la résolution du suicidé a été prise dans la plénitude de ses facultés mentales. Celui qui se donne la mort, le plus souvent, n'a pas cette liberté d'esprit et cette maîtrise de soi-même qui sont les conditions de l'imputabilité pénale (Voy. Montesquieu, *Esprit des lois,* livre XIV, chapitre xii). Quoi qu'il en soit, constatons que le suicide n'étant pas prévu par le Code pénal, la participation au suicide n'est passible d'aucune peine. Par conséquent, l'agent qui a pris part au suicide, soit en provoquant un tiers à se détruire, soit en l'aidant dans ses préparatifs, soit en lui fournissant des instruments ou des armes, bénéficie de la même impunité que le suicidé (2).

---

(1) Le Code pénal autrichien de 1803, mis en vigueur dans la Lombardie-Vénétie, en 1815, est peut-être le seul Code européen qui, dans ce siècle, ait puni le suicide ; mais le Code autrichien de 1853, qui remplace celui de 1803, est muet sur le suicide et, par conséquent, le laisse en dehors des lois pénales.

(2) En ce sens : Garraud, *op. cit.,* t. I, n° 312, p. 315 ; Chauveau et Hélie, *op. cit.,* t. III, n° 1234 ; Blanche, *op. cit.,* t. II, n° 44, p. 67 ; Molinier et Vidal, *op. cit.,* p. 219 ; Merlin, *Répert.,* vᵒ *suicide,* n° 1 ; Cass., 27 avril 1815, S. 1815-2-317. — Cependant, aider quelqu'un à se donner la mort, est un acte moralement et socialement répréhensible : moralement, parce que si le suicide est un fait immoral au premier chef, ce que personne ne conteste, celui qui le favorise accomplit une action de même nature. Il est, d'autant plus blâmable qu'il ne peut invoquer un trouble de l'esprit ou un égarement de l'intelligence qui, souvent, excusent le suicide ; il agit, lui, dans un état de lucidité complète ; socialement, parce que l'individu qui procure la mort à autrui méconnaît les lois qui protègent les biens et

Faut-il maintenir le même principe quand le tiers porte lui-même le coup mortel à la prière de celui qui veut en finir avec la vie ? MM. Chauveau et Hélie soutiennent l'affirmative, à tort selon nous. A leurs yeux, l'homme qui délivre de la vie son ami et celui qui lui fournit les moyens de la terminer lui-même sont aussi coupables l'un que l'autre. Il faut les punir tous les deux, ou ne les punir ni l'un ni l'autre ; car « c'est la volonté qui fait le suicide, et non pas l'acte matériel de se donner la mort. Qu'importe que vous teniez vous-même l'arme qui va vous détruire, ou que cette arme parte par l'effet d'une machine que vous avez préparée ! Aura-t-elle un caractère différent, parce que vous aurez déposé l'arme entre les mains d'une personne ignorante, aussi aveugle et dévouée que cette ma-

---

la vie des particuliers. Aussi, quelques législations punissent-elles avec raison, sous la qualification spéciale de « participation au suicide d'autrui », les individus qui, par un des moyens de l'article 60 du Code pénal, ont provoqué ou coopéré à cette action. Citons le Code de la Louisiane dont l'article 548 est ainsi conçu : « Quiconque, en connaissance de cause, aide dans son action un suicidé ou lui procure les moyens de la commettre, sera emprisonné et soumis aux travaux forcés; la peine ne pourra excéder 3 ans, ni être moindre de 3 mois. » Le Code du Brésil (art. 196) porte la peine de 2 ans à 6 ans d'emprisonnement contre toute personne « qui aide quelqu'un à se suicider ou qui lui en a fourni les moyens en connaissance de cause. » Le Code Espagnol (art. 335) dispose ainsi : « Celui qui aidera un autre individu à se suicider sera puni de la prison majeure. » Le Code pénal des Pays-Bas (§ 294) porte : « Celui qui, avec intention, excite un autre au suicide, l'aide à le commettre, ou lui en procure les moyens, est puni, si le suicide a lieu, d'un emprisonnement de 3 ans au plus. Le Code Hongrois (§ 383) : « Sera puni de 3 ans de prison au maximum celui qui détermine un tiers au suicide, ou lui procure sciemment à cet effet des moyens ou instruments. » En Angleterre, celui qui aide au suicide est considéré comme meurtrier (murder) ; voy. Glasson, *Histoire du Droit et des Institutions de l'Angleterre*, t. VI, p. 858). Sur ces législations, voyez Garraud, *op. cit.*, t. IV, n° 312, note 10.

chine; n'est-ce pas votre volonté, sinon votre main, qui en pressera la détente ? L'attentat ne peut changer de nature, parce qu'il a changé de mode d'exécution ; son caractère n'est pas dans la forme extérieure de la mort, mais dans la volonté qui l'impose ». Nous répondrons à MM. Chauveau et Hélie qu'ils déplacent la question. Oui, dans les deux cas, le suicide échappe à toute répression. Mais, en ce moment, nous ne recherchons pas si le suicidé a encouru une responsabilité pénale. Nous nous demandons quel est le caractère de l'agent qui a donné la mort. A ce point de vue-là, peut-on sérieusement établir un parallèle entre ce dernier et la machine privée de raison, simple instrument entre les mains du suicidé ?

« Cela posé, continuent les auteurs du Code pénal, il reste à caractériser l'action de la personne qui a pu remplir, avec une si grossière docilité, sa fatale commission ». Or « par la volonté de tuer dans le meurtre, il faut comprendre la volonté de nuire, en donnant la mort ; c'est cette fraude, cette intention criminelle, ce dol, qui constitue le crime. Cette volonté criminelle existe-t-elle, quand l'agent n'agit que sur l'ordre de la victime ? Il est évident que ce fait modifie entièrement la criminalité de l'action. Elle ne prend plus sa source dans la violence, dans la cupidité, dans les plus odieuses passions, c'est une fausse pitié, c'est un dévouement mal entendu qui l'inspire. L'agent avait la volonté de tuer, mais il n'avait point la pensée qu'il pût nuire en ôtant la vie à celui qui voulait mourir ». Il n'y a aucune trace dans le Code, de cette distinction que MM. Chauveau et Hélie veulent établir, entre l'intention et la volonté de tuer. Elle se heurte à l'article 295, qui déclare meurtre, tout homicide commis *volontairement*. Sans doute, la morale ne met pas sur le même pied l'individu qui tue par cupidité et celui qui, mû par une fausse pitié, croit rendre service à un ami en lui ôtant la vie. Mais la loi ne fait aucune différence entre eux. Pour qualifier le meurtre, elle ne s'occupe pas des mobiles qui ont déterminé l'agent. Deux conditions suffisent, pour que l'homicide prenne la qualification de meurtre : 1° il faut, d'une part, le fait matériel de l'homicide ; 2° on exige l'intention ou la volonté de donner la mort. Ces deux éléments sont réunis dans le cas que nous examinons. Il faut nécessairement appliquer les articles 295 et suivants (1). La Cour de cassation a toujours déclaré coupable, soit de meurtre ou d'assassinat, suivant les cas, celui qui a volontairement donné la mort à autrui, quelles qu'aient été les circonstances qui ont précédé et accompagné le fait, soit que le meurtrier ait simplement prêté son bras au malheureux qui n'avait pas la force de se détruire (2), soit que tous deux se soient mutuellement frappés, afin de mourir ensemble, mais que l'un d'eux ait échappé à la mort (3), soit enfin que l'un d'eux ait tenté à la fois de donner la mort à l'autre et de se détruire lui-même (4).

La question de savoir si le duel constitue un crime ou un délit est plus délicate. Beaucoup d'auteurs, et la jurisprudence à leur suite, depuis le célèbre arrêt de 1837, rendu à la suite des conclusions du procureur général Dupin, assimilaient le duel, suivant les cas, soit au meurtre, soit à l'assassinat. A l'appui de cette opinion, on apporte des raisons qui nous paraissent très faibles. On invoque d'abord l'histoire. La législation spéciale de l'ancien droit sur le duel a été abrogée par

(1) En ce sens, Garraud, *op. cit.*, n° 313, p. 316 ; Blanche, *op. cit.*, t. IV, n° 46 ; Bertauld, *op. cit.*, p. 370 ; Rauter, *op. cit.*, t. I, n° 53 ; Morin, *Répertoire* v° *Suicide*, n°ˢ 6 et 7 ; *Contra* : Chauveau et Hélie, *op. cit.*, t. III, n° 1235 et suivants.

(2) Cass., 16 novembre 1827 (S. 1828-2-135).

(3) Cass., 23 juin 1838. S. 1838-1-625, avec les conclusions du procureur général Dupin, et une note de Devilleneuve.

(4) Cass., 17 juillet 1851, *Bulletin crim.*, n° 287 ; Cass., 21 août 1851, S. 1852-1-286.

la loi du 17 juillet 1791 sur les délits correctionnels et les contraventions de simple police, et par le Code pénal du 6 octobre suivant, sur les crimes. Par cette abrogation, le législateur a voulu, dit-on, placer le duel sous l'empire des dispositions du droit commun. Que telle ait été, au surplus, l'intention du législateur de 1810, il ne serait pas permis d'en douter.

En effet, lorsque le projet de loi contenant les articles du chapitre premier, livre II, du Code pénal, relatif aux crimes et délits contre les personnes fut soumis au Corps législatif, le rapporteur, Monseignat, prononça, dans la séance du 17 février 1810, les paroles suivantes : « Vous vous demandez peut-être pourquoi les auteurs du projet de loi n'ont pas désigné particulièrement un attentat aux personnes, trop malheureusement connu sous le nom de duel : c'est qu'il se trouve compris dans les dispositions qui vous sont soumises. Le projet n'a pas dû particulariser une espèce qui est comprise dans un genre dont il donne les caractères ». Cela n'indique-t-il pas, chez les rédacteurs du Code, la volonté très nette de considérer le duel comme une variété de l'homicide ? D'ailleurs, ajoute-t-on, l'interprétation stricte de l'article 295 commande la même conclusion. L'application de cet article exige deux conditions : 1° le fait matériel d'attentat à la vie ; 2° la volonté de tuer. Or, les termes de ce texte sont absolument généraux ; il ne consacre donc aucune exception en faveur du duel, quand ce dernier réunit ces deux conditions. Nous repoussons cette théorie.

L'argument historique se retourne en partie contre nos adversaires. Dans l'ancien droit, le duel était rangé avec raison parmi les crimes de lèse-majesté, c'est-à-dire parmi les crimes contre la chose publique. Cette législation a été abrogée par les Codes de la Révolution. Mais, remarquons-le, c'est une abrogation implicite, nullement spéciale au duel. On n'a donc pas le droit d'y trouver la preuve de l'intention qu'aurait eue le législateur de transporter le duel dans la classe des délits contre les particuliers. Quant au législateur de 1810, a-t-il voulu laisser le duel soumis au droit commun ? Il est difficile d'être très affirmatif sur ce point. L'un des juris-consultes qui ont le plus contribué à la rédaction de nos lois pénales a affirmé que Monseignat n'avait fait qu'exprimer une opinion personnelle (1).

On nous oppose, il est vrai, l'article 295. Cet article est formel. Il prévoit, dit-on, toutes les formes du meurtre, le duel comme les autres. Nous répondrons que le duel est un attentat d'une nature spéciale, pour lequel il faut consulter l'esprit de la loi bien plus que son texte. Il ne présente aucune analogie avec le meurtre ou avec l'assassinat. Le législateur n'a certai-nement pas songé à lui. L'homicide commis en duel, disons-nous, ne peut constituer un meurtre. Le meurtre est l'attentat à la vie d'une personne, non prémédité. Or, le duel est toujours

---

(1) Consulté à ce sujet par un procureur général, Merlin répondit: « Tout ce que l'on peut conclure, c'est que la Commission dont M. Monseignat est l'organe pensait comme lui. Mais, de ce qu'ils ont cru trouver dans la loi des dispositions qu'elle ne renferme pas, il ne s'ensuit nullement qu'ils aient, par leur opinion officiellement manifestée, rempli les lacunes que la loi offre réellement. Il y a eu, après la présentation du projet du Code pénal au Corps législatif, plusieurs conférences entre le Comité de législation du Conseil d'État et la Commission de législation du Corps législatif, et je puis vous assurer, pour avoir assisté à toutes, qu'il n'a été question du duel dans aucune. Ce que la Commission de législation a dit sur le duel, elle l'a donc dit elle-même, et ce qu'elle en a dit est précisément le contraire de ce qui avait été arrêté verbalement entre les membres du Comité de législation. Car ils avaient bien pensé au duel, mais en y pensant, ils avaient cru devoir imiter à cet égard le silence de l'Assemblée Constituante ». Voilà un témoignage très clair ; qui a raison de Monseignat ou de Merlin ? Il est assez malaisé de le deviner. A ce point de vue donc, la question reste au moins douteuse.

prémédité, puisqu'il est précédé d'une convention mutuelle
entre les combattants (1).

Peut-on le rapprocher de l'assassinat ? Pas davantage. Soit
au point de vue de l'élément intentionnel, soit au point de vue
du péril social, il y a une différence énorme entre l'assassinat
et le duel. L'assassinat est frappé d'une peine très grave parce
que, d'une part, il suppose une agression préméditée, dé-
loyale et dolosive, et, parce que, d'autre part, il constitue à
l'égard de la victime un attentat contre lequel elle n'a pas été
mise en demeure de se défendre, attentat menaçant pour tous
et qui justifie la grande sévérité de la loi. Dans le duel, au
contraire, la convention écarte toute idée d'agression frauduleuse, et réduit le péril couru à un péril volontairement accepté
et atténué par la simultanéité et la réciprocité de l'attaque.
Les conditions du duel sont réglées entre un offenseur et un
offensé ; elles sont débattues par avance ; les chances sont
égalisées autant que possible, il n'y a ni agresseur, ni personne attaquée, ni le redoutable péril social qui, seul, légitime
la peine de l'assassinat. Mais, objectent Blanche et le procu-

---

(1) C'est ce que font très bien ressortir MM. Chauveau et Hélie :
« Le meurtre, disent ces auteurs, suppose l'absence d'un dessein
antérieur, il se commet dans l'emportement subit d'une passion
violente, sous l'inspiration instantanée d'un sentiment pervers, il
s'exécute avant que la réflexion l'ait médité, et au moment même où
la pensée l'a conçu. Or, l'homicide commis en duel suppose nécessairement la préméditation. Qu'est-ce donc, en effet, que le duel ?
Un combat régulier entre deux personnes avec armes meurtrières, et
précédé d'une convention, qui en règle le mode, le lieu et le temps.
Il est donc de l'essence du duel d'être la suite, le résultat d'une
convention. Détruisez cette convention et le combat cesse d'être un
duel, pour prendre le caractère d'une rixe. Or, cette convention
préalable n'est-elle pas le caractère le plus certain de la préméditation ? La préméditation est donc substantielle à l'acte du duel ; elle
coexiste avec elle, elle en forme une circonstance » (Op. cit., t. III,
n° 1264).

reur général Dupin, pour apprécier juridiquement l'homicide commis en duel, cette convention préalable doit être négligée. Elle n'a aucune valeur. Elle est contraire à l'ordre public (art. 6 Code civil); elle ne peut avoir aucun effet de droit. Qu'importe ! La convention dont s'agit, quelle que soit sa valeur légale, est un fait, une circonstance accessoire de l'homicide ou des blessures incriminées. Nous soutenons, dès lors, que cette circonstance doit être prise en considération lorsqu'il s'agit de caractériser le fait principal auquel elle se rattache. On dénature les caractères intrinsèques du duel en les identifiant à ceux du meurtre ou de l'assassinat. Il est inadmissible, à notre avis, que, par voie de prétérition, le législateur ait pu comprendre le duel et l'assassinat dans une même incrimination répudiée comme contraire à la nature du duel et à tous les précédents législatifs qui l'ont réprimé. De ce que le Code pénal ne contient pas de dispositions spéciales relatives au duel, il faut en conclure sans hésiter que, dans l'état de notre législation actuelle, le duel est impuni. Il en est de même, par conséquent, de la participation au duel (1).

La jurisprudence juge d'une manière constante, depuis 1837, que l'homicide commis en duel est un véritable homicide tombant sous le coup des articles 295 et suivants du Code pénal (2).

Elle en déduit logiquement que les témoins du duel sont complices par aide et assistance dans les faits qui ont préparé

(1) En ce sens, Chauveau et Hélie, *op. cit.*, t. III, nᵒˢ 1246-1281, pp. 491-547; Garraud, *op. cit.*, t. IV, nᵒ 296, p. 303; Bertauld, *op. cit.*, p. 516 et suivantes ; Benoît-Champy, *Essai sur la Complicité*, p. 108 et suivantes; Morin, *Répertoire de Droit criminel*, t. I, vᵒ *Duel*, p. 789.

(2) Voy. Cass., 15 décembre 1837, S. 1837-1-465 ; Crim., Cass., 4 janvier 1845, D. 45-1-60 ; Cass. Chambres réunies, 25 mars 1845, D. 45-1-135 ; Cass., Chambres réunies, 21 juillet 1849, D. 49-1-181 ; Crim., Cass., 11 juillet 1850. D. 50-5-148 ; Cass., Chambres réunies,

et facilité le duel, et dans ceux qui l'ont consommé (art. 59 et 60 C. pén.).

Mais une pareille conséquence démontre péremptoirement l'erreur de la jurisprudence et de ceux qui suppléent à la lacune de la loi en appliquant le droit commun au duel ! « Quelle est la mission, disent MM. Chauveau et Hélie, quel est le but de l'assistance des témoins ? c'est de réconcilier les parties, et, s'ils ne peuvent y parvenir, c'est de régler les conditions du combat pour en atténuer les périls, c'est de l'arrêter s'il s'écarte des limites tracées, c'est d'en surveiller l'exécution. Ils sont les juges du camp et les modérateurs de la lutte. Ils conservent au duel son caractère propre, et l'empêchent de se convertir en assassinat. Leur présence est une garantie de sa loyauté, une sauvegarde pour l'ordre social lui-même qu'elle préserve d'un trouble plus grave. L'action des témoins est immorale comme le duel lui-même, mais, comme le duel aussi, elle forme un fait différent de l'assassinat et de sa complicité.

» Leur participation morale même est douteuse, car leur présence matérielle n'est pas une preuve de leur adhésion. Ils assistent à un combat que souvent ils ont voulu empêcher, auxquels ils se sont ouvertement opposés. Leur assistance échappe donc aux règles ordinaires de la complicité, elle reçoit, de la pensée qui l'accompagne, un caractère distinct. »

Aussi, la Cour de Cassation, dans une pensée d'équité, a-t-elle cru devoir apporter une exception à sa théorie. Elle a souvent jugé que le fait d'assister comme témoin à un duel dans lequel un des deux adversaires a succombé, n'est pas

---

18 février 1854, D. 54-2-275; Cass., Crim., rej.23 janvier 1890, D. 90-1-322. — Avant 1837, elle jugeait en général que le duel n'est pas punissable. (Voy. Cass., 8 avril 1819, *Bull. Crim.*, n° 42 ; Cass., 4 décembre 1824; Chambres réunies, S. coll. nouv., 7-1-579; 29 juin 1827, coll. nouv., 8-1-628 ; 8 août 1828, Chambres réunies, S. coll. nouv., 9-1-152.

punissable, s'il résulte des circonstances que le témoin, après avoir épuisé tous les moyens de conciliation, ne s'est rendu sur le terrain que pour rendre le combat moins dangereux, et écarter toutes les chances probables du malheur qui est survenu (1). Mais cette concession à l'équité, que nous sommes loin de blâmer, ne s'accorde pas avec le point de départ de la jurisprudence. La criminalité du duel étant admise, on doit nécessairement reconnaître la même criminalité à tous les faits qui s'y rattachent accessoirement, sans exception. Que devient la loi dans le système de la jurisprudence? En matière de crimes ou de délits, a-t-on jamais songé à trouver une excuse de la complicité, dans les efforts tentés d'abord par les complices pour empêcher une infraction à laquelle ils participent ensuite? « Or, si l'homicide commis en duel est un assassinat, disent MM. Chauveau et Hélie, comment le fait qui serait indifférent en matière ordinaire est-il tout à coup transformé en une sorte d'excuse légale en matière de duel. »

D'après la définition même de la complicité et la jurisprudence de la Cour de Cassation, il y a d'autres complices que les témoins du duel : ce sont ceux qui y ont provoqué. Nous parlons de la provocation indirecte, ou excitation, par opposition à la provocation émanant d'un des combattants.

La provocation indirecte est un acte quelconque, tendant, dans la pensée de son auteur, à amener un duel, et de nature à conduire à un semblable résultat. Elle émane toujours d'un tiers. Elle consiste, le plus souvent, dans le fait de colporter, par la presse ou la parole, des bruits attentatoires à l'honneur de l'un des adversaires, de proposer à autrui d'accepter un cartel, de le dénigrer publiquement en le traitant de lâche, ou d'homme sans honneur s'il s'y refuse, etc., etc. Il est évident que de pareils

_____

(1) Cass. crim., 4 janvier 1845, D. 45-1-60 ; Cass., Chambres réunies, 22 août 1848, D. 48-1-164.

actes rentrent bien dans les machinations et artifices coupables que prévoit expressément l'article 60 (1).

D'après la jurisprudence, aux termes de l'article 60, on devra encore punir ceux qui ont provoqué au duel par dons, promesses, etc. Enfin, si la pratique appliquait rigoureusement l'article 60, elle devrait poursuivre le maître d'armes qui, en vue du combat, a donné ses avis à l'une des parties ; le médecin qui l'a assistée ; le marchand qui a sciemment fourni les armes, le complaisant qui a ouvert son enclos aux duellistes, le cocher qui a sciemment conduit les parties et les témoins sur le lieu du combat, etc., etc. (art. 60). Le plus souvent, cependant, elle recule devant ces conséquences. Il est intéressant de signaler ce manque de logique qui condamne la théorie de la jurisprudence sur le duel. Dans tous ces cas, par esprit de justice, elle a cru devoir éluder l'application de l'article 60. Mais elle n'a pu le faire qu'en créant de toutes pièces une législation sur le duel, qui n'existait pas. Pourquoi n'a-t-elle pas considéré comme complices les individus ci-dessus désignés? Parce qu'elle s'est transformée en législateur. Elle a construit un ensemble de règles arbitraires qui n'avaient aucune base dans le Code. En n'appliquant pas au duel toutes les conséquences inévitables des textes relatifs à la complicité, elle a implicitement reconnu que le duel était resté hors des prévisions de la loi, sans quoi, elle aurait respecté intégralement le système légal. Cette remarque nous confirme dans la conviction que le duel ne peut être incriminé dans la législation actuelle.

PARAGRAPHE TROISIÈME. — Deuxième condition. Il faut avoir participé à un crime ou à un délit (articles 59 et 60). Le Code pénal n'admet pas de complicité en matière de contraven-

(1) En ce sens, Benoît-Champy, *op. cit.*, p. 108.

tions (1). Les articles 59 et 60 ne désignent que les crimes et
les délits. Ils ont omis à dessein les contraventions. C'est ce qui
résulte des Travaux préparatoires. L'orateur du gouvernement
a en effet présenté le Code de 1810 comme ne sévissant que
contre les complices de crimes et de délits correctionnels.
Enfin, les articles 479, 8°, et 480, 5°, en réprimant dans deux
cas *spéciaux*, la complicité dans les contraventions, prouvent
qu'en principe elle n'est pas punissable. Comment s'explique
cette règle ? D'après nous, la principale raison est que les infractions de cette nature causent à la Société un dommage trop
minime. « Les faits de complicité d'une contravention ne sont
pas en général atteints par la loi pénale, dit M. Bertauld ; le
fait principal a paru avoir trop peu d'importance pour que la
Société sévit contre les faits accessoires ». On peut ajouter que
la complicité implique un accord préalable entre plusieurs individus, dans l'intention de le réaliser, de sorte que les infractions non intentionnelles admettent difficilement et rarement en
pratique (2) la coopération des complices : or, la plupart des
contraventions de simple police sont punissables, bien que
commises par négligence ou par simple faute, sans que la loi
ait égard au défaut d'intention coupable.

Mais qu'entend-on par contravention ? Tout le monde
reconnaît que les faits punis soit par le Code pénal, soit par
une loi spéciale, de peines afflictives et infamantes, et tous les
faits punis des peines de simple police sont des crimes ou
des contraventions ; mais on conteste que tout fait puni de

---

(1) Cass., 26 déc. 1857, D. 58-1-443; Lyon, 23 juin 1859, D. 60-2-77;
Cass., 13 avril 1861, D. 61-1-235 ; Pau, 6 août 1874, D. 75-5-53 ;
22 juillet 1897, D. 99-1-92.

(2) Qu'on ne se méprenne pas sur notre pensée : c'est en fait,
seulement, que les infractions non intentionnelles comportent difficilement la participation. En théorie, nous avons vu plus haut que
la complicité se conciliait très bien avec les délits non intentionnels.

peines correctionnelles soit un délit. D'après beaucoup d'auteurs, toutes les infractions que le législateur frappe de peines correctionnelles, sans se préoccuper de la bonne foi de l'agent, forment une quatrième classe de délits à part, désignée sous un nom nouveau, celui de : « Délits contraventionnels » (1). Ils participent de la nature des délits, parce qu'ils sont punis de peines correctionnelles, et de celles des contraventions, parce qu'ils présentent le caractère intrinsèque des contraventions ; on les punit en dehors de toute intention mau-

---

(1) Voyez en ce sens : Chauveau et Hélie, *op. cit.*, t. VI, n°s 2719-720 ; Blanche, *op, cit.*, 2me étude, n° 4 ; Bertauld, *op. cit.,* 3e éd., p. 112, note ; Ortolan, *op. cit.*, t. I, n° 610 ; t. II, n° 645.— Pour l'application de la théorie à la complicité, voyez Chauveau et Hélie, t. I, n° 316, p. 495 ; Bertauld, *op. cit.*, 4e éd., p. 500 ; Blanche. *op. cit.,* t. II, n° 70, p. 140-142. — La jurisprudence a consacré pendant très longtemps la théorie des délits contraventionnels, non sans éprouver d'ailleurs une certaine résistance de la part de plusieurs Cour d'appel. (Voyez, par exemple, un arrêt très bien motivé de la Cour de Toulouse du 26 juillet 1862, D. 1865-2-84. — La Cour de cassation elle-même a appliqué les règles de la complicité aux infractions punies de peines correctionnelles, en dehors de toute intention. Voyez, en matière de colportage, Cass. crim. rej. 18 août 1849, D. 49-1-261) ; en matière d'infraction aux lois interdisant l'exercice illégal de la médecine, Crim., rej., 18 mai 1844, D. 45-1-18 ; Crim. rej., 3 mai 1866, D. 66-1-360). C'est en matière de presse que cette jurisprudence s'est affirmée (Cass., Chambres réunies, 22 décembre 1859, D. 60-I-94). Voyez l'historique de cette question dans un article de M. Desjardins de la *Revue critique de Législation et de Jurisprudence,* pp. 81-91, année 1885). Pour l'application de la théorie des délits contraventionnels à la complicité, voyez Cass., 17 et 18 janvier 1867, S. 1867-1-365, précédés d'un rapport remarquable de M. le Conseiller du Bodan, concluant contre la théorie des délits contraventionnels ; Cass., 3 avril 1869, S. 1870-1-229 ; Cass., 7 avril 1870, S. 1871-1-258. Angers, 1870, S. 70-2-183 ; Cass , 11 février 1876, S. 76-1-283. Caen, 9 mai 1877, S. 78-2-149. — A partir de 1884, la Cour de cassation change de jurisprudence et applique les articles 59 et 60 aux infractions punies par des lois spéciales, en dehors de toute intention.

vaise (1). Comme ces infractions ne requièrent pas l'intention,
on en conclut, en vertu du raisonnement que nous avons rapporté plus haut (voy. p. 19 et suiv.), que les règles de la complicité leur sont absolument inapplicables. Nous croyons avoir
réfuté cette erreur. Nous allons montrer, maintenant, qu'il n'y
a pas de délits contraventionnels, le Code n'ayant pas basé
sa division des délits et des contraventions sur l'intention.
Lisons l'article premier du Code pénal. Il est ainsi conçu :
« L'infraction que les lois punissent des peines de police est
une contravention. L'infraction que les *lois* punissent de peines

---

Voyez Crim. cass., 23 février 1884, D. 86-1-427; Crim., rej. 28 février
1885, D. 85-1-329 ; Crim. cass., 20 avril 1888, D. 89-1-47. Amiens,
21 novembre 1889, S. 1890-2-108 et la note ; 21 mars 1890, D. 90-1-
233. Trib. de la Seine, 26 mars 1890, 2-118 et la note ; Caen, 1ᵉʳ mai
1890, S. 92-2-14 ; Paris, 7 mai 1890, S. 1890, 2-171 et la note; Caen,
22 mai 1890, S. 1891-2-13. Cass., 21 juin 1895, D. 95-1-439 et la note;
Cass , 13 mars 1897, D. 1897-1-593 ; Crim. cass., 4 février 1898,
D. 1898-1-368.

(1) Les lois spéciales contiennent un grand nombre d'infractions
punies de peines correctionnelles, et dans lesquelles le législateur
n'exige pas l'intention mauvaise. Citons les infractions à la loi du
3 mai 1844, sur la chasse, incriminant ceux qui vendent, achètent,
transportent ou colportent du gibier en temps prohibé (art. 42) ; en
ce sens, *Répertoire général* de Dalloz, 1857, I, p. 382; les infractions
aux lois fiscales en général, telles que celles sur les contributions
indirectes (en ce sens : Cass., 3 mars 1877, S. 77-1-483) ; les infractions aux lois forestières ; les contraventions en matière de presse,
loi du 9 juin 1819, art. 1-6-7-8-11-12; loi du 9 septembre 1835, art.
10-11-17-18; loi du 27 juillet 1849, art. 5-6-7-9-10-11-12-13; les infractions aux dispositions de la loi du 17 juillet 1856, sur les sociétés en
commandite ; loi du 15 avril 1871, art. 2, nº 4 ; et art. 5, nº 8, de la
loi du 29 décembre 1875, portant que les tribunaux correctionnels
connaîtront des infractions purement matérielles aux lois, décrets et
règlements sur la presse. Il en est de même, d'après la loi du 2 juillet 1881, pour les formalités réglementaires, relatives à la publication,
à la gérance, au dépôt au parquet de tout journal ou écrit périodique
(art. 45, alinéa 1 de la loi du 29 juillet 1881.)

correctionnelles est un délit ». Dans ce texte, nous voyons deux choses : d'abord, le législateur, pour caractériser les délits et les contraventions, s'est attaché à la peine qu'il prononçait. Ensuite, ce texte, vu la généralité de ses termes (il dit les *lois*), comprend toutes les infractions, même celles prévues par des lois spéciales (infraction à une loi et à un règlement). D'ailleurs, les travaux préparatoires corroborent l'article premier. « Désormais, dit Treilhard, le mot « crime » désignera les attentats contre la Société qui doivent occuper les cours criminelles. Le mot délit sera affecté aux désordres moins graves, qui sont du ressort de la police correctionnelle. Enfin, le mot contravention s'appliquera aux faits contre la simple police (1). On objecte que la division de l'article premier est « d'ordre plutôt que de principe ». Le législateur, en classant les infractions d'après la nature des peines qui leur sont applicables, n'aurait voulu poser qu'une simple règle de compétence. C'est la conséquence qu'indiquait M. Treilhard. Cette interprétation est inadmissible. Elle méconnaît trop ouvertement l'article premier, qui a certainement eu pour but de définir les infractions et de les classer. En outre, comme le fait remarquer très justement M. Desjardins (2), « il aurait été singulier que le Code débutât par un article étranger aux matières dont il allait traiter et trompât le public en lui donnant des définitions générales en vue d'un objet particulier qui n'était pas même exprimé ». La Cour de cassation, en général, explique autrement l'article premier : « Attendu, dit-elle, que le Code pénal comprend par son article premier, sous la dénomination de délits, les infractions que les lois punissent de peines correctionnelles, mais que cette définition générale se trouve modifiée

---

(1) Voyez Locré, t. XXIX, p. 202.
(2) Article précité, p. 89.

par la législation spéciale en matière de presse » (1). Ainsi, la Cour de cassation prétend que telle ou telle loi spéciale abroge implicitement l'article premier, en qualifiant de contravention une action frappée par elle de peines correctionnelles. Mais, n'est-ce pas donner, arbitrairement, au mot « contravention » une signification qu'il n'a pas dans la pensée du législateur ? Rien ne nous autorise à croire que ce dernier, en se servant de l'expression « contravention », ait entendu définir les infractions autrement que dans l'article premier. Pour cela, nous avons besoin d'une dérogation formelle de la loi, qui n'existe pas ou qui n'existe qu'en apparence dans les termes, et en la forme seulement. Les législateurs, depuis 1810, sont pénétrés de l'adage : « Point de délit sans intention ». En employant le mot « contravention », ils n'ont pas voulu modifier l'article premier quant au fond, ils ont simplement entendu marquer au juge que l'intention n'est pas exigée. En effet, dans la plupart des infractions appelées contraventions par le Code pénal, l'intention mauvaise n'est pas requise.

Ce qui a contribué à faire naître cette théorie des délits contraventionnels, c'est que la plupart des faits punis de peines correctionnelles sont des faits intentionnels, la *faute* intentionnelle ne paraissant pas mériter en général une peine aussi grave, tandis que la plupart des faits punis de simple police consistent en une violation de règlement pour lesquels la question d'intention ne se pose pas. Mais la preuve que le législateur n'a pas tenu compte de l'intention pour distinguer les délits des contraventions, c'est qu'on rencontre dans le Code des

_____

(1) Voyez l'arrêt des Chambres réunies du 22 décembre 1859, cité plus haut. Voyez aussi Cass., 11 novembre 1875, S. 1876-1-237.

(2) Voyez, en matière de presse, loi du 27 juillet 1849, art. 5 et 6 ; loi du 16 juillet 1850, art 14 ; décret du 17 février 1852, art, 23 ; loi du 11 mai 1868, art. 10 et 15 ; loi du 15 juillet 1845 sur la police des chemins de fer.

faits punis de peines correctionnelles en dehors de toute intention (voyez art. 45, 218, 238, 258, 259, 269, 270, 274, 291,
319, 320, 346, 358, 378, 410, 411, 413, 457, 458, 459), et, à
l'inverse, on trouve des faits punis de peines de simple police,
mais seulement quand ils ont été commis intentionnellement
(voyez art. 475, § 8 et 9). Si on rapproche ces textes de l'article premier, qui classe les infractions d'après la peine qu'ils
reçoivent, on est bien obligé de convenir que les actes punis
de peines correctionnelles sont toujours des délits, et les actes
punis de simple police toujours des contraventions. Ces derniers, par conséquent, ne doivent pas tomber sous le coup des
articles 59 et 60. C'est le contraire pour les autres (art. 59) (1).
La jurisprudence, tout en refusant d'appliquer les articles 59
et 60 à de prétendus délits correctionnels, leur appliquait
généralement le principe du non-cumul qui ne concerne, en
effet, que les délits (art. 365) (2).

Voilà qui n'est guère logique. En effet, comment une infraction peut-elle avoir le caractère de délit ou le perdre, suivant
qu'il s'agit d'appliquer le principe de non-cumul ou les règles
de la complicité? Nous ne nous chargeons pas de mettre la jurisprudence d'accord avec elle-même. Elle aurait évité cette contradiction en ne s'écartant pas de l'article premier du Code pénal.

----

(1) Voyez Cass., 8 mai 1852, S. 1852-1-767 ; 26 juillet 1855, S. 1855-
1-849 ; 20 mars 1862, S. 62-1-902 ; Cour d'appel de Chambéry, 13 novembre 1873, S. 1874-2-232 ; Nimes, 20 novembre 1875, S. 75-2-296 ;
Cass., 14 janvier 1875, S. 1875-1-139 ; 28 juin 1876, S. 76-1-89 ; 1er décembre 1877, S. 78-1-330.
(2) Voyez, dans notre sens, Garraud, *op. cit.*, t. II, n° 241, p. 400 ;
Chauveau et Hélie, *op. cit.*, t. VI, n° 2719, p. 303, note 1 de Villey ;
t. I, n° 316, p. 495, note 7 de Villey, voyez les notes de Villey sous
Cass., 28 janvier 1876, S. 1876-1-89, et 11 février 1876, S. 76-I-233,
et un article du même auteur sur la Fin des délits contraventionnels,
dans la *France Judiciaire* de 1886, p. 365 et suivants ; voyez aussi
l'article de M. Desjardins, précité.

CHAPITRE II

ÉTUDE DES DIVERS CAS DE COMPLICITÉ (Art. 60, 61, 62)

Les règles générales exposées ci-dessus étant comprises, nous abordons l'étude des divers cas de complicité, qui fera l'objet du présent chapitre. Pour cette partie de notre travail, nous emprunterons aux anciens auteurs une division adoptée par plusieurs criminalistes modernes. Elle consiste à classer les faits de complicité d'après le moment où ils se produisent. A ce point de vue, ils peuvent se réaliser, soit avant l'exécution du délit (complicité antérieure), soit pendant l'exécution (complicité concomitante), soit postérieurement (recel), le recel ayant été envisagé par le législateur français comme un mode de complicité. Nous consacrerons une section à chacune de ces trois formes de la complicité.

Section Première

COMPLICITÉ ANTÉRIEURE A L'INFRACTION

Cette section sera subdivisée en cinq paragraphes.

PARAGRAPHE PREMIER. — Nous traiterons dans ce paragraphe de l'hypothèse désignée généralement sous le nom de provocation. On distingue deux sortes de provocation : la provocation individuelle et la provocation collective. La provocation individuelle s'adresse à un ou plusieurs individus que l'on pousse au crime en abusant de certains moyens énumérés par l'article 60 (1). La provocation collective porte sur les agglomérations d'individus, sur les foules. Par la parole ou par l'écrit, elle cherche à soulever leurs passions. Grâce à la publicité qui l'accompagne, elle a un champ d'action plus large. Et, d'autre part, s'exerçant sur un grand nombre d'individus, elle a plus de chances d'aboutir.

Elle a été prévue et punie par les articles 23, 24 et 25 de la loi du 29 juillet 1881.

A) PROVOCATION INDIVIDUELLE. — Dons, promesses, menaces, abus d'autorité ou de pouvoir, machinations ou artifices coupables (art. 60). Cette matière appelle trois observations générales très importantes : 1° d'abord, il faut remarquer que, pour être punissable, la provocation doit être directe, c'est-à-dire, tendre à l'exécution d'un délit déterminé. Les dons, les menaces, les abus d'autorité ou de pouvoir présentent nécessairement ce caractère. Mais, pour les machinations et artifices coupables, il n'en est pas toujours ainsi. Par exemple, voulant amener une personne à commettre un crime, je lui inspire de la jalousie ou de la haine contre un tiers, ou je l'excite, en termes généraux et vagues, à se venger de son prétendu ennemi. Peut-on m'accuser avec certitude d'être la cause déterminante de l'assassinat ou de l'empoisonnement qui aura suivi mes instigations ? Je suis, si l'on veut, la cause seconde, éloignée, du crime commis par l'individu à qui j'ai suggéré de mauvais sentiments, mais je n'en suis pas la cause directe et immédiate, en droit du moins. Les tribunaux devront

---

(1) Art. 60 : « Seront punis comme complices d'une action qualifiée crime ou délit ceux qui, par des promesses, menaces, abus d'autorité ou de pouvoir, machinations ou artifices coupables, auront provoqué cette action... ».

rechercher si, par ses agissements, le provocateur a suffisamment visé le crime à commettre, et s'il a, par ce fait, déterminé le provoqué à agir.

2° En second lieu, le lien de complicité ne peut se former si la proposition criminelle du provocateur n'est acceptée par l'agent matériel. Par conséquent, si l'individu qui l'a reçue, après son refus, change d'avis et, sans consulter à nouveau l'auteur de celle-ci, exécute le crime, il n'engage que sa responsabilité. La proposition de commettre une infraction non agréée ne peut être atteinte que comme délit spécial (1).

3° Enfin, nous savons que la provocation est susceptible de se manifester dans les délits non intentionnels (2); on lui appliquera alors les peines de la complicité, à condition qu'elle porte sur le fait constituant une faute ou une imprudence qui a été la cause du délit. Reprenons l'exemple cité plus haut. Un maître ordonne à son cocher de lancer sa voiture à grande vitesse au milieu de la foule. Cette imprudence occasionne un accident (mort ou blessures). C'est un délit non intentionnel. Le cocher est l'auteur principal. Le maître est complice par abus d'autorité (provocation par abus d'autorité) (art. 60). L'imprudence commise d'où résultent l'accident et le délit provient, en effet, des ordres qu'il a donnés. Ceci dit, étudions séparément les diverses hypothèses de provocation énumérées par l'article 60.

1° *Dons, promesses.* — La répression de ce genre de complicité se justifie d'elle-même, sans qu'il soit besoin d'insister sur ce point (3).

---

(1) Voyez-en un exemple dans l'article 89 du Code pénal.
(2) Voyez plus haut, p. 20 et suivantes.
(3) « Le plus coupable des complices, dit M. de Servan (*Influence de la philosophie sur l'Instruction Criminelle*, œuvres choisies, t. IV, p. 167 et 168), est celui qui persuade un crime par l'attrait de quelque

4

Des expressions très larges et très générales de la loi, il faut conclure que l'on n'a pas à s'inquiéter de la nature des dons ou promesses. Il est indifférent que les dons consistent en argent ou en objets. Les promesses, les dons, quels qu'ils soient, tombent sous l'application de l'article 60. De même, on ne fait aucune différence entre l'individu qui excite ouvertement au crime à l'aide de dons et de promesses et celui qui emploie un détour pour déguiser sa provocation. Ainsi, il a été jugé qu'il y a complicité dans le fait de s'engager sous forme de pari, à donner à quelqu'un une somme d'argent, pour le cas où il commettrait un délit (1). Mais il est indispensable que les dons aient été promis et les promesses faites avant la consommation de l'infraction, bien que réalisées après. Si elles ont lieu après l'achèvement de l'attentat à titre de récompense pour l'auteur, où trouver, en effet, le lien de cause à effet qui les rattache à l'infraction? Dans ce cas, le législateur ne peut les atteindre que comme délits *sui generis* (2).

2° *Menaces.* — On peut intimider un individu par des menaces pour lui faire commettre un délit, au lieu d'éveiller sa cupi-

---

récompense; il est doublement coupable: 1° pour avoir fait commettre un crime ; 2° pour avoir perverti un citoyen, car le plus grand mal qu'on puisse faire à la Société, c'est d'y introduire un nouveau méchant ».

La loi du 28 avril 1816, sur les douanes, punit comme fait de complicité la provocation à l'aide d'une promesse d'un genre particulier : celle qui se manifeste par l'assurance contre les chances du délit de contrebande (art. 53).

(1) Cass., 28 octobre 1856. D. 1857-1-28.

(2) La loi sur la presse du 29 juillet 1881 nous offre un exemple d'incrimination de ce genre. L'article 48 de cette loi érige en délit spécial l'annonce publique ou l'ouverture d'une souscription ayant pour objet d'indemniser des amendes, frais et dommages et intérêts prononcés par des juridictions criminelles et correctionnelles, reproduction légèrement modifiée de l'article 5 de la loi du 25 juillet 1849.

dité. On n'en est que plus coupable. Car un pareil procédé, surtout vis-à-vis d'un caractère faible et impuissant à réagir contre les influences extérieures, est plus sûr et plus efficace. Le provoqué n'agit pas dans la plénitude de sa liberté. Suivant les cas et les individus, la peur paralyse dans une mesure plus ou moins large la volonté de l'agent, et diminue plus ou moins son pouvoir de libre réflexion.

Pour punir les menaces, il n'est pas nécessaire que le danger dont a été menacé l'agent ait été actuel ou imminent. Le provocateur est responsable, bien qu'il ait annoncé un mal plus ou moins éloigné, si ses menaces ont été la cause efficiente de l'action. Mais le provoqué est moins excusable, parce qu'il avait d'autres moyens de salut que l'exécution du crime. Il n'y a pas à examiner si le mal dont on a menacé l'agent était certain. Il suffit que ce dernier ait pu raisonnablement croire à l'existence du danger et que cette crainte l'ait déterminé à agir. De même, on ne doit pas se préoccuper de la nature et de la gravité du mal que l'agent avait à redouter. Peu importe qu'il ait pu craindre pour sa personne, ou qu'il ait été menacé dans son honneur, dans sa position sociale, dans sa fortune ; peu importe encore que les menaces aient été dirigées contre lui-même ou contre les personnes qui lui sont chères.

Bien entendu, la question de savoir si les menaces ont été de nature à peser sur la résolution criminelle de l'agent constitue une question de fait dont l'appréciation variera suivant l'âge, le sexe, la position sociale du provocateur et du provoqué. D'ailleurs, si les menaces étaient tellement graves que l'agent a été contraint par une force morale à laquelle il n'a pu résister, sa culpabilité pénale disparaîtrait (art. 66 du Code pénal). Dans ce cas, il n'y aurait qu'un seul auteur du crime : le provocateur. En dehors de cela, le juge pourra toujours accorder les circonstances atténuantes à l'agent dont le libre arbitre a été restreint, sans être complètement annihilé.

3° *Abus d'autorité ou de pouvoir*. — Le Code de 1791, article 1er, prévoyait le cas de « provocation par ordre ou par menaces ». Ces expressions ont été modifiées en 1810, et remplacées par celles « d'abus d'autorité ou de pouvoir, et de machinations ou artifices coupables ». Les rédacteurs du Code craignirent que le mot «ordres» ne pût pas toujours s'appliquer aux abus d'autorité ou de pouvoir qui se produisent parfois, sans émaner d'ordres précis. « Le mot «ordres» inséré dans la loi de 1791, disait l'orateur au Corps législatif, ne comprend point suffisamment les abus d'autorité ou de pouvoir ; ceux-ci peuvent avoir lieu sans émaner d'ordres précis, et être colorés sous des prétextes spécieux, dont il est possible de parvenir à découvrir et punir la connexité avec le crime commis. Il en est de même des machinations et artifices coupables, trop indirectement compris dans la classe des faits par lesquels l'exécution a été préparée ou facilitée. Il est des combinaisons si éloignées, des machinations si compliquées ; l'art et l'astuce ont tant de moyens de voiler leur action que des jurés, quoique convaincus de leur existence, ne se permettraient pas de les prendre en considération si la loi ne leur en faisait un devoir spécial » (1).

Par abus de pouvoir, le Code entend l'autorité de fait et de droit que les fonctionnaires civils et militaires et les ministres du culte, exercent sur leurs subordonnés. Mais à quelle autorité la loi fait-elle allusion quand elle punit l'abus d'autorité ? Faut-il restreindre l'application des peines de la complicité à l'abus d'autorité que la loi attribue aux maris sur leurs femmes, aux pères et mères sur leurs fils, aux tuteurs ou curateurs sur leurs pupilles ? Nous pensons que les termes de la loi comprennent même l'abus d'autorité *morale*. Le Code a voulu atteindre la puissance soit de droit, soit de fait que des per-

_____
(1) Exposé des motifs, Locré t. XXIX, p. 273.

sonnes telles qu'un père, une mère, un amant ou une maîtresse, des ascendants, des instituteurs, des maîtres possèdent sur d'autres personnes. Et, d'ailleurs, quelle raison y avait il de distinguer? Le législateur punit les individus qui ont provoqué au crime en se servant de l'autorité qu'ils ont, en raison de l'influence psychique qu'ils ont exercée sur la volonté de l'agent. Or, les effets de cette influence sont évidemment les mêmes, quelles que soient les sources dont elle dérive (1).

Quant à l'auteur, il encourt le même genre de peines que le provocateur. On ne doit pas obéir à son supérieur lorsqu'il vous ordonne de commettre un délit. L'exécuteur du délit est responsable, parce qu'il est devenu sciemment et volontairement cause du crime. La loi prononce le même genre de peines contre l'ordonnateur du crime et contre l'auteur. C'est au juge qu'il appartient ensuite de répartir équitablement la peine entre eux. Pour cela, il sera guidé par les circonstances.

En effet, le commandement du supérieur a pu avoir une action plus ou moins forte sur la volonté de l'agent; c'est une pure question de fait, qui est essentiellement l'affaire du juge. Il examinera les conditions dans lesquelles la provocation s'est produite, le caractère du provoqué, etc., etc. Et alors, de deux choses l'une : 1° « ou il se convaincra que l'agent a été entraîné au crime par la crainte des conséquences éventuelles de sa désobéissance : ici, il est moins coupable que le provocateur ; le juge n'hésitera pas à diminuer sa peine ou à l'abaisser par des circonstances atténuantes ; 2° ou bien l'agent a offert

---

(1) En ce sens Chauveau et Hélie, *op. cit.,* t. I, n° 295, p. 463 ; Haus, *op. cit.,* t. I, n° 492, p 377 ; Molinier et Vidal, *op. cit.,* t. II, p. 240 ; Garraud, *op. cit ,* t. II, n° 251, p. 413. La jurisprudence n'est pas très ferme sur ce point. Il y a des arrêts dans les deux sens. Voy., dans notre sens, Rouen, 26 décembre 1883. D. 84-5-379 ; dans le sens contraire, Cass., 19 septembre 1839. D. 40-1-367; 10 décembre 1842, *Bull. Crim.,* n° 322.

librement et sans répugnance son bras pour l'exécution du crime, sans avoir subi de contrainte morale de la part de son supérieur ; dans ce cas, le juge le punira autant que le provocateur. Ils sont aussi coupables l'un que l'autre.

L'article 327 porte : « Il n'y a ni crime, ni délit lorsque l'homicide, les blessures et les coups étaient ordonnés par la loi et commandés par l'autorité légitime, etc. » L'application de l'article 327, on le voit, est soumise à deux conditions. Il faut : 1° l'ordre de la loi ; 2° le commandement de l'autorité légitime. Si l'une ou l'autre de ces conditions fait défaut, il y a crime ou délit. Ainsi, les arrestations opérées par un agent de la force publique, dans un cas où la loi l'autorise, mais sans l'accomplissement des formalités légales, constitue le délit d'arrestation ou de détention arbitraire (C. pén., art. 120). A l'inverse, les arrestations commandées par un agent de la force publique, dans un cas où la loi ne les autorise pas, peuvent, suivant les circonstances, tomber sous le coup des articles 114, 184, 186, 188 du Code pénal. Ces actes constituent des crimes ou des délits pour le fonctionnaire qui les a ordonnés, cela est certain. En est-il de même pour l'agent inférieur qui les a exécutés? N'y a-t-il pas des hypothèses dans lesquelles le supérieur qui a donné l'ordre est seul punissable, la responsabilité de l'inférieur étant complètement dégagée?

La loi admet une excuse absolutoire au profit des agents inférieurs dans quelques cas (voyez les articles 114 et 190 du Code pénal). D'après ces textes, l'agent inférieur est absous aux deux conditions suivantes: 1° s'il prouve qu'il a reçu un ordre de son supérieur hiérarchique ; 2° s'il prouve que cet ordre concernait quelque objet du ressort de ce dernier. La loi a voulu, par un motif d'ordre politique, que le subordonné s'en rapportât à son supérieur dont la responsabilité doit le couvrir, au moins au point de vue légal. Mais que faut-il décider pour toutes les autres situations que la loi n'a pas prévues?

Certains auteurs, pour résoudre cette question qui a été surtout agitée en matière militaire, distinguent entre les militaires et les civils. Ils soutiennent que l'acte criminel exécuté par un inférieur militaire ne lui est jamais imputable. Le chef seul qui l'a commandé doit en porter toute la responsabilité.

Ils appuient leur opinion sur ce que les militaires sont astreints, sous des sanctions très sévères (voy. art. 217 et 218 du Code de l'Armée de terre, art. 294 et 295 du Code de l'Armée de mer), à une obéissance passive et de tous les instants. Ils sont, entre les mains de leurs chefs, de simples machines. Ils leur appartiennent corps et âme. Conscience, liberté, volonté, ils perdent toutes ces facultés dès qu'ils deviennent militaires. Dans le service, ils ne sont tenus qu'à une obéissance muette. Leurs supérieurs absorbant leur personnalité, ils n'ont d'autre devoir à remplir qu'une soumission aveugle. Dans ces conditions, disent ces auteurs, n'est-ce-pas logique d'attribuer toute la responsabilité des actes ordonnés à ceux qui les commandent et les tiennent dans une dépendance si absolue ? Si donc il plaît à un chef de se servir de son subordonné pour une vengeance odieuse, s'il lui plaît de donner un ordre ouvertement criminel, l'inférieur qui l'aura exécuté n'aura pas à répondre de son acte : le chef seul en sera puni comme auteur. Voilà la conséquence à laquelle cette doctrine aboutit. A notre avis, cette théorie est beaucoup trop absolue pour être vraie. L'homme ne doit pas être réduit à un rôle purement matériel et mécanique. Sa responsabilité est trop étroitement attachée à son être. Aucune loi, aucun principe social, si nécessaire soit-il, ne peut obliger un homme à confier à d'autres le soin de sa vie morale, et à remettre sa conscience entre leurs mains. Le militaire doit tout sacrifier quand il rentre dans l'armée, excepté sa conscience.

D'ailleurs, il est exagéré de dire que les militaires, même sous les armes, ne sont que des instruments. Ainsi, ils ne doivent obéir qu'aux chefs sous les ordres desquels ils sont placés, et en outre, ils ne sont tenus d'obéir que si les ordres de ces chefs ont été pris dans les limites de leur autorité. Et dès lors, pourquoi ne devraient-ils pas contrôler si l'acte qu'on leur commande est un acte manifestement criminel? Nous admettons, avec M. Chauveau et Hélie, que la présomption de légitimité doit accompagner l'ordre du supérieur. Car c'est là un de ces principes indispensables au fonctionnement de la Société. Si le supérieur était obligé de discuter la légitimité de chacun des ordres qu'il donne avec ses inférieurs, il n'y aurait ni hiérarchie, ni administration possibles. De plus, cette présomption doit être d'autant plus forte que le devoir d'obéissance est plus strictement imposé à l'inférieur. Mais, est-il juste de maintenir cette cause de justification au profit de l'inférieur lorsque la criminalité de l'ordre est évidente, et qu'il n'a pu le croire légitime? (1). Voici, par exemple, un chef militaire qui ordonne à ses soldats de s'introduire dans une maison, d'y commettre un rapt, un viol; ou bien il leur enjoint de maltraiter un particulier, de le tuer. Ce sont assurément des actes qui ne sont pas compris dans le service, et dont l'inférieur ne peut ignorer la criminalité. La criminalité des ordres donnés est tellement claire qu'elle détruit la présomption de légitimité du commandement (2). L'inférieur sera donc responsable du crime commis, comme auteur principal. Et le supé-

---

(1) « L'obéissance hiérarchique, disent avec raison MM. Chauveau et Hélie, est un des principes fondamentaux de l'ordre social, mais cette obéissance ne doit être ni aveugle, ni passive; elle suppose la légitimité de l'ordre ou commandement et des agents qui l'ont exécuté. »

(2) Rossi remarque très justement qu'il est très dangereux d'accorder une impunité absolue et sans exception à l'inférieur militaire qui commet un délit : « Dégager l'inférieur de la responsabilité quand la criminalité de l'action est flagrante, ce serait assurer l'im-

rieur sera poursuivi comme complice par abus de pouvoir (1) (art. 60).

Nous appliquerons la même théorie aux fonctionnaires civils. Un fonctionnaire commande à son inférieur de faire un faux, par exemple. Ce dernier n'a pas pu et n'a pas dû croire qu'il recevait un ordre légitime, puisque le faux est un acte puni par la loi. Il sera auteur principal, et le supérieur complice (art. 60). Remarquons que la responsabilité devra peser plus rigoureusement sur les fonctionnaires civils, parce que leur désobéissance a des conséquences moins graves. La discipline civile est moins sévère que la discipline militaire. On doit supposer plus de lumières chez les fonctionnaires civils. Une plus grande liberté d'esprit leur permet davantage d'apprécier les actes qu'on leur commande.

Voici les principes qui nous semblent devoir être suivis, aussi bien à l'égard des militaires que des civils, quand la criminalité de l'acte commandé est évidente. Mais, que décider quand la criminalité de l'acte est douteuse ? Nous pensons que la question doit être résolue par une distinction.

1° L'ordre du chef civil ou militaire sera une cause de non culpabilité quand il aura conduit l'agent à la croyance raisonnée qu'il ne commettait pas de délit. Dans ce cas, nous n'aurons qu'un auteur principal : le supérieur. Du reste, il ne suffirait pas de prouver contre l'inférieur, que l'ordre donné devait nécessairement lui paraître injuste. L'agent a-t-il pu soupçon-

---

punité à bien des coupables, ce serait favoriser la perpétration des crimes en leur fournissant des agents irresponsables ». *Traité de droit pénal,* t. II, p. 130.

(1) Voy., en ce sens, Chauveau et Hélie, *op. cit.,* t. I, n° 378, p. 601 et suiv.; Haus, *op. cit.,* t. I, n° 571, p. 441; Molinier et Vidal, *op. cit.,* t. II, p. 206. En sens contraire : Trébutien, *op. cit.,* t. I, 2ᵉ édition, n° 541, p. 405 ; Benoît-Champy, *Essai sur la complicité,* p. 65.

ner l'illégitimité du commandement avec le degré d'intelligence dont il était doué, et avec les connaissances qu'il avait ? Voilà ce qu'on doit se demander pour le rendre responsable. C'est une question de fait. La loi punit les criminels, c'est-à-dire ceux qui commettent avec intention une action mauvaise et défendue, mais elle n'a jamais puni pour avoir mal raisonné. Un ingénieur, par exemple, commande à un cantonnier de faire sauter un pont. Comment cet humble fonctionnaire peut-il savoir qu'il reçoit un ordre qu'on n'a pas le droit de lui donner ?

2° Si, malgré l'ordre reçu, l'agent a été conscient de son délit, s'il a connu ou s'il a pu connaître l'illégalité de son acte, il sera responsable (1). Dans ce cas, il y aura un auteur principal (l'agent inférieur) et un complice par abus de pouvoir (art. 60) : l'agent supérieur (2).

4° *Machinations ou artifices coupables.* — Si on prend ce terme dans son acception la plus étendue, les *conseils*, les exhortations, les instigations y sont certainement compris. En effet, si un individu représente à un tiers les bénéfices qu'il retirera de son infraction, s'il combat les raisons qui pourraient l'en détourner, s'il essaie de vaincre ses hésitations et de dissiper ses scrupules, on peut dire qu'il excite au crime en employant des machinations et des artifices coupables.

---

(1) D'ailleurs le juge, quand il admettra la responsabilité de l'inférieur, devra tenir compte de la situation particulière de celui-ci et lui accorder les circonstances atténuantes. Et si le subordonné pouvait craindre de perdre la vie ou la liberté par son refus d'obéir, l'infraction ne lui serait pas imputable par suite de la contrainte qu'il aura subie.

(2) Voy., en ce sens, Garraud, *op. cit.*, t. I, n° 250, p. 412 ; Le Sellyer, *op. cit.*, t. I, n° 136, p. 329 ; Ortolan, *op. cit.*, t. I, n° 471 et suiv. ; Bertauld, *op. cit*, 3ᵉ édition, p. 327 et 328. Voy., dans notre sens, Cour d'appel de Bourges, 30 décembre 1870, D. 71-2-226.

Mais la loi attache à ces termes un sens plus étroit : elle désigne par là la fraude, la ruse dont on se sert pour duper celui qu'on veut conduire au crime. Cette ruse pourra consister à tromper l'auteur sur le caractère légal ou moral d'une action, en lui persuadant qu'elle n'est défendue par aucune loi ou qu'elle n'est pas un délit dans les circonstances particulières où elle se présente ; qu'elle est commandée par la morale, la religion, l'honneur. Elle pourra consister à induire l'agent en erreur relativement à un fait. Par exemple, un individu, pour déterminer un empoisonneur, lui fait connaître l'effet rapide d'un poison, ou lui explique que le poison ne laisse pas de traces susceptibles d'être constatées. Elle pourra consister encore à profiter de l'erreur de fait dans lequel l'agent est tombé pour l'engager à commettre le crime. Dans tous ces cas, il est clair que la provocation remplit la condition que nous avons exigée plus haut. Elle a été directe. En effet, les agissements criminels du provocateur ont visé à l'exécution d'une infraction déterminée.

La déclaration du jury devra mentionner que les artifices du provocateur ont été coupables. La loi, en employant l'expression « artifices coupables » l'exige formellement. En doit-il être de même pour les machinations ? La jurisprudence et certains auteurs soutiennent la négative (1). A leur sens, le texte de l'article 60, lui-même, implique cette solution. Si la loi, disent-ils n'a accolé l'épithète de « coupables », qu'au mot artifices, c'est intentionnellement qu'elle l'a fait. Elle n'a pas voulu obliger le jury à déclarer dans son verdict que les machinations ont été coupables.

---

(1) En ce sens, Rauter, *op. cit.*, n° 112 ; Blanche, *op. cit.*, t II, n° 91 : Molinier et Vidal, *op. cit.*, t. II, p. 240 ; *Sic :* Cass. 15 mars 1816 ; S. et P. Chr., 19 octobre 1832, *Journal du Droit criminel*, 1832, p. 301.

Ils ajoutent que cette théorie est d'accord avec le sens ordinaire des mots, abstraction faite de leur signification spéciale. D'après le *Dictionnaire de l'Académie,* l'artifice tient de la ruse et de l'art, c'est une ruse préparée, arrangée, conduite méthodiquement, *arte facta.* Ruse et rusé annoncent des ressources dans l'esprit, de l'invention. Artifice et artificieux supposent de l'habileté dans la disposition, dans la combinaison et la conduite des moyens. Il existe de bons artifices. Bien qu'en général ce mot exprime quelque chose de blâmable, il peut quelquefois n'être point pris en mauvaise part. Voilà pourquoi la loi ne punit que les artifices coupables. Le mot machinations, au contraire, doit toujours être pris dans un sens défavorable. Il signifie intrigues, menées secrètes, menées pour faire réussir quelque mauvais dessein, quelque complot, pour nuire à quelqu'un, pour le perdre. Nous ne sommes nullement convaincus par ces raisons. C'est uniquement pour la clarté du langage et pour éviter une redondance, que la loi n'a pas répété l'adjectif « coupables ». Mais il s'applique à la fois aux machinations et aux artifices. Car ces deux mots sont synonymes, ou du moins, la loi, sinon le dictionnaire, les a considérés comme tels. La preuve en est que, dans le texte, ils sont unis entre eux par la conjonction *ou.* D'ailleurs, le terme de machinations n'emporte pas avec lui une telle idée de criminalité qu'il soit superflu d'y ajouter l'épithète de « coupables ».Les jurés pourraient confondre de simples agissements avec des agissements criminels. Or ces derniers seuls constituent un mode de complicité (1).

B) PROVOCATION COLLECTIVE. — Elle était prévue par le Code de 1791, deuxième partie, titre III, art. 2 : « Lorsqu'un

(1) En ce sens, Chauveau et Hélie, *op. cit.,* t. I, n° 295 ; Garraud, *op. cit.,* t. II, n° 250, p. 413.

crime aura été commis, quiconque sera convaincu d'avoir provoqué directement à le commettre, soit par des discours prononcés dans les lieux publics, soit par des placards ou bulle-
tins affichés ou répandus dans lesdits lieux, soit par des écrits
rendus publics par la voie de l'impression, sera puni de la même
peine prononcée contre les auteurs du crime. » Le Code pénal
de 1810 ne réprimait pas la provocation collective, mais incri-
minait seulement, dans certains cas, certaines provocations
écrites ou verbales, non accompagnées de dons, promesses,
etc. (Voyez C. p., art. 201, 202, 206, 217, 285, 293, 373,
438, § 2, 441, 442).

La législation sur la presse fut codifiée dans les lois des
17 mai, 26 mai et 9 juin 1819, sur l'initiative de M. de Serres,
garde des sceaux. Ce dernier a très nettement aperçu dans quel
esprit la répression doit s'exercer, en matière de presse : « Il
s'agit uniquement, dit-il, de recueillir dans les lois pénales,
les actes déjà incriminés, auxquels la presse peut servir
d'instrument, et d'appliquer à ces actes, lorsqu'ils auront été
tentés ou commis par la voie de la presse, la pénalité qui leur
convient. Et comme la presse n'est pas le seul instrument
par lequel de tels actes puissent avoir lieu, elle ne sera pas
même sous ce point de vue l'objet d'une législation spéciale.
On lui assimilera tous les autres moyens par lesquels un
homme peut agir sur l'esprit des hommes ; car ici encore,
c'est dans le fait de la publication, et non dans le moyen que
réside le délit. »

Par les effets qu'elle peut produire, la publicité est un moyen
d'influencer les esprits aussi puissant que les moyens énumérés
par l'article 60 du Code pénal. Aussi, le législateur de 1819
a-t-il été bien inspiré de créer, à côté de la complicité ordinaire
de l'article 60, une complicité spéciale pour le cas où la provocation s'exerce par la presse, ou par d'autres moyens de publication. Il a sagement fait d'incriminer, en outre, la provocation

publique non suivie d'effet. Tous les régimes politiques qui se
sont succédé ont accepté, avec sa physionomie générale, le
système de la Loi de 1819. Il a été consacré par les articles 23,
24, 25, de la loi du 29 juillet 1881.

Les textes sont ainsi conçus :

« Article 23. — Seront punis comme complices d'une action
qualifiée crime ou délit ceux qui, soit par des discours, cris ou
menaces proférés dans des lieux ou réunions publiques, soit par
des placards ou affiches exposées aux regards du public, auront
directement provoqué l'auteur ou les auteurs à commettre
ladite action, si la provocation a été suivie d'effet. Cette disposition sera également applicable, lorsque la provocation n'aura
été suivie que d'une tentative du crime, prévue par l'article 2
du Code pénal ».

« Article 24. — Ceux qui, par les moyens énoncés en l'article
précédent, auront directement provoqué à commettre les crimes
de meurtre, de pillage (1) et d'incendie, ou l'un des crimes contre
la sûreté de l'Etat, prévus par les articles 75 et suivants, jusques
et y compris l'article 101 du Code pénal ; seront punis, dans le
cas où cette provocation n'aurait pas été suivie d'effet, de trois
mois à deux ans d'emprisonnement, et de 100 francs à
3.000 francs d'amende » (2).

-----

(1) A cette énumération, la loi du 12 décembre 1893 sur les anarchistes a ajouté le vol simple (Voy. le nouvel article 24, paragr. 1er).

(2) L'article 25 réprime la provocation à des militaires : « Toute
provocation par l'un des moyens énoncés en l'article 23, adressée à
des militaires de l'armée de terre ou de mer, dans le but de les
détourner de leurs devoirs militaires, et de l'obéissance qu'ils doivent à leur chefs dans tout ce qu'ils leur commandent pour l'exécution
des lois et règlements militaires, sera punie d'un emprisonnement
d'un an à 6 mois, et d'une amende de 16 francs à 100 francs ». La
seule modification apportée par la loi de 1893 à l'article 25 consiste
dans une aggravation des pénalités, de l'amende et de l'emprison-

L'article 24 punit la provocation non suivie d'effet, comme délit spécial, dans certains cas qu'il spécifie. Si l'on avait assimilé la provocation collective à celle de l'article 60, la Société aurait été désarmée quand les excitations et les exhortations criminelles n'auraient pas produit le résultat que leur auteur en espérait. Le danger d'une pareille situation n'a pas échappé au législateur. Il a pensé, avec raison, qu'elle appelait un remède énergique. En effet, la provocation qui n'aboutit pas pervertit l'esprit public, et dépose dans les consciences des germes de haine qui pourront éclore un jour. Elle jette l'alarme dans la Société, et porte atteinte à la sécurité des citoyens. En un mot, elle trouble gravement l'ordre public. A ce titre, il convient de la réprimer sévèrement.

La provocation collective n'est punissable qu'aux conditions suivantes :

1° En général (voyez articles 23 et 24, paragraphe 1er), il faut que la provocation soit directe, c'est-à-dire qu'elle ait pour objet, un crime ou délit spécial et déterminé (1). Cette con-

---

nement, aggravation destinée à mettre au même niveau les faits prévus par l'article 25 et ceux prévus par l'article 24.

(1) La loi du 12 décembre 1893, destinée à réprimer les attentats anarchistes, a fait échec, sur ce point, aux principes de la loi de 1881. Elle punit, en effet, l'apologie de certains crimes et de certains délits, c'est-à-dire la provocation indirecte à ces crimes ou à ces délits (voyez le § 3 que la loi de 1893 a ajouté à l'article 24 de la loi de 1881). Le législateur de 1893 mérite d'être approuvé. En effet, la provocation indirecte, l'apologie, offre presque autant de dangers que la provocation directe. En enseignant le mépris de la loi par les sophismes qu'elle invente, elle égare les consciences, elle jette l'incertitude sur les notions morales, et peut ainsi produire des effets aussi funestes que la provocation directe. C'est ce que le rapporteur de la loi de 1893 a très bien fait ressortir. « La provocation n'est punie actuellement qu'autant qu'elle est directe. L'apologie des crimes ci-dessus spécifiés échappe à toute sanction pénale. La loi laisse ainsi la Société sans défense contre des excitations qui

dition sera facile à établir quand la provocation aura été suivie d'un crime consommé ou tenté. Par les circonstances de temps et de lieu, par la précision de la provocation, par ce fait que l'auteur de l'infraction a lu l'écrit ou entendu le provocateur, le Ministère Public prouvera l'influence directe, certaine et décisive, la relation d'effet à cause, de la provocation au crime. Mais quand la provocation est incriminée comme délit *sui generis,* la détermination de cet élément est plus délicate. La provocation la plus violente n'est pas directe.

Il faut un appel à la force. Ainsi, les poursuites intentées par le parquet de la Seine, se basant sur l'article 21 de la loi du 29 juillet 1881, contre le manifeste publié et affiché par le prince Napoléon, dans lequel il malmenait très vertement les institutions républicaines, n'a pas été considéré par la jurisprudence comme une provocation directe à commettre un des

---

constituent un danger social, au même titre et au même degré que la provation directe. Qu'est-ce en effet que l'apologie d'un attentat, comme le meurtre, le pillage, l'incendie, la destruction d'un édifice à l'aide d'engins explosifs, etc., sinon la provocation au renouvellement d'actes de même nature ? Produisant les mêmes effets, elle doit exposer ceux qui s'en rendent coupables à la même répression». La provocation peut revêtir deux formes distinctes : 1° une forme abstraite. Dans ce cas, on exalte l'assassinat, le pillage, la destruction en général, et non un acte déterminé de pillage, de destruction. 2° une forme concrète ; l'apologie s'applique alors soit à tel acte, soit à tel criminel, on glorifie l'attentat de Barcelone, ou bien Ravachol, Vaillant. Dans le premier cas, pour apprécier l'article ou le discours incriminés, il faut se préoccuper de l'intention de l'agent. S'il a voulu simplement manifester son enthousiasme pour une théorie politique ou sociale il n'est pas punissable. Il le devient seulement quand il a entendu glorifier les crimes commis en vertu de cette théorie, en tant que crimes (Voyez en ce sens Toulouse, 19 janvier 1894 (D. 94-2-80). Dans le second cas, le fait même d'avoir approuvé un crime déjà commis constitue, quel que soit le mobile, le délit d'apologie. Le délit d'apologie n'existe, d'ailleurs, qu'à deux conditions : 1° il faut qu'il s'applique à l'un

crimes contre la sûreté de l'Etat (crime puni par les articles 75 et suivants du Code pénal) (1).

2° Il faut que la provocation ait lieu par un des modes limitativement indiqués par l'article 23. Aux termes de ce texte, elle ne peut résulter que « de la distribution, de la mise en vente ou de l'exposition de peintures, gravures, dessins et emblèmes ».

3° Enfin, il faut que l'intention, la volonté de pousser au crime soit démontrée.

PARAGRAPHE DEUXIÈME. — Instructions données pour commettre le crime.

Le second mode de complicité prévu par l'article 60 consiste dans le fait d'avoir donné à l'auteur du crime des renseignements propres à en faciliter la perpétration. Il importe peu qu'on ait donné les instructions directement ou qu'on ait chargé un tiers de les transmettre à celui qui doit exécuter le crime. Dans ce cas, c'est le conseiller qui est le vrai complice,

des faits prévus par le § 1er de l'article 24, meurtre, pillage, incendie vol, etc. Ainsi l'apologie des crimes contre la sûreté de l'Etat n'est pas punissable. En rapprochant l'un de l'autre les §§ 1 et 3 de la loi de 1893, on s'aperçoit, en effet, que le § 3 n'a pas compris les attentats contre la sûreté de l'Etat parmi ceux dont l'apologie est punissable, ce qui constitue certainement une omission regrettable ; 2° il faut que l'apologie ait eu lieu par l'un des moyens énumérés par l'article 23 de la loi de 1881; or, il y a deux procédés qui n'y sont pas mentionnés : les chants et les images, dessins, gravures, peintures ou emblèmes (Voyez le texte de l'article 24 nouveau, qui élève aussi les anciennes pénalités de la provocation directe en les appliquant au délit d'apologie, dans le *Journal officiel* du 13 décembre 1893, pag. 6113). Pour plus de détails sur le délit d'apologie voyez Garraud, *op. cit.*, t. II, 2e édition, n° 670, p. 656 et suivantes.

(1) Arrêt de la Chambre des mises en accusation de la Cour d'appel de Paris du 9 février 1882. (*Lois Nouvelles*, 1883. 3e partie, pp. 72 et 128).

pourvu que le messager se soit borné à son rôle d'intermédiaire (1).

La loi n'exige pas que les instructions soient accompagnées de dons, promesses, menaces, etc. Le premier paragraphe de l'article 60 renferme deux modes distincts de participation morale, la provocation par dons, promesses, etc..., et les instructions données pour commettre le crime. D'ailleurs, les instructions supposent un projet arrêté entre les codélinquants, un concert préalable. Les circonstances qui rendent la provocation coupable ne peuvent donc s'appliquer aux instructions. De plus, la construction grammaticale de l'article ne laisse aucun doute à ce sujet ; en effet, on ne donne pas des instructions par dons, promesses, etc...

L'individu qui a fourni les instructions n'est punissable que s'il a connu l'usage criminel qu'on devait en faire. Cette condition de l'intention criminelle résulte du texte même, qui parle d'instructions données pour commettre le crime. Pour être complice, il faut avoir la volonté de participer au délit. Il n'y a pas de complicité par simple faute. C'est une règle commune à tous les modes de participation, que nous avons relevée au début de cette étude. Mais nous la rappelons ici, parce qu'en pratique elle sera souvent applicable. Un domestique, par exemple, s'est laissé arracher par d'adroits filous des renseignements qui favorisent l'exécution de leurs projets criminels. Par exemple, il a révélé l'endroit où son maître cache son argent ou les moyens d'entrer dans la maison.

Ces projets, il les ignorait complètement. Il a agi à la légère sans réfléchir aux conséquences des secrets qu'il livrait. Sans doute, il a commis une grave imprudence, mais cela ne suffit pas pour le rendre complice. Il lui manque la volonté de participer au crime, qui est un élément essentiel de toute complicité.

---

(1) Cass., 23 mai 1884, *Bull. crim.,* n° 179.

Dans les délits non intentionnels, les instructions devront porter sur le fait matériel qui est la cause du délit. Exemple : un constructeur de machines donne à l'un de ses clients les instructions nécessaires pour diriger la machine que ce dernier vient de lui acheter. Ces instructions sont fausses et, en les suivant, l'acheteur occasionne un accident. Il sera l'auteur principal, par imprudence, des blessures qui en résulteront, mais le constructeur qui l'a trompé en sera le complice.

Comment faut-il interroger le jury relativement à ce mode de complicité ? Une question rédigée en ces termes : « L'accusé est-il coupable d'avoir donné des instructions pour commettre tel crime » est-elle suffisante ? ou faut-il ajouter : « Sachant qu'elles devaient y servir, et dans le dessein d'en faciliter l'exécution ». Cette addition nous paraît utile, parce qu'elle révèle très explicitement que l'inculpé, en fournissant des renseignements, voulait participer au délit commis. En d'autres termes, elle fait clairement ressortir l'intention criminelle, qui est la condition *sine qua non* de la culpabilité du complice. De la sorte, elle remplit complètement le vœu de la loi. Néanmoins, le verdict du jury qui ne la contiendrait pas serait parfaitement valable. En effet, lorsqu'une décision judiciaire déclare un individu coupable d'avoir donné des instructions pour commettre une infraction, elle reconnaît implicitement, par cela même, que ces instructions ont été fournies en vue de cette infraction et pour en faciliter l'exécution. Les expressions dont se sert la loi (art. 60) suffisent pour soumettre au jury les deux éléments moraux de la complicité : la connaissance et la volonté (1).

_____

(1) En ce sens, Chauveau et Hélie, *op. cit.*, t. I, n° 296, p, 465 ; Le Sellyer, *op. cit.*, t. II, n° 376, p. II ; Ortolan, *op. cit.*, t. I, n° 1301 ; Trébutien, *op. cit.*, t. I, p. 185 ; Haus, *op. cit.*, t. I, n° 513, p. 494.

PARAGRAPHE TROISIÈME. — Fait d'avoir procuré des instruments, des armes, ou les moyens d'accomplir le délit (art. 60, 3°). Il s'agit des instruments et des moyens matériels avec lesquels on accomplit le crime. Tel est, par exemple, le fait de l'armurier qui fournit le pistolet destiné à perpétrer un meurtre. Certains auteurs soutiennent que les peines de la complicité sont exclusivement applicables aux individus qui ont procuré les objets mobiliers ayant servi au crime (1). C'est là une erreur évidente, démentie par l'article 60 lui-même. La loi dit : « tout moyen ». Elle n'a donc pas posé de limites à l'appréciation absolue du juge. La loi a surtout en vue les objets mobiliers, mais elle n'a pas entendu exclure de la catégorie des complices ceux qui, par exemple, ont prêté leur maison pour exécuter une infraction et la faciliter. Ainsi, le logeur qui loue un appartement où l'on consomme un adultère, tombe assurément sous le coup de l'article 59.

Il est évident qu'ici encore l'intention criminelle est requise. Mais la loi a insisté spécialement sur ce point. Elle exige très rigoureusement le concours de la connaissance et de la volonté. Un individu qui n'ignore pas que le moyen par lui fourni peut servir à un crime ou à un délit n'est pas complice. Il le devient seulement s'il sait que le moyen doit servir à tel crime ou à tel délit, et la réponse du jury le constatera expressément. Un armurier, par exemple, n'est point répréhensible lorsqu'il vend une arme meurtrière à un tiers. Ce n'est que l'exercice ordinaire de sa profession ; il n'est pas tenu de se préoccuper de l'usage qui pourra être fait de cette arme. Mais s'il apprend que cette arme

---

Cass., 13 mai 1844, *Bull. crim.*, n° 179 ; 27 décembre 1872, *Bull. crim.*, n° 233 ; Cass., 19 juin 1857, D. 57-1-372. En sens contraire : Blanche, *op. cit.*, 2° étude, n° 94 ; Dalloz, *Répertoire*, 2° édition, v° *Complice*.

(1) En ce sens : Haus, *op. cit.*, t. II, n° 506, p. 396.

doit favoriser la perpétration d'un crime ou d'un délit, il est complice de ce crime ou de ce délit, parce qu'il en a sciemment procuré l'instrument. Quand la loi impose à un agent la responsabilité du fait d'autrui, elle lui impose la responsabilité d'un fait certain, bien précisé, bien individualisé, et non d'un fait possible et éventuel (1).

Dans les délits non intentionnels, la connaissance s'appliquera au fait qui a été la cause première de l'infraction. Ainsi, un loueur de chevaux livre un cheval très vif à un cavalier dont il connaît l'inexpérience. Il en résulte un accident qui entraîne des blessures dues à l'imprudence du cavalier. Le loueur de chevaux sera le complice du délit. Connaissant, en effet, la vivacité du cheval et l'inhabileté du cavalier, il a participé à la faute que celui-ci commettait en montant un animal dont il ne pouvait se rendre maître.

Section II

COMPLICITÉ CONCOMITANTE A L'EXÉCUTION DU DÉLIT

PARAGRAPHE PREMIER. — Aide et assistance dans les faits qui ont préparé, facilité ou consommé le délit. L'article 60 n'applique à cette hypothèse les peines de la complicité que si l'assistance a été prêtée en connaissance de cause (2). Le verdict du jury devra donc préciser cette circonstance. On peut, en

---

(1) Voyez, en ce sens : Chauveau et Hélie, *op. cit.*, t. I, n° 297, p. 466 ; Blanche, *op. cit.*, n° 98, p. 183 ; Molinier et Vidal, *op. cit.*, t. II, p. 242; Garraud, *op. cit.*, t. II, n° 255, p. 420; Cass., 18 mai 1844, S. 44-1-628; 18 juillet 1856, S. 57-2-344; Angers, 16 décembre 1892, *Gaz. Pal.*, 1893, 2° partie, p. 21.

(2) Voyez Cass., 14 octobre 1847, D. 47-1-323; 29 avril 1882, *Bull. crim.*, n° 108; 23 février 1888, *Bull. crim.*, n° 75 ; 24 mars 1898, *Pandectes Françaises*, 1899-1-222.

effet, donner son concours à l'exécution d'un crime à son insu et sans connaître la fin que se propose l'auteur. Le juge, toutefois, n'est pas obligé de se servir des mots « avec connaissance », car ils ne sont pas sacramentels. Il peut les remplacer par des mots équivalents qui expriment la même idée (1).

La Cour de cassation a cru devoir apporter une exception à cette règle en matière de viol. « Attendu, dit-elle, qu'il est contre l'essence des choses de supposer qu'un accusé ait pu aider et assister les auteurs du viol dans les moyens de le commettre sans qu'il sût qu'il prêtait aide et assistance pour commettre une action criminelle ; que de l'omission des mots : « avec connaissance » il est donc impossible de conclure que l'accusé n'est pas convaincu d'avoir agi dans des intentions coupables, etc. » (2). Cette dérogation ne se justifie nullement. D'abord, elle n'est pas autorisée par la loi. Ensuite, il y a beaucoup d'hypothèses auxquelles on pourrait étendre le motif invoqué par la jurisprudence, et cependant on ne l'a jamais fait. Enfin, les moyens d'assistance du viol ne sont pas tellement uniformes qu'ils supposent tous nécessairement la connaissance du crime (3).

Dans les délits non intentionnels, l'aide et l'assistance se manifesteront dans le fait qui a été la cause première du délit. Le participant sera complice, s'il n'a pas prévu les conséquences de l'acte auquel il s'associait. Nous donnerons comme exemple l'hypothèse suivante : le maire d'une commune permet de tirer imprudemment un feu d'artifice à proximité d'habitations couvertes de chaumes, qui sont incendiées. Il y a là un

---

(1) Voyez Cass., 12 avril 1873, *Bull. crim.*, n° 99 ; 20 avril 1888, S. 90-1-425 ; 28 février 1889, *Bull. crim.*, n° 84.

(2) Voyez Cass., 18 mai 1815, S. 1815-1-398.

(3) En ce sens, Chauveau et Hélie, *op. cit.*, t. I, n° 298, p. 468 ; Le Sellyer, *op. cit.*, t. II, n° 388, p. 48 ; Garraud, *op. cit.*, t. II, n° 238, p. 390, note 4.

délit non intentionnel dont le maire est complice, par aide et assistance, dans les faits qui l'ont facilité.

Quand on est en présence de faits qui ont préparé ou facilité le délit, on distingue aisément le co-auteur du complice. Citons, à titre d'exemple, les espèces suivantes. Le fait d'un individu qui a essayé si de tel point à tel autre une balle porterait, constitue la complicité dans un fait préparatoire. Le fait d'avoir intentionnellement tenu éloignées pendant l'action, les personnes qui auraient mis obstacle à son exécution constitue la complicité dans un fait qui a facilité le délit. De même, le fait d'avoir tenu l'échelle pour permettre aux voleurs de s'introduire dans la maison. De même encore, le fait du filou qui pousse quelqu'un dans la foule, qui y provoque du désordre, pour que ses associés puissent fouiller dans les poches, sans être aperçus. Mais la distinction devient beaucoup plus délicate quand il s'agit de faits qui ont consommé l'infraction. Elle présente un intérêt considérable à cinq points de vue distincts : 1° la qualification légale du fait incriminé peut en résulter. Donnons quelques exemples. Dans certains cas, la pluralité d'agents est une circonstance aggravante de l'infraction (Voyez Code pénal, art. 381, art. 584). La raison en est que la difficulté de résistance des personnes attaquées est plus grande, et par conséquent, le danger social plus grave. Les complices antérieurs à l'infraction et les complices qui n'ont pas participé directement aux faits d'exécution ne peuvent être comptés pour constituer la pluralité d'agents ; on ne compte que les auteurs matériels. Au contraire, on se demande si on doit compter ceux dont la complicité est concomitante à l'exécution. Il faut donc déterminer exactement quels sont les auteurs matériels (qui eux forment la pluralité d'agents) pour connaître ceux qu'on doit exclure comme complices. Autre exemple : un individu tue son père. De la qualification du fait dépendra la qualification de son acte. S'il n'est qu'un complice, il sera puni de la peine du meurtre et non du parricide, puisqu'on ne considère que la personne de l'auteur pour aggraver la peine, et non celle du complice. S'il est co-auteur, il subira la peine, du parricide.

2° Les co-auteurs d'un fait qualifié infraction sont toujours punissables, tandis que les complices ne peuvent l'être que s'il existe un fait qualifié crime ou délit, auquel ils ont participé. Ainsi, nous avons vu qu'on ne peut être complice d'un suicide. Au contraire, celui qui tue quelqu'un sur sa demande est l'auteur d'un véritable meurtre. En matière de contraventions, comme la complicité n'est pas, en général, punissable, la criminalité de la participation est subordonnée à la question de savoir si elle est principale ou accessoire (1).

3° Il y a des cas où le complice est puni autrement que l'auteur principal (voyez, par exemple, art. 63 Code pénal).

4° Selon l'interprétation que l'on donnera de l'art. 380 du Code pénal (voyez cet article), il peut être utile de distinguer si le vol a été commis par plusieurs co-auteurs ou par un auteur principal et des complices. Dans le système qui accorde l'impunité aux complices du fils, la participation principale sera seule atteinte par la loi. Si on considère, au contraire, que l'art. 380 établit une excuse absolutoire essentiellement personnelle au fils, auteur de la soustraction, l'intérêt de la distinction disparaît, puisque tous les participants sont frappés.

5° Au point de vue de la procédure, les questions à poser et à résoudre sont très différentes à l'égard des divers accusés ou prévenus d'une même infraction, suivant qu'ils sont auteurs ou complices. On pose sur la personne de l'auteur les questions concernant le fait principal du crime et du délit, et les circonstances aggravantes. Quant aux complices, la question à poser est celle de savoir s'ils ont participé à l'infraction, suivant l'un

---

(1) Cass., 26 juin 1885, D. 86-1-279.

des modes de complicité prévus par l'article 60, sans répéter
la question pour chacun d'eux. Au contraire, quand le prévenu
est déclaré coupable, il n'est pas nécessaire de constater dans
le jugement ou le verdict qu'il a coopéré au crime ou au délit,
suivant l'un des modes de participation prévus par l'article 60.
Il s'agit simplement de savoir s'il est coupable du crime qu'on
lui reproche.

PARAGRAPHE DEUXIÈME. — Distinction des co-auteurs et des
complices (art. 60, al. 3). D'après quel principe doit se faire
cette distinction ? La jurisprudence élude habilement la difficulté. Elle n'examine pas la participation en elle-même. Se
plaçant uniquement au point de vue du temps, elle décide que
l'aide ou l'assistance dans les faits qui ont consommé le
crime, est toujours et dans tous les cas l'acte d'un co-auteur,
par cela même qu'elle est contemporaine de l'exécution du
crime : « Attendu, lisons-nous dans un arrêt du 24 août 1827,
que celui qui assiste l'auteur d'un délit dans les faits qui le
consomment, coopère nécessairement à la perpétration du
délit ; qu'il s'en rend donc co-auteur; d'où il résulte que le délit
n'est plus le fait d'un seul » (1).

_____

(1) Voyez Cass., 24 août 1827, S 1827-8-1-674; voyez, dans le même
sens : Cass., 17 décembre 1859, D. 60-1-196: Cass., 9 novembre 1860,
D. 60-1-359 ; 15 novembre 1862, S. 63-1-278 ; 27 décembre 1873,
S. 74-1-138. Blanche analyse d'une façon très exacte et très ingénieuse
la manière dont les tribunaux interprètent l'art. 60 (§ 3ᵉ) : « La con-
jonctive *et*, la disjonctive *ou* joueront habituellement un rôle considérable dans la détermination de la qualité de celui qui aura participé
à l'action avec l'auteur principal. S'il est déclaré qu'il a aidé ou
assisté ce dernier dans les faits qui ont préparé, facilité ou consommé
l'action, il ne faudra voir en lui qu'un complice ordinaire. Si,
au contraire, il est déclaré qu'il aide et assiste l'auteur principal dans
les faits qui ont préparé, facilité et consommé l'action, on devra
reconnaître en lui un co-auteur. En effet, dans le premier cas, on ne

En d'autres termes, tout individu reconnu coupable d'avoir aidé le délinquant dans les actes qui ont consommé le délit, est à la fois complice et coauteur.

Plusieurs arrêts, d'autre part, déclarent que l'individu qui est reconnu coauteur est, par la nature même des choses, complice de l'autre agent, car « le coauteur d'un crime aide nécessairement l'autre coupable dans les faits qui consomment l'action » (1).

Ainsi donc, d'après la jurisprudence, sont coauteurs tous ceux qui ont contribué à l'exécution du délit, si minime qu'ait été leur participation. Mais il s'agit précisément de trouver un critérium pour reconnaître parmi les codélinquants les coauteurs et les complices, c'est-à-dire les individus qui ont pris une part principale au délit et ceux qui y ont coopéré en sousordre. Nous le chercherions en vain dans les arrêts. De plus, en considérant que chacun des participants est, en même temps, complice et coauteur de l'infraction, la jurisprudence commet une étrange confusion juridique. Comment concevoir que l'on soit à la fois, à raison du même fait de participation, investi de ces deux qualités ? Ce sont là deux situations juridiques très distinctes, dont l'une exclut nécessairement l'autre. En outre, la jurisprudence va directement à l'encontre des termes

---

sait pas à raison de quels faits il a été déclaré coupable. Est-ce parce qu'il a pris part seulement aux faits qui ont préparé et facilité le crime ou le délit ? Est-ce parce qu'il a pris part aux faits qui l'ont consommé ? L'un n'est pas plus certain que l'autre ; or, comme la qualité de complice est moins compromettante que celle de co-auteur, il faut interpréter le doute dans le sens le plus favorable au coupable, et ne voir en lui qu'un complice ordinaire. Au contraire, dans le second cas, l'hésitation n'est plus permise. Il est certain que l'agent a concouru aux faits mêmes qui ont consommé le crime ou le délit; il est donc certain qu'il doit être considéré comme co-auteur du fait incriminé » (Blanche, 2º étude, *op. cit.*, nº 20, p. 24).

(1) Voyez Cass., 9 juin 1848, S. 48-1-527 ; 20 juin 1851, D. 51-5-425.

mêmes de la loi. L'article 60, alinéa 3, incrimine expressément comme faits de complicité non-seulement les actes antérieurs à l'infraction, mais encore les actes d'aide ou d'assistance qui facilitent l'exécution du délit. Le texte est on ne peut plus clair. Il applique les peines de la complicité aux individus « qui ont aidé ou assisté l'auteur dans les faits qui ont consommé l'infraction », c'est-à-dire à ceux qui ont été de simples auxiliaires de l'exécution. Mais la jurisprudence change tout cela. Elle refait la loi au lieu de l'interpréter. En effet, elle qualifie de co-auteurs tous les individus qui, de près ou de loin, ont coopéré à l'exécution du délit, quelle qu'ait été l'efficacité plus ou moins grande de leur concours. Ce système supprime, par conséquent, la complicité dans les faits qui ont consommé l'infraction. N'est-ce pas méconnaître ouvertement la lettre et l'esprit de l'article 60, alinéa 3 ?

D'un autre côté, n'est-ce pas fausser le sens juridique des mots que de présenter les coauteurs comme étant forcément complices les uns des autres. La coopération (1) entraîne, *a fortiori*, l'assistance. Mais il n'est pas plus vrai de soutenir que le coauteur est complice, qu'il ne serait exact, en droit civil, de dire que le propriétaire est usufruitier de sa chose, parce que l'usufruit est compris dans la propriété. Juridiquement, l'acte de l'auteur, en effet, est tout différent de celui du complice, tel que l'entendent les articles 59 et 60. Le premier consiste en une participation directe à l'exécution de l'infraction, tandis que le second se réduit à une assistance secondaire telle, que l'infraction pourrait très bien se concevoir sans ce concours.

Quelques auteurs disent : Quand les faits reprochés aux délinquants tombent visiblement sous le coup d'un texte, il est manifeste que ce sont des coauteurs. Dans les autres hypo-

---

(1) Nous attribuons au mot « coopération » le sens précis de participation en qualité d'auteur.

thèses, on devra examiner si la coparticipation à l'exécution était de telle nature que, sans elle, l'infraction aurait pu être ou non accomplie. Les juges placeront le délinquant dans la catégorie des coauteurs ou dans celle des complices, suivant l'importance de son rôle, et d'après les circonstances de la cause. C'est une pure question de fait. Ces auteurs prétendent trouver cette solution dans l'article 60. Ils raisonnent ainsi : L'alinéa 3 du texte punit en qualité de complices les individus « qui ont aidé ou assisté, etc. », c'est-à-dire les délinquants qui n'ont joué qu'un rôle secondaire dans le délit. Or, disent ces auteurs, ce rôle secondaire on ne peut pas le déterminer *a priori*, mais seulement à l'aide des faits (1).

Nous ne partageons pas cette manière de voir. Pour nous, le critérium auquel on reconnaîtra le complice est celui-ci : Le coparticipant a-t-il exécuté directement le fait constitutif du délit ? Si oui, il est un coauteur. A défaut de cela, il n'est jamais qu'un complice. Exemple : deux individus emportent des objets qu'ils ont dérobés ensemble dans une maison ; ce sont des coauteurs. Pendant la perpétration du vol, un tiers a fait le guet (2), ou bien a reçu les objets de la main du voleur et les a emportés, c'est un complice, parce que les deux premiers seuls ont accompli les faits prévus par l'article 379 du Code pénal. De même, et pour une raison identique, ceux qui surveillent la voiture qui doit servir à la consommation du rapt ne sont que des complices (art. 354 Code pénal). De même encore, celui qui tient la victime pendant que son compagnon la frappe.

_____

(1) Voyez, dans ce sens : Berlauld, *op cit.*, p. 441 ; Popineau, Thèse de Doctorat, Etude sur la complicité en droit français et dans quelques législations étrangères. Année 1891, p. 138.

(2) Dans la théorie de la jurisprudence, au contraire, il est coauteur.

En effet, pour apprécier juridiquement le caractère principal ou accessoire de l'acte de chaque codélinquant, il faut l'envisager isolément. Or, ce point de départ admis, dès lors que le codélinquant n'a pas accompli l'acte constitutif de l'infraction, il n'est pas un coauteur. Mais, nous objectera-t-on, le rôle joué par ce dernier a été tellement efficace que, sans lui, le délit n'eût point eu lieu. Tous les individus qui ont pris la part la plus directe et la plus décisive à l'exécution de l'infraction sont, en réalité, des coauteurs. Le succès de l'entreprise est dû, en effet, à leurs efforts combinés. Est-il possible, dans ces conditions, de mesurer le degré de participation effective de chacun d'eux à l'infraction ? On ne saurait amoindrir la responsabilité de quelques-uns, puisque l'infraction est, par essence, une et indivisible. Ce raisonnement est très juste au point de vue du fait ; mais, en droit, la question change d'aspect : l'analyse juridique abstraite permet de considérer l'acte de chaque coparticipant en lui-même et indépendamment du résultat criminel final atteint grâce aux efforts réunis des participants. Si cet acte ne constitue pas une infraction, en vertu de quel principe pourrait-on punir le codélinquant comme coauteur ?

En résumé : « L'auteur est celui qui commet l'acte même du délit, selon la description du délit faite par la loi. Ainsi, l'auteur du crime d'incendie est celui qui a mis le feu. L'auteur du délit peut être multiple, c'est-à-dire, plusieurs personnes peuvent être ensemble auteurs du délit ; en ce cas, on les appelle coauteurs (1). Le complice, au contraire, est celui qui participe au crime ou au délit par des actes extérieurs au fait même qui renferme les éléments de ce crime ou de ce délit.

---

(1) Rauter, *op. cit.*, no 110 ; voy., dans notre sens: Garraud, *op. cit.*, t. II, n° 259, p. 424 ; Laborde, *Cours de Droit criminel*, 1ʳᵉ éd., n° 631, p. 365.

Paragraphe troisième. — Avant de terminer le commentaire de l'art. 60, nous ferons observer que l'énumération de l'art. 60 est limitative (1). Par conséquent, l'approbation donnée à un projet criminel exécuté par la suite, et la simple suggestion de ce projet qui n'est pas caractérisée par des machinations et artifices coupables restent impunis. De même, le simple conseil (2). On entend par là, le fait d'exposer à une personne les motifs qui la décideront à commettre une infraction dont on ne tirera soi-même aucun profit. Il en est de même du simple mandat criminel. C'est l'action d'un individu qui, dans son propre intérêt, charge gratuitement un tiers d'exécuter un délit.

---

(1) On peut s'associer à un fait délictueux de mille manières diverses réprouvées par la morale. Le Code pénal a spécifié les modes de participation à un crime ou à un délit qui seraient punissables. Tous les criminalistes l'approuvent. On reconnaît que c'est là une mission qui rentre dans les attributions naturelles du législateur, et non dans celles du juge. Pour sauvegarder l'ordre social, le législateur est bien mieux placé que le juge. Il atteint plus aisément que lui aux idées générales qui doivent présider au fonctionnement de la Société, parce qu'il est habitué à regarder de haut et à voir loin. Le juge, au contraire, étant en contact permanent avec les faits, n'a pas assez d'indépendance d'esprit pour s'élever aux vues d'ensemble. De plus, les juges qui, dans telle hypothèse, condamneraient un individu pour participation à un délit, pourraient très bien en acquitter un autre dans le même cas. Ils se montreraient indulgents ou sévères au gré des circonstances et suivant les délinquants. Voilà justement où serait le danger, si on donnait au juge un pouvoir d'appréciation absolu en matière de complicité. Qu'on « individualise » autant que possible la peine, cela est très désirable, mais il importe, cependant, de la soustraire à l'arbitraire illimité du juge. Il faut maintenir une certaine égalité et une certaine uniformité dans la législation pénale, parce qu'elles lui assurent la certitude et l'autorité dont elle a besoin pour remplir son but.

(2) Voy. Poitiers, 31 mai 1855, D. 55-2-67 ; Lyon, 4 janvier 1860, D. 61-5-25.

L'article 60 ne s'applique pas davantage à celui qui a facilité la fuite d'un coupable par des moyens quelconques (1).

Section III

COMPLICITÉ POSTÉRIEURE A L'INFRACTION

Elle comprend le recel de brigands (article 61) et le recel de choses (article 62). Occupons-nous d'abord du recel de brigands, qui est le moins important des deux.

1° RECEL DE BRIGANDS (article 61) (2). — Le législateur de 1810 a justifié ainsi cette forme postérieure de complicité : « Il faut, dit l'orateur du gouvernement, que ceux-là soient déclarés complices et punis comme tels qui, connaissant la conduite des malfaiteurs, les logeront habituellement chez eux ou souffriront qu'ils s'y réunissent habituellement ; car, dès qu'ils

---

(1) L'article 60 n'a pas prévu deux hypothèses intéressantes, que l'on résout facilement par les principes de la matière :

1ʳᵉ hypothèse. — La provocation a été exécutée telle qu'elle a été adressée, mais elle a eu des résultats plus graves que n'avait prévu le provocateur. Par exemple, on a donné l'ordre de donner des coups à un individu qui meurt à la suite de ses blessures. Le provocateur est responsable de la mort parce qu'il a dû et pu prévoir les conséquences des ordres donnés par lui.

2ᵉ hypothèse. — L'exécuteur a commis un délit moins grave que celui auquel il a été provoqué. Par exemple, il avait reçu le mandat de commettre un viol, et il ne commet qu'un simple attentat à la pudeur. Le mandant ne sera puni que pour le crime exécuté. En effet, la complicité est accessoire au fait principal, donc le complice ne peut être puni que pour ce fait.

(2) La disposition de l'article 61 a son origine dans le droit romain (L., 16, *Dig.*, *De receptatoribus*). L'article 260 de l'Ordonnance de Blois, de mai 1579, contenait la disposition suivante : « Défendons à tous taverniers et cabaretiers de recevoir et héberger dans leurs

n'ignorent pas que ces hommes ne vivent que de crimes, ils ne peuvent se dissimuler que la retraite qu'ils leur donnent est un moyen de faciliter l'exécution de leurs desseins criminels.» Et le rapporteur de la commission législative ajoute : « Si les malfaiteurs épars ne trouvaient point ces repaires où ils se rassemblent, se cachent, concertent leurs crimes, la formation de leurs bandes ou de leurs associations serait plus difficile et plus facilement découverte. On ne peut les recevoir habituellement sans connaître leurs projets et leur conduite et sans y participer » (1). Ainsi donc, la loi a supposé un acte de participation au moins indirect au délit, par une association générale et tacite sous-entendue par le législateur et antérieure à l'infraction. Aussi a-t-il exigé l'habitude du recèlement, ce qui ressemble à une sorte de coopération à tous les actes que commettront les brigands recélés.

D'ailleurs, si un individu fournit sciemment un logement, un lieu de retraite ou de réunion à des tiers qui se proposent d'accomplir une infraction déterminée, il ne tombera pas sous le coup de l'article 61 ; il sera complice dans les termes de l'article 60, pour avoir, avec connaissance, aidé ou assisté l'auteur de l'action dans les faits qui l'ont facilitée. Il s'agit ici d'une complicité générale qui pèse sur le logeur, même à son insu. Elle est fondée sur la présomption légale d'une associa-

---

maisons gens sans aveu, plus d'une nuit, sur peine des galères et leur enjoignons sur pareilles peines de venir les révéler à la justice. » Le Code pénal de 1791 ne punissait pas le recèlement de malfaiteurs. L'attentat de Georges Cadoudal contre le Premier Consul, fut la cause de la loi du 9 ventôse an XII, obligeant ceux qui recélaient le coupable de l'attentat et ses complices à découvrir leur retraite (Lois des 9-19 ventôse an XII, art. 1 et 2, relatifs aux recéleurs de Georges ; art. 3 et 4 relatifs aux recéleurs de Pichegru). Mais c'était là une loi spéciale, applicable seulement aux personnes qu'elle visait.

(1) Voy. Locré, *Exposé des Motifs*, t. XXIX, p. 263.

tion entre les malfaiteurs et lui. Aussi bien, est-ce une disposition qui demande à être interprétée restrictivement. Nous diviserons le commentaire de l'article 61 en quatre paragraphes :

PARAGRAPHE PREMIER. — Conditions d'application de l'article 61. Elles sont au nombre de six.

1° Le texte ne vise que les malfaiteurs exerçant des brigandages et des violences de la nature de celles définies par la loi. Il exclut, par conséquent, tous ceux qui se rendent coupables de vols simples ou d'escroqueries.

Mais de quels délinquants la loi parle-t-elle ? Est-ce seulement de ceux qui sont constitués en association pour faire le métier de brigandage, ou bien désigne-t-elle même ceux qui se trouvent accidentellement réunis pour commettre un crime isolé ?

D'après certains auteurs, l'article 61 ne s'occupe que des malfaiteurs exerçant des brigandages et des violences, c'est-à-dire de ceux qui en font le métier. Cette opinion, qui tend à restreindre considérablement la portée de l'art. 61, nous paraît contraire à son texte. L'art. 61 n'exige nullement que les malfaiteurs auxquels on donne la retraite soient des malfaiteurs d'habitude. Il suffit, ce qui est tout différent, qu'il y ait eu, de la part du logeur, retraite habituelle fournie à des malfaiteurs exerçant des brigandages. « La loi, disent très justement MM. Chauveau et Hélie, ne pose pas comme condition de la complicité des recéleurs que les malfaiteurs recélés forment une bande ou une association : les mots « lieux de retraite ou de réunion » sont séparés par une particule disjonctive, et dès lors il n'est pas nécessaire qu'il y ait eu réunion de malfaiteurs. Sans doute, l'asile donné à des individus réunis pour un crime isolé ne constituerait pas un fait de complicité, dans le sens de l'article 61 ; mais ce n'est pas parce que ces individus ne

6

formeraient pas une association faisant métier de brigandage,
c'est parce qu'il n'y aurait pas alors chez le recéleur l'habitude
de fournir logement à des malfaiteurs ». Les travaux préparatoires sont en ce sens (1).

2° Il faut qu'il ait été fourni : logement, lieu de retraite ou de
réunion. La loi ne punit pas le fait de procurer des aliments,
à moins qu'en donnant la nourriture aux malfaiteurs, on ne
leur ouvre en même temps un lieu de réunion (2). La fourniture,
même habituelle, des aliments ne peut en effet faire présumer
la participation des recéleurs. M. Carnot explique autrement le
silence de la loi : « Le législateur n'a pu vouloir, dit-il, qu'ils
fussent privés (les malfaiteurs) de nourriture, ce qui aurait été
prononcer la peine de mort avant qu'ils eussent été jugés
coupables ». Cette raison n'est pas sérieuse ; car les malfaiteurs pourraient très facilement échapper à une telle peine.
Ils n'auraient pour cela qu'à cesser leurs brigandages, et
même s'ils les continuaient, il leur suffirait de ne pas prendre
habituellement leurs repas chez le même individu.

3° Il faut que le logeur ait connu la conduite criminelle des
individus qu'il a reçus. L'article 61 rappelle expressément la
nécessité de l'élément intentionnel. Ce n'est qu'une application
des règles générales de la complicité. Peu importe, d'ailleurs,
les moyens par lesquels l'accusé a été informé de la conduite
de ceux qu'il recevait. Mais de simples soupçons ne seraient
pas suffisants, car ce n'est pas connaître que de concevoir des
doutes.

---

(1) En ce sens, Le Sellyer, *op. cit.*, t. II, n° 402, p. 55 ; Chauveau et
Hélie, *op. cit.*, t. I, n° 307, p. 483 ; Garraud, *op. cit.*, t. II, n° 261,
p. 429.

(2) Doctrine constante sur ce point : Blanche, *op. cit.*, 2° étude,
n° 128 ; Le Sellyer, *op. cit.*, t. II, n° 398 ; Trébutien, *op. cit.*, t. I,
p. 187 ; Chauveau et Hélie, *op. cit.*, t. I, n° 308, p. 484 ; Garraud, *op.
cit.*, t. II, n° 261, p. 428.

4° Le complice doit avoir agi volontairement. Cette condition doit être spécialement mentionnée ici, car c'est surtout en pareille matière qu'il y a lieu d'examiner si l'aide accordée aux malfaiteurs n'est pas le résultat de la violence ou de l'intimidation. L'article 64 devrait, en ce cas, recevoir son application : « Il n'y a ni crime ni délit lorsque le prévenu a été contraint par une force à laquelle il n'a pu résister ». La loi, d'ailleurs, suppose toujours la volonté, de sorte qu'il n'est pas nécessaire, pour justifier la condamnation, que le jury ait formellement constaté que le complice a agi librement.

5° Le logement, point de réunion ou de retraite, doit avoir été fourni habituellement. Le fait de procurer accidentellement l'hospitalité ne suffit pas pour engager son auteur dans la responsabilité de ce dernier.

6° Il faut que le crime soit de ceux qui rentrent dans le but de l'association. Par exemple, la présomption d'association ne s'étendrait pas au cas où, dans une rixe, un malfaiteur aurait blessé l'autre.

Le texte ne s'explique pas ; mais les motifs mêmes de la loi imposent cette solution. On ne pourrait rendre les membres de l'association complices du crime étranger au but de leur association, et auquel ils n'ont point participé. Or, le logeur n'est coupable que grâce à l'asile donné à l'association, qui fait présumer sa participation criminelle. Dès lors, comment serait-il plus que les autres associés responsable de ce crime ? M. Dalloz, qui soutient l'opinion contraire, n'aperçoit aucune raison sérieuse pour distinguer entre les crimes qui rentrent et ceux qui ne rentrent pas dans le plan de l'association. C'est une erreur. Des malfaiteurs associés sont plus redoutables qu'un malfaiteur isolé et, en raison du danger qu'ils présentent et des crimes qu'ils peuvent commettre, le législateur s'est efforcé de les empêcher de trouver un asile. Tel est le but de l'art. 61. Ce motif existe-t-il au même degré pour les crimes qui sont en dehors de l'association ? (1).

Remarquons, en terminant sur ce point, que toutes les conditions que nous venons d'énumérer doivent figurer dans la réponse du jury. Un verdict ainsi rédigé : « Oui, l'accusé est coupable de recelé » serait nul.

PARAGRAPHE DEUXIÈME. — A qui s'applique l'article 61 ? Les personnes qui sont sous les ordres du chef de maison (enfants, domestiques, etc.) tombent-ils sous le coup de ce texte ? La question doit être résolue par une distinction. Si les gens de la maison ont donné retraite aux malfaiteurs à l'insu du maître de maison, ils subiront les peines de la loi, pourvu qu'ils remplissent les conditions exigées. Ils se sont en effet rendus coupables de recel de malfaiteurs. Si, au contraire, c'est le maître qui a introduit les malfaiteurs, lui seul est punissable. Les autres personnes de son entourage restent à l'abri de toute peine, puisqu'elles n'ont pas participé au fait même constitutif de la complicité. Autrement ce serait punir la complicité de la complicité, que notre législation ne connaît pas (2).

Notons que les parents ou alliés des brigands ne sont pas exempts des peines de l'article 61, comme ils le sont des peines de l'article 248, l'article 61 n'établissant pas cette exception.

PARAGRAPHE TROISIÈME. — *Peines.* — Les individus qui fournissent habituellement lieu de retraite ou de réunion aux malfaiteurs énumérés par l'article 61 « seront punis comme leurs complices », c'est-à-dire qu'on leur appliquera l'article 59, la

---

(1) Ortolan, *op. cit.*, t. I, n° 307, p. 483 ; Le Sellyer, *op. cit.*, t. II, n° 451, p. 111 ; Chauveau et Hélie, *op. cit.*, t. I, n° 311, p. 485 ; Garraud, *op. cit.*, t. II, n° 261, p. 429.

(2) En ce sens : Blanche, *op. cit.*, t. II, n° 135. *Sic* : Cass., 23 mars 1854, *Bull. crim.*, n° 80.

règle générale de cet article devant être suivie toutes les fois que le législateur n'y a pas apporté d'exception. Il n'y a donc pas de difficulté pour les crimes commis par les malfaiteurs pendant que l'asile leur était ouvert; la responsabilité du complice est engagée pour tous ces actes.

Quant aux crimes commis après le temps de l'asile donné, le recéleur n'en est pas responsable, parce qu'il est impossible de devenir complice d'un fait postérieurement à son accomplissement.

L'article 61 fait exception à ce principe de raison, mais cette exception ne doit pas être étendue. Même solution pour les crimes antérieurs. Cependant, celui qui a fourni la retraite pourrait être puni pour les crimes antérieurs s'il avait, par avance, promis de fournir la retraite dont les malfaiteurs auraient besoin après le crime commis. Il y aurait alors coopération dans le sens de l'article 60. La peine qu'on pourra appliquer est donc seulement celle des crimes que les malfaiteurs ont commis dans tout l'espace de temps pendant lequel l'accusé a eu l'habitude de les recevoir. Il faudrait peut-être ajouter, avec MM. Chauveau et Hélie, que cela doit se restreindre aux faits que l'asile donné a pu faciliter ou favoriser. Le recéleur devant subir la peine attachée aux faits exécutés par les malfaiteurs qu'il a abrités, il en résulte que la déclaration qui le vise doit rappeler explicitement ou implicitement ces faits. Sans cela, la condamnation manquerait de base légale, puisqu'on ne reconnaîtrait pas les faits dont le recéleur se serait rendu le complice en donnant asile aux malfaiteurs, et, par suite, le châtiment dont il devrait être frappé.

PARAGRAPHE QUATRIÈME. — Pour achever de déterminer la portée exacte de l'article 61, comparons-le avec les articles 265 et suivants, qui répriment les associations de malfaiteurs. Il y a, entre ces textes, des différences essentielles:

1° D'après l'article 267, il suffit, pour être puni, d'avoir logé une association de malfaiteurs, qu'ils aient ou non exécuté leurs projets. Dans l'article 61, au contraire, il faut qu'un ⁻es crimes prévus par cet article ait été commis ;

2° L'article 267 exige que les individus logés fassent partie d'une association. L'article 61, nous l'avons vu, s'applique même à des malfaiteurs isolés ;

3° La peine diffère. En principe, les recéleurs de l'article 61 sont punis comme les délinquants recelés. L'article 267, au contraire, prescrit une peine fixe, celle de la réclusion (1).

2° RECEL DE CHOSES (Art. 62). — Le Code pénal a fait du recel une forme de la complicité. Nous discuterons la valeur de ce système de législation dans la partie de notre travail consacrée aux principes rationnels de la complicité. Il ne s'agit, pour l'instant, que de présenter le commentaire des textes actuels. Nous le diviserons en deux paragraphes.

PARAGRAPHE PREMIER. — *Commentaire de l'art. 62.* — Le législateur n'a pas donné une définition du recel de choses ; mais l'article 62 en fournit les éléments, et l'on peut dire qu'il consiste dans le fait d'avoir eu en sa possession des objets enlevés, détournés, ou obtenus à l'aide d'un crime ou d'un délit, et d'en avoir connu la provenance. L'article 62 parle de choses enlevées, détournées, obtenues à l'aide d'un crime ou d'un délit.

---

(1) Le recel des personnes vivantes est puni comme délit spécial, quand il porte sur des insoumis (loi du 15 juillet 1889, art. 74) ; sur des espions (art. 83, C. p., loi du 18 avril 1886, art. 9) ; sur des bandes armées (art. 99) ; sur un individu qui a commis un crime emportant peine afflictive (art. 248), sur des malfaiteurs associés ou reliés par une entente (art. 267 modifié par la loi du 18 décembre 1893).

Le recel du cadavre d'une personne homicidée ou morte des suites de blessures est réprimé à titre spécial (art. 359).

Ces trois expressions semblent viser plus particulièrement le vol, l'abus de confiance, et l'escroquerie, délits par lesquels on s'approprie habituellement la chose d'autrui. Cependant la formule de la loi est assez large pour comprendre tous les délits contre les personnes ou les propriétés, qui auraient eu pour résultat de faire tomber la chose d'autrui aux mains du délinquant. C'est ce qu'indique l'expression dont s'est servi le Code lui-même. En parlant de choses obtenues, le législateur a voulu laisser un pouvoir souverain d'appréciation au juge pour la répression de toute participation au recel (1). L'existence du recel est subordonnée à la réunion des conditions suivantes :

a) Il faut un crime ou un délit antérieur au recel. Le recéleur, aux yeux du Code pénal, étant un complice, n'est punissable que s'il a coopéré à un fait principal criminel. Le recel, comme tout autre mode de complicité, n'a qu'une criminalité d'emprunt. A cet égard, on s'est demandé si le recel d'objets trouvés était punissable. Cette question suppose résolue celle de savoir si un individu commet un vol quand il garde par devers lui les objets qu'il a trouvés. Elle a suscité de graves controverses qu'il n'y a pas lieu d'exposer ici. A notre avis, il y a un cas qui n'offre pas de difficulté : c'est celui où la chose trouvée a été abandonnée par le propriétaire, et est devenue *res nullius*. Il n'existe pas de délit dans cette hypothèse ; celui qui la trouve en devient propriétaire et, par conséquent, le recel ne peut se concevoir. Mais si la chose a été perdue, nous pensons que celui qui l'appréhende avec l'intention de se l'approprier est un voleur. Si, au contraire, l'idée d'appropriation a suivi, chez

---

(1) Le Code pénal de 1791, 2ᵉ partie, titre III, art. 3, ne visait que le recel des choses volées ; mais l'exposé des motifs du Code pénal de 1810 explique le changement de rédaction par l'intention de donner à l'article 62 la portée d'application que nous lui attribuons (voyez, en ce sens, Cass., 30 décembre 1875, S., 76-1-40).

l'inventeur de la chose, une intention primitive de restitution, il y a selon nous une fraude *sui generis,* qui n'a pas été prévue par le Code pénal, ce qui exclut la possibilité d'un recel (1).

Nous savons que le complice d'une tentative de crime ou de délit est punissable, alors même qu'il n'a pas participé au commencement d'exécution de la tentative. Au contraire, il ne peut être question de complicité par recel, lorsque le fait principal ne constitue qu'une simple tentative (2).

La Cour de cassation a jugé qu'il y a complicité de vol par recelé de la part de celui qui, sachant qu'une somme a été détournée par un mari au préjudice de la communauté, s'en fait attribuer une partie pour opérer une transaction entre lui et les enfants héritiers de la femme (3). La transaction ne peut avoir pour effet d'enlever aux valeurs soustraites le caractère d'objets volés. Il faudra considérer comme complice par recelé l'individu qui a acheté des objets, sachant que ces objets sont de contrebande, et celui qui les a acceptés en paiement. Nous avons maintenant à résoudre plusieurs questions qui se rattachent à l'ordre d'idées que nous poursuivons. Le recelé en France d'une chose obtenue au moyen d'un crime ou d'un délit commis hors du territoire français peut-il être l'objet d'une poursuite et d'une condamnation en France? Nous distinguerons plusieurs hypothèses.

1° Que devons-nous penser du recel en France d'un objet volé à l'étranger par un étranger? Peut-il être puni par les tribunaux français? Nous ne le croyons pas. Les tribunaux français sont compétents pour juger tous les délits qui se commettent sur le territoire; mais leur compétence expire à la frontière : ils ne peuvent, par conséquent, connaître du

---

(1) Voy. en ce sens, Garraud, *op. cit.,* t. V, n° 79.
(2) Voy. Cass., 6 février 1855, *Bull. crim.,* n° 52.
(3) Voy. Cass., 25 juin 1857, S. 1858-1-138.

fait principal, du vol qui a eu lieu à l'étranger. Le recelé
constituant un mode de la complicité, ne peut être punissable
quand le fait principal auquel il se rattache ne l'est pas. D'ailleurs, quelle peine subirait le complice? Est-ce la peine portée
par la loi étrangère? Mais les tribunaux français n'ont pas le
droit de la prononcer. Quant à la loi française, elle ordonne
d'appliquer la même peine qu'à l'auteur principal. Or, ici, on
ne peut infliger aucune peine à l'auteur principal (1). Cette
doctrine comporte une exception pour les infractions prévues
par l'article 7 du Code d'instruction criminelle qui, pouvant
être poursuivies devant les tribunaux français, tomberont sous
le coup de l'article 62 du Code pénal ;

2° Si, renversant l'hypothèse, nous supposons, au contraire,
le délit commis en France et le recel en pays étranger par un
Français ou par un étranger, la question devient plus délicate.
Pour les auteurs du délit, elle ne présente pas de difficulté.
Ils seront tous punissables en France, quelle que soit leur natio-
nalité, attendu que « les lois de police et de sûreté obligent
tous ceux qui habitent le territoire. » (Art. 3 du Code civil).
Pour les recéleurs, on devra, d'après nous, leur appliquer les
principes de l'article 5 du Code d'instruction criminelle, c'est-
à-dire qu'ils ne seront punissables que s'ils sont Français.
S'ils sont étrangers, ils ne pourront jamais être inquiétés en
France. Sans doute, c'est le fait de l'auteur punissable en
France qui caractérise celui du recéleur; mais l'influence de
ce délit principal ne doit pas être telle sur la situation de ce

(1) Voy. dans ce sens, Chauveau et Hélie, *op. cit.*, t. I, n° 314 ;
Garraud, *op. cit.*, t. II, n° 262, p. 431 ; Faustin-Hélie, *Traité de l'Ins-
truction criminelle*, t. II, n° 688 ; Mangin et Sorel, *Traité de l'action
publique*, t. I, n° 72 ; Blanche, *op. cit.*, 2ᵉ étude, n° 143, p. 251 ;
Cass., 17 octobre 1834, S. 35-1-33 ; 19 avril 1888, S. 88-1-348. --
Contra : Molinier, *op. cit.*, t. II, p. 260.

dernier qu'on ne doive pas tenir compte de sa nationalité. Le recéleur étant étranger échappe de ce chef à la compétence de la loi française. Pourquoi deviendrait-il justiciable des tribunaux français, uniquement pour avoir participé à une infraction qui peut être poursuivie en France ? Cette circonstance n'efface pas sa nationalité. Donc, il doit pouvoir l'invoquer. « Le châtiment, dit M. Bertauld, ne le frappe que parce qu'il s'est associé au fait d'autrui, qu'il y a mis du sien, et qu'en apportant des éléments à lui propres dans l'infraction, il a participé à la violation de la loi. Or, si la loi française n'exerce pas de souveraineté à l'étranger sur la conduite de l'étranger, comment sa sanction serait-elle applicable ? La loi qui ne défendait pas le fait principal à l'étranger peut-elle être réputée avoir défendu le fait accessoire à raison de sa relation avec le fait qui se produisait en France (1) ? »

b) *De la détention.* — La deuxième condition de l'existence de la complicité par recel consiste dans un élément matériel : la détention de l'objet volé. C'est là une circonstance essentielle que les juges doivent déclarer. Le terme de recel, dans sa signification grammaticale (*celare*) suppose la dissimulation de l'objet frauduleusement détourné, mais il n'a pas ce sens-là dans le Code pénal (2). Il a été jugé, en conséquence, qu'il

---

(1) Voy. Bertauld, *op. cit.*, p. 506, 3ᵉ éd. Voy. dans le même sens, Molinier et Vidal, *op. cit.*, t. I, pag. 263. Arrêt de la Cour de Paris, 30 juin 1891 sous Cass., 13 mars 1891. — *Contra :* Cass., 13 mars 1891, S. 91-1-240 ; Cass., 7 sept. 1893, S. 94-2-249 ; 17 février 1893, D. 94-1-32.

(2) Comme nous l'avons vu plus haut, la définition du recel est aujourd'hui beaucoup plus compréhensive que sous le Code de 1791. D'après la législation révolutionnaire, le recel consistait uniquement dans le fait de recevoir le produit du vol, soit pour en faire disparaître les traces, soit pour profiter des objets volés.

n'était pas nécessaire que le recéleur ait caché les objets provenant du crime ou du délit (1).

Les peines du recel sont applicables, quelle que soit la nature juridique des objets volés. L'article 62 ne paraît viser que les soustractions d'effets mobiliers, mais il prévoit aussi le recelé d'objets que la loi répute immobiliers par destination. Le titre de la détention importe peu : l'individu qui n'a entre les mains le produit du vol qu'en qualité de dépositaire est un recéleur. Il en est de même de celui qui a reçu gratuitement l'objet soustrait, bien que notre Code, à la différence de celui de 1791, n'ait point formellement prévu la réception gratuite. Celui qui a reçu la chose volée à titre d'échange ou de location se rend coupable de recel. Il y a recelé quand même l'individu qui a reçu la chose en a payé la valeur approximative et même la valeur réelle, car il s'est rendu complice du dépouillement que le propriétaire de la chose a éprouvé, même en la payant (2). Cependant, on ajoute, avec raison, que, dans ce cas, les juges devraient se montrer « beaucoup plus difficiles sur la nature des preuves, lorsque le prévenu de recelé ayant payé le prix de la chose, n'avait personnellement aucun intérêt à se rendre complice du vol, qu'au cas où il aurait dû en profiter, en tout ou en partie, sans bourse délier ».

Il faut décider que le créancier qui accepte sciemment en paiement des sommes provenant d'une infraction, d'une escroquerie, par exemple (4), est complice par recel. Il importe peu aussi qu'on tienne la chose d'un voleur ou d'un tiers, et que ce dernier soit de bonne ou de mauvaise foi, pourvu que

---

(1) En ce sens, Garraud, *op. cit.*, t. II, n° 262, p. 431 ; Cass., 17 juillet 1857, D. 57-1-379. — *Contra* : Le Sellyer, *op. cit.*, t. II, n° 413.

(2) Voy. Cass., 24 décembre 1869, D. 70-1-382.

(3) Carnot, *op. cit.*, sur l'article 62, n° 50.

(4) Voy. Cass., 16 décembre 1871, S. 72-1-254.

l'on soit de mauvaise foi soi-même. L'emploi que le recéleur ferait ou non des objets volés est indifférent, et, à plus forte raison, le mode d'emploi. Ainsi, il a été jugé que l'individu qui a consommé de concert avec l'auteur du vol une volaille qu'il savait frauduleusement soustraite, tombe sous le coup de l'article 62 du Code pénal (1). De même, le caractère habituel ou accidentel du recelé n'est pas à considérer. L'existence du recel n'est pas subordonnée à la nécessité de la détention actuelle du recel, et on n'a pas à se préoccuper du point de savoir si, par exemple, le recéleur a vendu l'objet volé avant la poursuite exercée contre lui (2). Il n'est pas indispensable non plus que le recel s'applique aux choses même provenant de l'infraction. Un individu qui aurait recelé des deniers acquis avec un objet résultant d'un vol serait complice de ce vol (3).

Enfin, il n'est pas nécessaire que le recéleur possède tout le produit du crime ou du délit. Cela résulte de l'article 62 lui-même, qui parle d'une « partie des choses enlevées ou détournées ». Ainsi, le recel en lui-même est divisible. Nous voulons dire par là qu'un individu accusé de recel, après acquittement de ce chef, peut être poursuivi de nouveau pour recel. A une condition, toutefois, c'est que les objets trouvés entre ses mains ne soient pas les mêmes que lors de la première poursuite ; le même fait de recelé ne peut servir à incriminer plusieurs fois le même individu, sans violer la règle : *non bis in idem* (4).

---

(1) Voy., dans ce sens, Tribunal correctionnel d'Aix, 25 mai 1871, D. 71-5-89 ; Arrêt de la Cour de Poitiers, 17 février 1855, D. 55-2-110.

(2) Voy., pour toutes ces hypothèses, Chauveau et Hélie, *op. cit.*, t. I, n° 309 ; Blanche, *op. cit.*, 2° étude, n° 147 ; Garraud, *op. cit.*, t. II, n° 262, p. 431.

(3) Voy. Arrêt de la Cour de Dijon, 16 mars 1887, S. 88-1-118 ; Agen, 19 juillet 1899, D. 99-2-408.

(4) Voy. dans ce sens, Chauveau et Hélie, *op. cit.*, t. I ; Blanche,

c) *De la connaissance.*— Il faut que le recéleur ait agi sciemment (1). En d'autres termes, il faut qu'il ait été de mauvaise
foi et qu'il ait connu l'origine délictueuse des objets détenus
par lui. Pour donner lieu aux peines du recel, la connaissance
ne suffit pas. Nous verrons bientôt qu'on exige, en outre, l'intention frauduleuse, c'est-à-dire la volonté de favoriser le délit.
Observons, dès à présent, que ces deux éléments doivent être
soigneusement distingués. On a confondu très souvent les deux
choses, parce qu'il sera très rare qu'on connaisse l'origine
délictueuse d'un objet, sans avoir en même temps l'intention
frauduleuse. Cependant, cela se présentera quelquefois dans la
pratique (2). Nous reviendrons là-dessus quand nous étudie-
rons spécialement l'intention frauduleuse.

Quoi qu'il en soit, on n'exige pas chez le recéleur la connaissance précise du crime ou du délit. Il est punissable, dès qu'il
détient des objets qu'il n'ignore pas être le produit d'une infraction. Cette solution est impliquée par l'article 63, § 2, qui
punit le recéleur plus ou moins sévèrement, suivant qu'il a
connu ou non les circonstances aggravantes de l'infraction. Il
résulte de ce texte que le législateur a fait dépendre l'application de telle peine déterminée, de cette connaissance *spéciale,*
le recéleur étant punissable dans tous les cas, qu'il ait ignoré
ou non toutes les circonstances de l'infraction (3).

On se demande à quelle époque il faut posséder cette connaissance, pour être puni comme recéleur? Ne peut-on être

---

op. cit., 2ᵉ étude, nᵒ 144-145 ; Garraud, *op. cit.,* t. II, nᵒ 262, p. 431 ;
Cass., 29 déc. 1814 ; *Bull.,* nᵒ 47.

(1) Voy. Cass., 4 avril 1878, S. 78-1-140, 23 déc. 1880, D. 81-1-96.
(2) Voy. l'hypothèse que nous examinons plus bas, p. 100.
(3) Voy. en ce sens, Blanche, *op. cit.,* 2ᵉ étude, 148; Garraud, *op. cit.,*
t. II, nᵒ 262, p. 431 ; Molinier et Vidal, *op. cit.,* t. II, p. 236 ; Cass.,
31 août 1854, D. 55-1-203 ; 2 août 1873, *Bull. crim.,* nᵒ 17 ; 29 juin
1875, *Bull. crim.,* nᵒ 150 ; Cass., 15 déc. 1898, *Pand. franç.,* 1899-1-475.

poursuivi que si on a été informé de l'origine délictueuse des objets détenus, au moment de leur réception de la main du tiers ? Suffit-il, au contraire, qu'on ait connu cette circonstance à un moment quelconque de la détention ? Nous pensons que la loi ne demande pas davantage. En effet, l'article 62 ne dit pas : « ceux qui reçoivent sciemment les produits du délit », mais « ceux qui sciemment auront recélé ». D'après notre article, par conséquent, le recel consiste tout aussi bien dans le fait de conserver le produit du délit que dans le fait de le recevoir.

Tant qu'un tiers garde par-devers lui une chose délictueuse, il la recèle et s'il la conserve, après avoir eu connaissance de son origine criminelle, il la recèle sciemment. Il est donc punissable comme complice. La grande majorité des auteurs répudient cette théorie. Ils s'appuient sur les principes généraux du droit. Le caractère de la possession, disent-ils, s'apprécie au jour où elle a commencé, c'est une règle élémentaire consacrée par les articles 2269 et 2279 du Code civil, pour la prescription. Il est vrai que l'article 1398 du Code civil oblige le dépositaire à résoudre le contrat de dépôt, quand il s'aperçoit que l'objet reçu en dépôt a été volé et qu'il en connaît le véritable propriétaire. Mais il n'y a pas lieu de tenir compte de ce texte, parce que le dépositaire qui ne s'y conforme pas n'encourt qu'une responsabilité civile, tandis qu'en ce moment, nous nous occupons d'une responsabilité purement pénale. A notre avis, cet argument n'a pas grande valeur. L'analogie que l'on tire du Code civil doit être écartée. La matière de la prescription n'a rien à voir avec celle du recel. Les principes du droit civil et du droit pénal diffèrent profondément, quant au domaine sur lequel ils s'exercent et quant à l'esprit qui les anime. Il est absolument arbitraire de vouloir les rapprocher sur quelque point que ce soit. « La loi civile, dit M. Dalloz, descend, pénètre jusque dans les profondeurs les plus subtiles de la logique, pour y saisir les règles de la justice, et elle les applique toutes les fois qu'un grave intérêt social n'a pas à murmurer. Mais, en droit criminel, telle n'est pas la mission du juge, ni celle du législateur : l'honneur, la sécurité des citoyens, exigent d'eux d'autres ménagements ». Mais, ajoutent les auteurs, l'article 63 ne prouve-t-il pas surabondamment que la règle des articles 2269 et 2279 du Code civil, est applicable à la détention en matière de recel ? Cet article n'édicte certaines peines contre les recéleurs, que s'ils ont eu « au temps du recélé », connaissance des circonstances aggravantes du crime. Dès lors, n'est-on pas amené à donner la même inter-prétation à l'article 62, et à sous-entendre ces expressions, puisque le texte n'est en réalité que la continuation et le corol-laire de l'article 63 ? Nous répondrons que la disposition de l'article 63 a un caractère exceptionnel, ce qui oblige l'inter-prète à en restreindre l'application au cas spécial qu'il pré-voit. On prétend enfin que la doctrine combattue par nous a pour elle la morale.

Quand on a possédé pendant longtemps une chose délic-tueuse, sans en soupçonner le caractère illicite, il est plus méritoire de s'en dessaisir, que de refuser de la recevoir au moment même où on apprend qu'elle appartient à autrui. Il y a plus de perversité dans un cas que dans l'autre. Nous accor-dons facilement que l'individu de mauvaise foi dès le début, est plus coupable que celui qui ne le devient que dans la suite. Mais la loi ne s'est pas attachée à ces nuances. Ce qu'elle a voulu punir, est le fait d'assurer le bénéfice illicite émanant du délit, et à ce point de vue peu lui importait que la mauvaise foi fût concomitante ou postérieure à la réception de l'objet. Elle s'est trouvée en face de deux individus aussi dangereux l'un que l'autre pour la Société, et elle les a frappés également (1).

---

(1) Voy., dans notre sens, Le Sellyer, *op. cit.*, t. II, n° 413 ; Blan-che, *op. cit.*, 2ᵉ étude, n° 154 ; Molinier et Vidal, *op. cit.*, t. II,

La connaissance, formant une condition du recel particu‐
lièrement importante, devra être mentionnée d'une manière
très explicite dans le jugement ou l'arrêt de condamnation.
Ainsi, il a été jugé qu'il ne suffit pas, pour permettre la con‐
damnation de l'accusé de complicité par recelé, d'une déclara‐
tion portant qu'il s'est rendu coupable de recelé : il faut ajouter
que le recelé a été fait sciemment. En effet, le mot coupable
ne se rapporte qu'à l'action d'avoir reçu la chose volée, tandis
que ce qui rend le recelé punissable, c'est la connaissance que
cette chose provient d'une soustraction frauduleuse (1). Néan‐
moins, le mot sciemment n'est pas un terme sacramentel, et il
peut être remplacé par des expressions équivalentes, pourvu
qu'elles aient la même signification.

3° Condition : Intention frauduleuse.— Cet élément du recel,
qui n'est pas formellement inscrit dans l'article 62, n'en est pas
moins indispensable par ce motif que toute complicité suppose
chez l'agent la volonté de favoriser l'infraction. Mais d'après quel
critérium affirmera-t-on que l'agent avait l'intention fraudu‐
leuse? Certains auteurs ont pensé que la mauvaise intention du
recéleur se caractérisait uniquement par le fait de tirer profit

---

p. 256 ; Cass., 10 août 1878, S. 78-1-385 ; Cass., 12 juillet 1850,
D. 50-5-476. L'arrêt de 1878 invoque, dans ses considérants, le carac‐
tère continu du recelé opposé au caractère *instantané du vol*. Mais
une pareille considération ne serait admissible que si le recel cons‐
tituait une infraction *sui generis*. Nous n'avons pas besoin de démon‐
trer que ce point de départ est erroné. Le recel ne constitue pas un
délit spécial, mais un acte de complicité d'un délit instantané. La
Cour de cassation aurait dû motiver son arrêt par les raisons que
nous avons données au texte, comme a fait la Cour d'Angers, dont la
décision a été maintenue par l'arrêt de Cassation dont nous parlons.
(1) Voy., en ce sens, Chauveau et Hélie et Villey, *op. cit.*, t. I,
n° 308 ; Blanche, *op. cit.*, 2° étude, n° 155 ; Cass., 4 avril 1878. S. 78-
1-440 ; Cass , 23 déc. 1880, D. 81-1-96 ; 20 juill. 1882, D. 83-5-118.

des choses volées. C'est là une erreur évidente, engendrée par la constatation de ce qui se produit le plus souvent en pratique. Mais elle reçoit un démenti de la loi elle-même qui, dans les articles 62 et 380, ne met aucune différence entre ceux qui ont recelé sans en tirer avantage, et ceux qui ont appliqué à leur profit les objets volés. Par conséquent, nous admettons avec la grande majorité des auteurs et la jurisprudence, que la circonstance « du profit tiré » importe peu, quant à l'existence du recel (1).

A notre avis, l'intention frauduleuse ne se manifestera que dans le dessein de favoriser le crime en procurant à soi-même ou à autrui des bénéfices illégitimes (2). D'ailleurs l'intention frauduleuse ne nécessite pas l'existence d'un concert frauduleux entre l'auteur principal et le receleur. L'intention fraudu-

---

(1) Aussi, nous avons vu plus haut qu'il n'y a pas lieu de rechercher en vertu de quel titre on détient les choses délictueuses.

— Nous avons fait observer que les juges devaient se montrer plus exigeants pour les preuves d'une complicité par recelé pesant sur un individu qui n'avait aucun intérêt au crime. Mais en législation, entre deux receleurs, convient-il d'infliger la peine la plus forte à celui qui a cherché un bénéfice dans le recelé ? Nos anciens jurisconsultes l'ont prétendu. (Voy. *Farinacius,* quest. 133, n° 101 ; Jousse, t. IV, p. 243). De nos jours, on s'est, en général, arrêté à l'opinion contraire, avec raison, à notre avis. (Voy. Le Sellyer, *op. cit.,* t. II, n° 416 ; Legraverend, *op. cit.,* t. II, p. 144 ; Rauter, *op. cit.,* n° 114 ; Trébutien, *op. cit.,* t I, n° 189 ; Ortolan, *op. cit.,* n° 1310. Le receleur désintéressé nous paraît plus coupable que le receleur intéressé. Ce dernier a été dominé par un mobile égoïste, il est vrai, mais il n'a pas recélé pour le plaisir d'accomplir un acte répréhensible, tandis que le but de l'autre n'a été que d'assurer le succès de l'entreprise criminelle. Du moment qu'il agit uniquement pour favoriser le crime, il est plus immoral. Il est aussi plus dangereux pour la Société, car il aura plus d'occasions de renouveler son acte.

(2) L'intention frauduleuse ne résultera pas nécessairement et de plein droit du fait de retenir les objets soustraits sans avoir dénoncé le voleur ; car, d'une part, nous l'avons vu, on ne doit pas être

7

leuse implique, disons-nous, l'intention de favoriser l'auteur principal. Faut-il appliquer cette idée au cas où un individu s'empare d'objets volés pour se les approprier, et dire, en conséquence, qu'il commet un vol ou un abus de confiance, mais jamais un recel? Nous le croyons. Toutefois, cela n'est pas admis par tous les criminalistes. Certains soutiennent que le second voleur est complice par recel du premier. D'autres distinguent selon que le tiers connaissait ou non l'origine délictueuse des objets : en cas d'ignorance, il y a vol ou abus de confiance, suivant les cas, et non recel, puisqu'un des éléments essentiels du recel, à savoir la connaissance, manque. Dans le cas contraire, l'agent a commis deux infractions : d'abord un recelé, solution conforme à l'article 62. En effet, il a détenu et possédé la chose. Il a par conséquent recelé au sens propre de ce terme. On peut lui imputer, en outre, un vol ou un abus de confiance, suivant les circonstances (un vol, s'il a appréhendé la chose à l'insu du propriétaire et frauduleusement ; un abus de confiance, s'il a détourné les choses après les avoir reçues de l'auteur du crime ou du délit). Seulement, par application de la règle du non-cumul des peines (art. 365 C. Instr. criminelle) il ne subira que la peine la plus forte (1). A notre avis, l'individu qui emporte les objets volés pour s'en rendre maître, commet toujours un vol ou un abus de confiance, suivant les hypothèses. Mais il ne peut pas être un receleur, car il n'a pas le dessein de favoriser le voleur. Il veut s'attri-

considéré comme complice par cela seul qu'on ne dénonce pas le coupable. Et, d'autre part, le seul fait d'être trouvé en possession d'objets provenant d'un crime ou d'un délit n'implique pas absolument la culpabilité. Mais il a été jugé que celui qui ne peut justifier, d'aucune manière, la possession d'objets soustraits peut être, par ce seul fait, déclaré coupable de complicité par recel. (Cass., 24 déc. 1869. D. 70-1-382).

(1) Voy., dans ce sens, Blanche, *op. cit.*, 2ᵉ étude, nᵒˢ 150 et suiv.; Molinier et Vidal, t. II, p. 260.

buer frauduleusement les choses soustraites, bien plus que les dérober à la justice (1).

Peut-on poursuivre pour complicité par recel la femme de l'auteur d'un vol? La négative a été soutenue par quelques auteurs. A l'appui de leur opinion, ils invoquent les articles 103 et 107 du Code pénal, abrogés par la loi du 28 avril 1832, qui exemptaient de toute peine la femme, les descendants et ascendants, soit des auteurs de complots, soit des faux monnayeurs, qui n'auraient pas dénoncé les complots contre l'Etat, ou l'existence d'une fabrique ou d'un dépôt de fausse monnaie. On invoque dans le même sens l'article 248 du Code pénal qui, après avoir prononcé la peine de 3 mois d'emprisonnement au moins et de 2 ans au plus, contre ceux qui auront recélé ou fait recéler des personnes qu'ils savaient avoir commis des crimes emportant des peines afflictives, en excepte les ascendants ou descendants, époux ou épouses même divorcés, frères ou sœurs des criminels recélés, ou leurs alliés au même degré. Pourquoi le législateur n'a-t-il pas voulu frapper une femme qui recèle, par exemple, son mari? Tout simplement parce qu'elle n'a pas obéi à une pensée criminelle. Elle a été entraînée par son devoir mal entendu de piété conjugale. Voilà les motifs qui expliquent l'article 248. Or, disent ces auteurs, n'ont-ils pas la même force, lorsque la femme a recélé des objets soustraits par son mari? Découvre-t-on chez elle la moindre intention de s'associer à l'infraction?

Ne voit-on pas que sa conduite lui a été inspirée par l'affection de son mari et par le souci de soustraire les pièces à conviction qui désigneraient celui-ci à l'attention publique et l'exposeraient à des poursuites pénales? Condamner la femme serait immoral et contraire au vœu de la loi. On ajoute que ce

_____

(1) Voy., dans notre sens, Chauveau et Hélie, *op. cit.*, t. I, n° 309, p. 487.

serait encore injuste, parce que la femme doit obéissance au mari, et est obligée d'habiter avec lui (art. 217 et 1421 du Code civil). Etant dans une pareille dépendance vis-à-vis de son mari, elle n'a pu refuser de recevoir les objets volés. Et, alors, comment pourrait-on lui imputer un acte qui lui a été en quelque sorte imposé par la situation où elle se trouvait ?

Avec la majorité des auteurs, nous ne saurions admettre que l'état de la femme en puissance de mari la rende incapable d'être déclarée coupable de recelé d'effets détournés par celui-ci. Nous ne connaissons aucun texte du Code pénal qui consacre cette exception. Les dispositions du Code civil ne s'appliquent pas aux matières criminelles, « car, disent MM. Chauveau et Hélie, elles règlent la constitution civile de la société conjugale, et non la responsabilité légale que peuvent encourir les époux, non comme époux, mais comme individus » (1).

Toutefois, les circonstances de fait, que les juges ou jurés apprécieront, pourront démontrer que la femme avait la connaissance de l'origine délictueuse des objets volés, sans avoir l'intention frauduleuse. La femme n'a peut-être reçu et conservé les objets volés que par l'effet d'une contrainte morale, par peur de son mari ou par amitié pour lui (2). Dans ce cas, la femme, bien qu'ayant eu la connaissance, ne pourra être condamnée comme complice par recel, parce qu'elle n'a pas

---

(1) Voy., dans notre sens, Legraverend, *op. cit.*, t. I, chap. III, p. 147 ; Rauter, *op. cit.*, t. I, n° 124 ; Chauveau et Hélie, *op. cit.*, t. I, n° 310 ; Garraud, *op. cit.*, t. II, n° 262, p. 431 ; Blanche, *op. cit.*, 2ᵉ étude, n° 149 ; Le Sellyer, *op. cit.*, t. II, n° 409 ; Molinier et Vidal, t. II, p. 258 ; Cass , 15 mars 1821, S. Chr.; Douai, 23 août 1859, D. 60-2-33 ; Cass., 3 janvier 1889, D. 90-1-137, et la note de M. Garraud.

(2) Les auteurs que nous combattons prétendent que la femme obéit toujours à des mobiles de cet ordre, et ils concluent qu'il est impossible de la poursuivre parce qu'elle ne remplit pas les conditions élémentaires de l'imputabilité pénale. Nous soutenons, au

entendu participer au délit ; en un mot, parce qu'elle n'a pas eu l'intention frauduleuse (1). Tout ce que nous venons de dire à l'occasion de la femme mariée montre bien que l'intention frauduleuse ne se confond pas avec la connaissance ; cependant, il ne faudrait pas pousser trop loin sa séparation d'avec cette dernière. Ainsi, la déclaration du jury que le recéleur a agi sciemment contient d'une façon implicite qu'il a agi avec intention coupable (2).

PARAGRAPHE DEUXIÈME. — *Commentaire de l'article 380.* — Le recel de choses apparaît comme délit spécial dans plusieurs

---

contraire, que la pratique révèlera souvent chez la femme la volonté de participer au délit. Cette circonstance la rend punissable, conformément au droit commun. En principe, rien ne s'oppose donc à la poursuite de la femme mariée recéleuse.

(1) Par application de la même distinction, il n'y aura pas recélé de la part de celui qui n'a reçu les objets volés que dans l'intention de remettre la chose au véritable propriétaire ou pour faciliter l'arrestation du voleur. Mais il peut se présenter ici un cas intéressant : le possesseur de l'objet délictueux, apprenant le délit, au lieu de le remettre au propriétaire, le rend à l'auteur de l'infraction en se faisant restituer le prix. Est-il punissable ? Les casuistes, et notamment saint Alphonse de Liguori, pensaient (V. Saint Alphonse de Liguori, *Théologie morale,* liv. IV, t. V, p. 336) que le possesseur peut rendre la chose à l'auteur du délit. Avec Molinier et Vidal, nous croyons que c'est là une morale trop facile. En réalité, l'acheteur, en restituant la chose au voleur, participe à une soustraction coupable ; il commet un attentat à la propriété. Il est complice. L'acheteur, il est vrai, est exposé à perdre le prix qu'il a payé ; mais nous ferons observer qu'il est de mauvaise foi dès qu'il apprend l'origine délictueuse des objets, et si une perte doit être supportée par quelqu'un, il vaut mieux qu'elle le soit par l'acheteur de mauvaise foi que par le propriétaire volé. En ce sens, Molinier et Vidal, *op. cit.,* t. II, p. 258.

(2) Cass., 26 prairial an VIII, 23 floréal an XI, 10 avr. 1818, P. Chr. Angl. 17 thermidor an V, 4 fructidor an V, 13 fructidor an V, 21 prairial an VI (Dall. *Répert.* v° *Complice,* n° 222-223).

lois en dehors du Code (1). On en trouve aussi un exemple
dans l'article 380 Code pénal, suivant l'interprétation qu'on en
donne. D'après ce texte, les soustractions commises entre certains proches parents ou alliés de la victime ne donnent lieu
qu'à des réparations civiles, mais les recéleurs sont punis
comme coupables de vol.

Quel est le fondement de l'immunité accordée aux parents ?
Certains auteurs pensent que le législateur s'est inspiré de
l'idée romaine de la copropriété familiale. «L'article 380, disent
MM. Chauveau et Hélie, ne se borne pas à affranchir les personnes qu'il énumère des poursuites criminelles, il efface le
délit lui-même. Entre époux, entre ascendants et descendants,
les limites de la propriété, nettement tracées aux yeux de la
loi, ne sont pas en fait posées avec la même netteté. Il existe
donc, nous ne dirons pas une copropriété, mais une sorte de
droit à la propriété les uns des autres, qui, bien qu'il ne soit
pas ouvert, exerce une influence évidente sur le caractère de
la soustraction ». Cette interprétation de l'article 380 comporte
plusieurs conséquences qui sont les suivantes : 1° Les soustractions commises par les parents désignés par la loi ne
constituent pas des vols, et, en frappant le recéleur des objets
volés, le législateur ne les considère pas comme des complices, mais comme des auteurs principaux d'un délit *sui
generis.*

2° Par conséquent, les complices autres que les recéleurs
ne seront pas punissables ;

3° Le recéleur sera punissable des peines du vol simple,
bien que la soustraction ait été accompagnée de circonstances

(1) Loi du 24 mai 1834, sur les détenteurs d'armes et de muni-
tions de guerre. — Loi du 27 mars 1851, art. 3, qui punit la détention, dans les magasins et ateliers, de faux poids et de fausses
mesures. — Loi du 5 juill. 1844, sur les brevets d'invention, art. 41.

aggravantes ; 4° ces soustractions ne constitueront pas la cir-
circonstance aggravante de meurtre prévue par l'article 304 ;
5° l'immunité pénale de l'article 380 devra logiquement être
étendue aux vols entre communistes et entre associés.

Cette interprétation est inadmissible (1). A notre sens, on
doit voir dans l'immunité pénale édictée par l'article 380 une
excuse absolutoire personnelle, mais rien de plus. Ce texte
n'enlève nullement au fait principal le caractère de vol, mais se
contente de supprimer la peine du vol, dans l'intérêt de la paix
de la famille. L'article 380 s'explique par une raison de convenance. On a voulu éviter le scandale d'une poursuite criminelle contre un parent ou un allié très rapproché, pour un délit
qui n'engage que des intérêts pécuniaires. De plus, bien souvent, les rapports étroits qui unissent les très proches parents
ne permettent pas aisément de fixer la limite où l'indélicatesse
dégénère en un véritable délit. Enfin, on a pris en considération l'intérêt même du volé. Une condamnation prononcée contre son parent rejaillirait sur son propre honneur et serait,
en outre, pour la famille, une cause de troubles et de désun-
ion. Ce sont là les vraies raisons de l'article 380, qu'on
trouve exposées tout au long dans les travaux préparatoires (2). On n'y fait pas allusion à la copropriété de famille,
ni à rien de semblable.

---

(1) Voy. en ce sens Chauveau et Hélie, *op. cit.,* t. V, n°s 1750-1759.
(2) Nous lisons, en effet, dans l'exposé des motifs de M. Faure :
« Les rapports entre ces personnes sont trop intimes pour que le ministère public puisse provoquer des peines dont l'effet ne se bornerait
pas à répandre la consternation parmi tous les membres de la
famille, mais qui pourraient encore être une source éternelle de
divisions et de haines. » Et, d'un autre côté, M. Louvet, dans son
Rapport au corps législatif, dit : « La morale, je dirai plus, la pudeur
publique, aurait trop à souffrir si ces soustractions domestiques
pouvaient devenir l'objet d'une poursuite criminelle, et montrer à
un auditoire étonné l'époux accusateur de son épouse. » (Voy. Locré,

D'ailleurs, la loi elle-même, en désignant les soustractions qui ont lieu entre parents sous le nom de vols, et en parlant d'objets volés, prouve évidemment qu'elle n'a pas voulu les dépouiller de leur caractère délictueux. De plus, si la qualité de proche parent ou d'époux constituait dans la pensée de la loi une cause de justification, comment aurait-elle laissé subsister l'action civile contre l'auteur de la soustraction, car si le coupable soustrait sa propre chose, quelle réparation peut-on lui demander?

L'objection tirée par MM. Chauveau et Hélie de ce que, dans le premier alinéa de l'article 380, les auteurs du Code ont substitué au mot *vol*, l'expression *soustraction*, ne nous arrête pas. Car, d'une part, rien dans les travaux préparatoires ne nous démontre que l'emploi du mot *soustraction* ait été fait intentionnellement; et, d'autre part, le second alinéa paraît bien contredire une pareille affirmation en appelant objets volés, les choses ainsi enlevées.

L'interprétation que nous proposons aboutit à cinq conséquences diamétralement opposées à celles qui découlent du système que nous combattons. Elle conduit notamment à appliquer les peines de la complicité à tous les complices, quels qu'ils soient, recéleurs ou autres (1). On nous objecte sur ce dernier

---

t. XXI, pp. 141 et 142). — Remarquons que la disposition de l'article 380 a son origine dans le droit romain (L., 1, *Dig.*, *De Judiciis*, L L., 16 et 17, princip. *De Furtis*). Or, dans les hypothèses prévues par les textes, le fait garde le caractère de *furtum*, et on donne l'action *furti* contre les complices. (L., 1, *Dig.*, *Rerum annotarum*, 25-2. Voy., en ce sens, A. Desjardins, *Traité du Vol*, n° 124.)

(1) Voy. dans notre sens, Garraud, *op. cit.*, t. II, n° 276, p. 459 ; Bertauld, *op. cit.*, p. 502; Trébutien, *op. cit.*, t. I, n° 709, p. 516. La Cour de Cassation donne le même fondement que nous à l'article 380. Mais elle exclut des peines de la complicité les complices autres que les recéleurs. Elle raisonne ainsi : Le législateur s'est rendu compte qu'en supprimant la pénalité contre l'auteur

point que nous méconnaissons l'article 380, alinéa deuxième. En désignant spécialement les recéleurs pour les frapper des peines du vol, n'entend-il pas exclure tous les autres participants? Nous répondrons, avec M. Bertauld, que la loi fournit non un argument *a contrario*, mais un argument *a fortiori* en faveur de notre système. Si les recéleurs qui sont coupables d'une participation postérieure sont punissables, à plus forte raison les complices dans la résolution, la préparation ou l'exécution doivent-ils l'être.

---

principal, il allait, en vertu du principe d'assimilation de l'article 59, étendre le même bénéfice à tous les complices. Mais ce résultat lui paraissait regrettable. Qu'a-t-il fait ? Il a excepté de la règle de cet article les complices qu'il a considérés comme très dangereux : les recéleurs et les individus qui auraient appliqué à leur profit le produit du vol. Mais, en dehors de cette exception formelle, l'interprète doit s'en tenir à l'article 59, qui soustrait le complice à toute peine quand l'auteur n'est pas punissable (Voy. Cass. 15 avril 1825, S. 26-1-252, 1er oct. 1840, D. 40-1-343 ; 6 oct. 1853, D. 53-5-487 ; 27 avril 1877, S. 77-2-284). Mais, dans le système de la Cour de cassation, il n'en sera pas de même pour les coauteurs. Ils pourront être poursuivis comme auteurs principaux d'une action restée délictueuse, conformément au droit commun (Voy. Cass. 25 mars 1845, S. 45, I, 290, Chambres réunies, Toulouse, 9 avril 1851, S. 1851-2-348). Elle en donne deux raisons : 1° ils ne peuvent bénéficier de l'article 59, qui lie le sort du complice à celui de l'auteur quant à la peine, puisqu'ils sont directement et non par emprunt responsables du délit commis ; 2° ils ne peuvent pas davantage se prévaloir de l'article 380, étant donné qu'ils ne figurent pas dans les exceptions établies par cet article au profit de certaines personnes, limitativement indiquées. Du système de la Cour de cassation, il résulte encore une autre conséquence très bizarre, qui est celle-ci : s'il existe deux auteurs principaux, dont l'un seulement soit un parent compris dans l'immunité de l'article 380, et l'autre, étranger, le complice de l'auteur principal étranger ne pourra bénéficier de l'article 59 parce qu'il s'est rendu complice d'un fait punissable, du chef de ce dernier. (Arrêt du 12 avril 1844, D. 44-1-215, et du 25 mars 1845, précité). Voy., dans le sens de cette théorie et de ces solutions, Blanche, *op. cit.,* 2e étude, n° 57, p. 86 ; Le Sellyer, *op. cit.,* t. I, n° 226, p. 341.

La loi se montre ordinairement moins rigoureuse vis-à-vis des recéleurs qu'à l'égard des autres complices. Ainsi, dans l'article 63 elle établit à leur profit une disposition de faveur. Mais, ici, le recélé lui a paru particulièrement grave. Voilà pourquoi elle a déclaré catégoriquement que le recéleur ne profiterait pas de l'immunité de l'auteur principal. Il n'y a donc aucun argument à tirer des termes stricts du texte. On fait remarquer, il est vrai, que le but de l'article 380 est d'empêcher la constatation d'un fait susceptible de déshonorer la famille. La réponse se trouve dans l'article 380 lui-même, qui maintient l'action civile et qui prévoit expressément le recel. Or, dans ces deux cas, il faut bien constater le vol (1).

PARAGRAPHE TROISIÈME. — Nous allons, dans le chapitre suivant, aborder l'étude de certaines hypothèses spéciales très importantes, dans lesquelles les principes généraux de la complicité se trouvent modifiés. Mais, auparavant, notons une dernière règle : c'est que les dispositions du Code pénal relatives à la complicité sont applicables aux diverses lois pénales même postérieures au Code, parce que, suivant l'expression de la Cour de cassation, « il est de droit naturel et public que le complice d'un crime ou d'un délit, s'il est coupable, doit être puni ». Cette maxime exerce donc son effet tant qu'il n'y a pas été

---

(1) Certains auteurs expliquent encore l'article 380 en disant qu'il établit par raison de convenance une fin de non-recevoir de l'action publique d'un caractère tout personnel au profit des parents et alliés qu'il énumère (Voy., en ce sens, Haus, *op. cit.*, t. I, n° 559). Ce système ne se distingue pas pratiquement du nôtre, si on admet, ce qui est une question controversée, que les excuses absolutoires peuvent être accueillies par les juridictions d'instruction. Mais le système de l'excuse absolutoire nous paraît plus conforme à l'esprit du Code pénal, où on ne rencontre aucune de ces sortes de fins de non-recevoir.

dérogé par une loi formelle. Elle forme le droit commun de toutes les législations spéciales : toute loi nouvelle et spéciale doit être expliquée par les principes généraux de la législation à laquelle elle appartient. Or, le principe général est formulé par l'article 59. La jurisprudence a appliqué ce principe aux délits de presse (1), au délit d'habitude d'usure (2), au crime de baraterie prévu par la loi du 10 avril 1825 (3), au délit d'entrave à la liberté des enchères. On trouve, au contraire, une exception formelle dans les articles 40, 41, 43 de la loi du 5 juillet 1844, sur le brevet d'invention.

---

(1) Cass., 25 avril 1844, *Bull. crim.*, n° 152.
(2) Cass., 10 août 1838, D. 38-1-391 ; 10 janvier 1845, *Bull. crim.*, n° 10.
(3) Cass., 16 sept. 1836, D. 37-1-159.

CHAPITRE IV

Ce chapitre sera divisé en trois sections. La première sera consacrée à la complicité en matière de presse ; la deuxième, à la complicité d'adultère ; la troisième, à la complicité de banqueroute.

Section première

RESPONSABILITÉ EN MATIÈRE DE PRESSE

PARAGRAPHE PREMIER. — *Principes généraux.* — La question de savoir contre quelles personnes doit être poursuivie la répression civile ou pénale d'un délit commis par la voie de la presse, revêt une importance toute particulière dans une législation libérale. Il s'agit de créer un système rigoureux de responsabilité, qui constitue une garantie contre la liberté absolue de la presse. Le problème est compliqué par la forme spéciale du délit de presse, qui ne se manifeste que par un fait de publication. Or, la publication par la voie de la presse exige ordinairement la participation de trois agents, à défaut desquels le délit ne peut avoir lieu : l'écrivain, l'imprimeur, le publicateur. Le concours de ces personnes est nécessaire. D'autres auxiliaires peuvent intervenir après, qui assurent l'efficacité du délit, et en étendront l'action. La difficulté consiste à déterminer la part de responsabilité de chacun des participants. On conçoit plusieurs systèmes de répression.

Premier système, qu'on peut appeler système de responsabilité solidaire.

Il consiste à poursuivre tous ceux qui ont participé sciemment à la publicité d'un écrit délictueux, les uns comme complices, les autres comme auteurs. Ce système, qui applique à la presse les principes de responsabilité édictés par l'article 60 du Code pénal, a été consacré par l'article 23 de la loi du 17 mai 1819, et a été appliqué en France jusqu'à la loi du 29 juillet 1881.

Deuxième système. — Système de responsabilité successive.

La loi crée un ordre successif entre les diverses personnes ayant participé au délit de presse, ne permettant de les poursuivre que les unes à défaut des autres. C'est le système adopté par certaines législations de Belgique, d'Angleterre, de Suisse, d'Italie. L'ordre de poursuite varie dans chaque législation.

Troisième système. — Système des peines de négligence.

C'est celui des législations autrichienne et allemande. Elles punissent d'abord l'auteur, puis, à défaut de l'auteur absent ou inconnu, elles incriminent l'éditeur, l'imprimeur ou le rédacteur en chef. Les éditeurs gérants sont coupables d'un délit *sui generis :* du délit de négligence dans leurs fonctions. Ils sont frappés pour s'être dérobés au devoir de surveillance qui leur est imparti, et comme ayant facilité ainsi le délit de l'auteur. Si ces derniers s'étaient assurés de l'identité de l'auteur, le délit n'aurait pas eu lieu. Les auteurs n'auraient pas voulu assumer la responsabilité de l'article. Ils ont été encouragés à écrire parce qu'ils savaient qu'ils resteraient inconnus.

Quatrième système. — Système français des articles 42 et 43 de la loi du 29 juillet 1881.

Le législateur a adopté un système mixte, en s'inspirant à

la fois de l'idée de responsabilité solidaire et de l'idée de responsabilité successive. Aussi a-t-il fait une œuvre incertaine et
contradictoire.

PARAGRAPHE DEUXIÈME. — Avant d'entrer dans les détails, il
importe de résumer les grandes lignes de ce système, qui est
contenu dans les articles 42 et 43 de la loi du 29 juillet 1881.

1° L'éditeur (pour le livre), le gérant (pour le journal), sont
toujours responsables des délits commis par le livre ou le
journal.

2° Même règle pour l'écrivain. Mais ce dernier profite de
l'anonymat, qui n'est pas interdit ;

3° Si l'écrivain et l'éditeur ou gérant sont tous deux poursuivis, le premier est appelé complice, le deuxième, auteur du
délit, dans la procédure ;

4° L'imprimeur n'est responsable que subsidiairement, à
défaut soit de l'écrivain, soit de l'éditeur ou gérant. Il est alors
regardé comme auteur du délit. Mais, en principe, il ne peut
être poursuivi comme complice uniquement pour faits d'impression ;

5° Le vendeur, le distributeur, l'afficheur, ne sont poursuivis
comme auteurs du délit qu'à défaut soit de l'éditeur ou gérant,
soit de l'imprimeur. Mais à la différence de l'imprimeur, ils
peuvent être poursuivis comme complices, avec l'éditeur et
l'écrivain, dans les termes du droit commun.

Il y a lieu, avant d'entrer en matière, de faire trois observations générales préliminaires :

1° Les articles 42 et 43 ne s'appliquent qu'aux délits commis par la voie de la presse typographique ou ordinaire, ou
autographique ou lithographique. Ils ne s'appliquent pas aux
délits de parole, qui, ne comportant en général qu'un agent,
restent soumis au droit commun, ni aux contraventions de
presse prévues par les chapitres I et III de la loi du 29 juillet

1881. Le Code, pour chacune de ces contraventions, a indiqué expressément les personnes responsables (1).

2° Le même agent, par exemple, le rédacteur d'un article de journal, peut être poursuivi, suivant les cas, comme auteur ou comme complice ; comme auteur, par exemple, quand il est poursuivi à défaut de l'éditeur ou gérant ; comme complice, quand la provocation aura été suivie d'effet.

Cette différence de qualification importe peu au point de vue de la pénalité. La loi sur la presse n'a pas dérogé à l'article 59. Elle importe peu au point de vue de la situation respective des codélinquants. Le complice peut être puni alors que l'auteur ne l'est pas, et réciproquement. C'est la règle du droit commun qui est applicable à la presse. Elle n'a d'importance qu'au point de vue de la forme des questions à poser au jury, quand l'auteur et le complice sont tous deux poursuivis. En effet, c'est sur la personne de l'auteur que sont posées les questions relatives au fait principal du délit et aux circonstances aggravantes affectant la criminalité du fait. Si l'auteur et le complice sont jugés séparément, au contraire, les questions à poser au jury, en ce qui concerne le complice, doivent contenir à la fois les éléments constitutifs du délit et ceux de la complicité (2). Pour le complice, l'unique question qui se pose est celle de savoir s'il a participé à l'infraction suivant l'un des modes de complicité prévus par la loi.

3° Au point de vue théorique, l'auteur d'un délit de presse,

---

(1) Voy., en ce sens, *Code de la Presse*, p. 52-87, de MM. Bazeille et C. Constant.

(2) On a voulu relever une contradiction entre l'article 43, qui appelle l'éditeur ou le gérant auteur du délit de presse, et l'article 23, qui appelle l'écrivain un complice du crime ou du délit. Mais il n'y a là qu'une contradiction apparente. L'article 43 a seulement voulu indiquer quelle qualification doivent recevoir dans leurs rapports respectifs les diverses personnes qui participent à un délit de presse.

comme de tout délit, est celui qui en est la cause. Or, le délit de presse a deux éléments : l'écrit incriminé et le fait de publication ; l'individu qui a donné naissance, soit à ces deux éléments à la fois, soit à l'un ou à l'autre, est la cause du délit parce qu'il a contribué d'une manière principale et directe à son existence. Il y a deux coauteurs dont la coopération est indispensable pour constituer le délit et qui doivent être responsables directement comme deux causes nécessaires et indivisibles de l'infraction, attendu que la publication et l'écriture ont été nécessaires pour former le délit.

Le point de vue de la loi française n'a jamais été celui-ci. Elle est toujours partie de cette idée que la publication seule constituait le délit, et que, par conséquent, le publicateur en était l'auteur, l'écrivain qui lui a fourni les moyens de le commettre n'étant que le complice (à l'égard du crime commis par les individus qu'ils ont provoqués, ils sont tous deux des complices). La loi attribue la responsabilité principale, directe du délit au publicateur, mais dans des conditions différentes, suivant qu'il s'agit d'un livre ou d'un journal.

PARAGRAPHE TROISIÈME. — *Interprétation des articles* 42 et 43. — I. Pour le livre, le publicateur, c'est l'éditeur, soit qu'il l'imprime lui-même, ou le fasse imprimer.

II. Pour le journal, la question se complique. Car le journal étant une entreprise industrielle, exige le plus souvent l'intervention de trois personnes : le propriétaire, les rédacteurs, le

---

Quand il ne s'agit pas d'infraction *sui generis* (provocation non suivie d'effet), ceux qui sont responsables, c'est-à-dire l'écrivain et l'éditeur et, à leur défaut, successivement, l'imprimeur et le vendeur sont considérés comme complices. Ils ne peuvent être considérés que comme tels, puisque le fait incriminé n'est, par lui-même, qu'un acte de participation à un autre crime ou délit. (En ce sens, H Celliez et Ch. Le Senne, *La loi de 1881 sur la Presse*, p. 290.

directeur de la publication (rédacteur en chef ou directeur du journal). L'application du droit commun amènerait à regarder le propriétaire comme éditeur du journal. Mais la loi française a eu raison de ne pas se placer à ce point de vue, parce que la direction d'une publication périodique n'appartient pas toujours au propriétaire, mais le plus souvent au rédacteur en chef ou au directeur politique du journal, qui surveille, rassemble les divers articles, donne la direction d'ensemble. C'est lui qui rationnellement devrait être responsable. La loi française impose l'obligation, au lieu de cela, à tout journal, de choisir un individu dont la fonction consistera à être responsable, ce qui est souverainement injuste. La loi atteint celui qui n'a pas exécuté le délit et non le rédacteur en chef qui l'a exécuté, le gérant étant souvent distinct du rédacteur en chef, et n'ayant pas son autorité, surtout dans les publications peu importantes, où il est un homme de paille. « On a voulu, disent les travaux préparatoires, maintenir une institution au fonctionnement facile et régulier, à laquelle tout le monde est habitué, et dont la presse pourrait être la première à regretter la suppression ». Le rédacteur en chef n'est jamais responsable, le gérant l'est toujours, qu'il ait ou non signé l'article, qu'il soit de bonne ou de mauvaise foi (1).

III. L'auteur d'un livre et de l'article de journal est toujours responsable. Dans la procédure, il est appelé complice (du délit de presse) quand l'éditeur est poursuivi, auteur (du délit de presse) à défaut de l'éditeur. (Car, à l'égard du crime com-

---

(1) Celliez et Le Senne, op. cit., p. 64, ont blâmé la gérance au point de vue des abus financiers : « Quand on voudra que la presse soit exempte des abus principalement financiers qu'on lui reproche, on devra défendre que le journal se personnifie par un fonctionnaire dont on exigera rien autre, sinon qu'il soit Français et pourvu de ses droits civils. »

mis par l'auteur matériel, quand il ne s'agit pas d'infraction
sui generis, l'éditeur ou publicateur et l'écrivain sont complices de l'infraction commise).

L'auteur peut, dans tous les cas, être poursuivi, sans qu'on
mette en cause l'éditeur et le gérant. Ce n'est que l'application des principes généraux de la responsabilité en matière de
complicité, auxquels la loi de 1881 n'a pas dérogé (1).

Aux termes de l'article 3 de la loi du 16 juillet 1850, tout
article de journal devait être signé. La loi de 1881 n'a pas
reproduit cette exigence. Son maintien s'imposait d'autant plus
que, par la suppression du cautionnement, la loi substituait la
responsabilité individuelle et personnelle à la responsabilité
pécuniaire et solidaire du journal. La loi ne doit pas entraver
la publication de la pensée, mais elle a le droit de connaître
celui qui la publie. L'obligation de signer est la plus sûre des
garanties pour l'écrivain et pour les lecteurs (2). De cette

---

(1) En ce sens, M. Lisbonne, rapporteur de la loi de 1881, voy. *Lois
nouvelles*, 1884, t. III, p 9 ; Barbier, *Code expliqué de la Presse*, t. II,
n° 810. La Cour de cassation, s'appuyant sur les premiers mots du texte
de l'article 42 : « Lorsque les éditeurs ou gérants sont en cause, les
auteurs seront poursuivis comme complices », décidait que la loi
subordonne la poursuite, à titre de complicité qu'elle édicte contre
l'auteur de l'écrit, à la mise en cause simultanée du gérant comme
auteur principal (Voy. Cass. 28 juillet 1883, S. 85-1-41). La conséquence de cette jurisprudence est que, si le gérant ne peut être poursuivi, l'écrivain échappe à toute responsabilité. En effet, aux termes
de l'article 42, on ne pourra le poursuivre comme auteur principal,
et, dans le système de la Cour de cassation, on ne pourra le poursuivre comme complice. Le texte de l'article 42 n'est pas assez
formel, à notre avis, pour imposer cette solution. Depuis lors, la Cour
de cassation est revenue sur sa première jurisprudence, et, aujour-
d'hui, elle admet que l'auteur peut être poursuivi séparément ou
simultanément avec le gérant. Cass., 26 janvier 1894, S. 95-1-304-
14 juin 1894, S. 95-1-63 ; 16 mai 1895, S. 96-1-296, D. 97-1-232.

(2) Les raisons qu'on donne pour l'anonymat sont celles-ci : 1° le
journal agrandit par l'anonymat son action et son influence politique,

règle, résultent deux conséquences : 1° personne n'est obligé
de signer les articles qu'il fait ; 2° personne n'est obligé de
dénoncer l'auteur ou l'écrivain, ni l'éditeur, ni l'imprimeur, ni
le vendeur. L'éditeur ou le gérant ne se soustrairait pas à la
responsabilité en dénonçant l'auteur (1). Le secret qu'il garde
sur le nom de celui-ci n'est pas une cause d'aggravation de
sa responsabilité.

IV. *Imprimeur.* — A défaut de texte, l'imprimeur serait
poursuivi, conformément au droit commun, « comme ayant
procuré le moyen qui aura servi à l'action (art. 60). Mais la
complicité supposant une intention délictueuse, le ministère
public devrait établir que l'imprimeur a connu ou pu connaître l'article délictueux. L'article 24 de la loi de 1819 appliquait
le droit commun à l'imprimeur. D'après l'état législatif antérieur à 1881, l'imprimeur était responsable comme l'écrivain
et l'éditeur, et pouvait être poursuivi avec lui comme complice.
De plus, il pouvait être poursuivi, même quand l'auteur principal du délit ne l'était pas. Cette règle avait été blâmée, notamment par Prévost-Paradol (2), qui n'admettait la responsabilité
de l'imprimeur que dans deux cas : 1° quand l'auteur de l'écrit
n'est pas découvert ou échappe à la justice ; 2° quand l'auteur
ne peut acquitter le montant de l'amende ou des dommages-
intérêts auxquels il a été condamné.

La loi de 1881 s'est inspirée de ces motifs : 1° la responsabilité de l'imprimeur ne peut être concurrente à celle de

---

comme une banque qui augmente son crédit par le même moyen ;
2° l'obligation de signer écarte du journal un grand nombre
d'écrivains, souvent les plus sages et les plus modérés, que leur
propre nature ou leur position éloignent de la publicité ; 3° le pseu-
donyme rendait l'obligation de signer absolument illusoire.

(1) Voy. Cass., 25 mai 1894, précité.
(2) *La France nouvelle* (livre II, chap. VIII).

l'écrivain et de l'auteur. Il ne peut être poursuivi comme complice pour seuls faits d'impression ; 2° il n'est poursuivi qu'à défaut d'eux et comme auteur du délit. Le législateur n'a pas voulu poursuivre l'imprimeur en même temps que l'auteur, d'abord, pour faciliter la tâche de ce dernier et pour le délivrer des résistances qu'il aurait pu rencontrer chez des personnes dont le concours lui est absolument indispensable. Ensuite, elle a pensé que, pour empêcher les délits de presse, il suffisait de punir les principaux coupables, l'auteur et l'éditeur. L'imprimeur qui est poursuivi à défaut de l'auteur doit-il être poursuivi dans tous les cas où le gérant et l'éditeur resteront impunis (en cas de décès, de fuite, par exemple) ? Non. Le législateur a voulu permettre la poursuite des imprimeurs seulement quand ils ont commis une faute, c'est-à-dire seulement dans deux cas : 1° si les gérants et éditeurs sont inconnus; 2° si les gérants et éditeurs sont en fuite (à l'étranger). Cette solution résulte des travaux préparatoires (1). Dans les autres cas, quand l'imprimeur a fait connaître l'éditeur et l'auteur, il n'est pas poursuivi. Le seul fait d'impression constituera la complicité dans le cas prévu par l'article 6 de la loi du 7 juin 1848. Il faut ajouter que l'imprimeur ne peut être poursuivi, conformément au droit commun, comme complice ou comme coauteur, suivant les cas, par exemple, s'il a provoqué, par dons, promesses, etc., l'auteur ou l'éditeur à diffamer une personne.

Peut-on poursuivre celui qui, sciemment, réimprime ou reproduit des articles contraires à la loi ? En combinant les articles 42 et 43, on peut poser les règles suivantes : 1° cet

---

(1) Rapport Lisbonne, *Journal Officiel* du 18 juillet 1880, p. 8289. Cette règle a été très bien développée par M. Floquet, à la séance de la Chambre du 15 février 1881, *Journal Officiel* du 16, p. 267 ; Cf. Barbier, *op. cit.*, t. II, n° 809.

individu n'est pas punissable lorsque l'auteur ou l'éditeur est connu et domicilié en France et que, par conséquent, on peut le poursuivre; 2° mais si l'auteur est décédé, s'il a prescrit, s'il a été poursuivi et jugé à raison du même délit, si la réimpression a eu lieu à son insu, on devra poursuivre celui qui a réimprimé ou reproduit un article contraire à la loi.

Quand l'imprimeur est poursuivi à défaut du gérant et de l'auteur, il est poursuivi comme auteur du délit.

V. *Vendeurs, distributeurs ou afficheurs de l'écrit ou du livre délictueux.* — Ces individus créent la publicité du livre ou de l'écrit, ou y aident au moins, et, par conséquent, le droit commun conduit à les qualifier, suivant les circonstances, d'auteurs quand ils font la publicité ou de complices quand ils y aident. La loi de 1881 leur a, en effet, appliqué le droit commun. De la combinaison des articles 42 et 43, il résulte que :

1° Les vendeurs, distributeurs ou afficheurs peuvent être poursuivis comme complices, conformément au droit commun.

2° Qu'ils peuvent être poursuivis comme auteurs principaux, à défaut d'éditeur, d'auteur, d'imprimeur. Dans ce cas, la loi établit contre eux une présomption de culpabilité qui met à leur charge la preuve de leur bonne foi.

La loi a fait, entre les imprimeurs, les vendeurs, les distributeurs, une différence essentielle qui ne se justifie pas très bien. L'imprimeur, en principe, ne peut être complice pour seul fait d'impression. Le vendeur, le distributeur et l'afficheur peuvent l'être pour seul fait de vente, de distribution et d'affichage. Il est peu rationnel de faire à ces derniers une situation plus rigoureuse qu'à ceux qui impriment le livre ou le journal. Pour être juste, on aurait dû établir une égalité entre tous les agents auxiliaires, qui ont concouru à produire le délit de presse ou à en étendre l'action.

Section II

ADULTÈRE

PARAGRAPHE PREMIER. — Il suffit de lire les articles 336, 337, 338 du Code pénal pour voir que le complice de la femme adultère est soumis à une législation exceptionnelle. Nous allons relever ces diverses exceptions au droit commun et, à raison des délicates questions qui se présentent, nous entrerons dans quelques détails.

1° L'article 338 déroge au principe général de l'article 59, en prononçant une peine spéciale contre le complice de la femme, peine plus forte que celle de l'auteur principal. (Voyez art. 338). Il était assez naturel que le complice de la femme, qui est presque toujours l'auteur de la séduction, fût puni plus sévèrement que la femme elle-même. De plus, si le législateur n'a pas prononcé de peine pécuniaire, c'est sans doute parce que cette peine aurait atteint un innocent, le mari.

2° L'action du ministère public contre le complice d'adultère dépend de la décision du mari offensé. L'adultère ne peut être poursuivi que sur sa dénonciation. « L'adultère de la femme ne pourra être dénoncé que par le mari ». Le mari tient donc en suspens, par ce droit de véto, à la fois le sort de la femme et du complice. En édictant cette règle, d'ailleurs, le législateur n'a pas entendu, comme on le dit quelquefois, faire de l'adultère un délit purement privé. L'adultère, dans notre droit, est un délit social. La loi punit l'adultère non seulement en faveur de l'époux qui est froissé dans ses affections, mais encore pour garantir le mariage, qui est une des bases de la Société. Mais l'intérêt public n'est pas seul en jeu. L'époux trompé sera le premier à souffrir de la violation de la foi conjugale. Il importe d'en tenir compte dans une certaine mesure, d'autant plus qu'ici la Société est plus intéressée à prévenir le scandale d'une poursuite criminelle qu'à se montrer intransigeante. En subordonnant la poursuite de ce délit à la plainte de l'époux offensé, le législateur a sagement concilié l'intérêt individuel et l'intérêt général. Dès que le mari a dénoncé l'adultère de sa femme, le ministère public a le droit de rechercher et de poursuivre le complice, quoiqu'il ne soit pas désigné dans la plainte. Cette solution est contestée. « L'adultère, dit M. Carnot, n'est qu'un délit relatif, et comme il serait loisible au mari de ne pas même rendre plainte contre sa femme, il peut, à plus forte raison, ne la faire porter que contre elle (1) ». Cette théorie contredit manifestement l'esprit de la loi, qui veut que le complice suive le sort de la femme dans tout le cours des poursuites et dès que l'action répressive est exercée contre celle-ci ; car, à partir de ce moment, il n'y a aucune raison d'épargner le complice.

3° Il est admis en doctrine que si bien, à défaut de fait principal criminel, le complice ne peut être punissable, cette condition une fois remplie, il importe peu que, pour une raison personnelle quelconque, l'auteur ne puisse être poursuivi (absence, décès, fuite, etc.), le complice peut toujours l'être. Au contraire, en matière d'adultère, le sort du complice est lié dans une certaine mesure à celui de la femme. Examinons les conséquences de ce principe dans les cas de pardon, de désistement du mari et de réconciliation.

PARAGRAPHE DEUXIÈME. — *Pardon, désistement, réconciliation.* — 1° *Pardon.* — Après la condamnation, le mari a le droit de gracier sa femme. La loi, en effet, reconnaît deux droits au mari. Il peut, par son silence, empêcher le procès.

---

(1) Voy. Carnot, *Commentaire du Code pénal*, t. II, p. 109.

Après la condamnation, il peut dispenser la femme condamnée de la peine prononcée contre elle (art. 337). Le législateur a pensé que la Société ayant reçu satisfaction, on devait, dans l'intérêt de la paix du ménage, permettre à l'indulgence des époux de s'exercer (car le droit de grâce appartient aux époux réciproquement : l'esprit de la loi l'exige ainsi). Il a considéré avec raison le pardon comme un instrument de concorde qu'il fallait encourager. Le pardon n'a pas le caractère d'une amnistie qui efface complètement du fait délictueux. Si le ministère public ne poursuit pas en cas de non-dénonciation du mari, c'est que la loi respecte le silence de l'époux, qui ne veut point mettre au jour son déshonneur. Mais quand le procès a eu lieu, le scandale s'étant produit, on ne voit pas ce qui s'oppose à la poursuite du complice, d'autant plus que le droit de grâce ne se justifie que par des motifs absolument étrangers au complice. De plus, il n'y a pas de raison de supposer que le mari ait pour celui qui l'a déshonoré les sentiments qu'il a pour une épouse repentante (1).

2° *Désistement.* — On a contesté au mari le droit de se désister, c'est-à-dire de renoncer expressément à sa plainte par une déclaration formelle. Mais ce droit lui est reconnu par la majorité des auteurs. En effet, l'action publique ne peut être mise en mouvement que par la dénonciation du mari ; celui-ci peut faire remise de la peine après la condamnation. Dès lors, comprendrait-on qu'il ne fût pas permis au mari de prévenir une condamnation dont il peut arrêter les effets ? Le mari peut empêcher l'exécution de la condamnation en reprenant sa femme ; comment ne pourrait-il pas, par son désiste-

---

(1) En ce sens, Garraud, *op. cit.*, t. IV, n° 524 ; Chauveau et Hélie, *op. cit.*, t. IV, n° 1663, p. 401 ; Blanche, *op. cit.*, 5° étude, n° 197, p. 529 ; Cass., 27 avril 1854, S. 54-1-342 ; Pau, 1ᵉʳ oct. 1860.

ment, arrêter la procédure avant que la condamnation fût intervenue ? Solution excellente, d'ailleurs, au point de vue moral, puisqu'elle favorise la réunion des époux et évite un scandale public (1).

Le désistement du mari profite-t-il au complice ? La question doit se résoudre par une distinction. Si le désistement a lieu dans le cours de l'instance, avant que la condamnation soit devenue définitive, il profite au complice. Le mari ne peut se désister et poursuivre le complice, car la condamnation de ce dernier détruirait la présomption d'innocence admise par la loi. Le désistement est la preuve légale de l'innocence de la femme, il fait disparaître toute culpabilité ; il ne peut donc être question de complice, la condamnation du complice ne pouvant résulter que de la déclaration d'adultère que le mari a voulu éviter (2). Si le désistement a lieu après la condamnation définitive de la femme (ce qui constitue l'hypothèse du pardon, prévue par l'article 337), nous avons vu pour quelles raisons le complice n'était pas appelé à en bénéficier. Il faut maintenir cette solution, même dans le cas où le jugement n'aurait pas un caractère définitif à l'égard du complice qui aurait interjeté appel. MM. Chauveau et Hélie soutiennent, au contraire, que le pardon accordé à la femme qui a acquiescé au jugement pendant l'instance de l'appel profite au

_____

(1) En ce sens, Chauveau et Hélie, *op. cit.*, t. IV, n° 1620, p. 360 ; Blanche, 5ᵉ étude, t. V, n° 178, p. 215 ; Garraud, *op. cit.*, t. IV, n° 522, p. 551 ; Cass., 27 sept. 1839, S. 40-1-83 ; 8 août 1867, S. 68-1-93 ; 30 juillet 1885, S. 86-1-188 ; Grenoble, 17 janvier 1850, D. 51-5-15 ; Metz, 18 mars 1858, D. 59-5-19 ; Douai, 31 août 1874, D. 75-5-12 ; Dijon, 15 sept. 1873, D. 75-5-12 et 13 ; Orléans, 23 juillet 1889, S. 90-2-180.

(2) En ce sens, Chauveau et Hélie, *op. cit.*, t. IV, n° 1622, p. 362 ; Blanche, 5ᵉ étude, n° 181, p. 221 ; Garraud, *op. cit.*, t. IV, n° 524, p. 554 ; Cass., 9 février 1839, S. 39-1-213 ; 28 juin 1839, S. 39-1-701 ; 1ᵉʳ déc. 1873, D. 74-1-345.

complice. « Si la vérité de la chose jugée perd toute sa force,
disent ces auteurs, c'est surtout lorsque le jugement n'intervient que par défaut ou reste susceptible d'appel, et que l'acquiescement de la partie condamnée lui donne seul un caractère définitif. Cet acquiescement est-il donc nécessairement un
aveu ? N'a-t-il pas pu se fonder sur l'espoir d'une réconciliation ? Ce premier jugement, qu'un tribunal supérieur pourrait
anéantir, ne doit-il pas être considéré comme ne contenant
qu'une expression incertaine de la vérité ? » En d'autres termes,
MM. Chauveau et Hélie prétendent que l'appel met la cause en
question. Nous répondons que cela est inexact à l'égard du
complice : la culpabilité de la femme est devenue une vérité
légale ; il n'y a donc plus indivisibilité des deux actions, et le
sort du complice se trouve désormais indépendant. D'ailleurs,
si le mari n'a pas exercé son droit de *veto*, c'est que le scandale
du procès lui était indifférent. S'il use de son droit de grâce,
c'est, nous l'avons dit, une faveur toute personnelle à la
femme.

Dira-t-on que la poursuite du complice en appel, en renou-
velant le procès, expose le mari à un nouveau scandale.
« Comment admettre, disent MM. Chauveau et Hélie, lorsque
les époux réconciliés sont réunis, lorsque le fait d'adultère
n'est point scellé par une certitude judiciaire complète, qu'une
deuxième instance pourra s'ouvrir pour constater ce fait et que
les débats publics retentiront de ses preuves ». Mais le mal a
déjà eu lieu. Si le mari le redoutait, que ne s'est-il servi de son
droit de *veto ?* (1)

---

(1) Voy.. dans notre sens : Blanche, 5ᵉ étude, nᵒ 181, p. 222 ;
Garraud, *op. cit.*, t. IV, nᵒ 523, note 18, p. 553 ; Cass., 29 avril 1854,
S. 54-1-342 ; Agen, 21 juin 1854, D. 55-2-85 ; Nimes, 27 nov. 1879,
Gaz. des Trib., du 21 déc. 1879. En sens contraire : Rauter, *op. cit.*,
nᵒ 472, note 1, p. 283 ; Chauveau et Hélie, *op. cit.*, t. IV, nᵒ 1623,
p. 364.

3° *Réconciliation*. — On admet généralement qu'il n'est pas nécessaire que le désistement soit formel et se produise en termes exprès. La réconciliation survenue entre les époux, soit avant, soit depuis la plainte, doit produire entre les époux les mêmes effets qu'un désistement. Une réconciliation est, en effet, au fond, un désistement du mari fondé sur des raisons particulières. Or, comme nous l'avons déjà dit, si la loi permet aux époux d'arrêter l'effet de la condamnation prononcée (art. 337), à plus forte raison, doit-on admettre qu'ils peuvent empêcher la poursuite. Le rapprochement des articles 272 et 273 du Code civil avec l'article 339 du Code pénal, fortifierait encore, s'il en était besoin, l'opinion qui voit dans la réconciliation des époux une fin de non-recevoir de la poursuite en adultère (1). Comme le désistement, la réconciliation peut être invoquée par le complice. Elle établit, en effet, la présomption légale, que l'adultère n'a jamais existé (2).

Le décès du mari est-il assimilable à son désistement ? Arrête-t-il les poursuites à l'égard de la femme et des complices ? La Cour de cassation a décidé, dans sa première jurisprudence, que la mort du conjoint mettait nécessairement fin aux poursuites commencées; que dans le délit d'adultère l'action publique avait besoin, à toutes les époques de la procédure, du concours soit exprès, soit présumé du plaignant (nous venons de voir qu'une dénonciation du mari est nécessaire pour agir ; qu'il peut se désister ; que les époux peuvent se réconcilier, et que le décès de celui-ci, en faisant disparaître ce concours, élevait contre l'action publique une fin de non-recevoir mani-

---

(1) Voy. Pau, 27 juillet 1860, S. 61-2-78 ; Toulouse, 11 avril 1861, D. 61-2-191.

(2) Voy. Cass., 8 août 1867, D. 68-1-125 ; Douai, 31 août 1874, S. 76-2-255 ; Alger, 31 mai 1879, D. 80-2-325 ; Nimes, 27 nov. 1879, S. 80-2-85 ; Cass., 30 avril 1891, S. 94-1-361.

feste) (1). Cette objection est peu sérieuse. En effet, dès qu'une plainte est portée, l'obstacle qui s'opposait à l'exercice de l'action publique est levé. Le ministère public recouvre sa liberté. Il peut exercer l'action dans toutes les phases du procès, sans avoir besoin du concours du plaignant, sauf la faculté, pour celui-ci, de paralyser l'action par un désistement exprès ou tacite. Comme dit très justement M. Blanche : « Il fallait, pour autoriser la poursuite, la dénonciation du mari ; elle a été faite. Il fallait pour l'arrêter un désistement, il n'a pas eu lieu. J'en conclus que le décès du mari ne s'oppose pas à ce que le procès suive son cours. Sans doute, on peut dire que le mari étant décédé, on ignore s'il aurait persisté dans sa plainte; mais je réponds que, pour que l'instance continue, il n'est pas nécessaire que le mari réitère sa dénonciation ; il suffit qu'il manifeste sa volonté de ne pas retirer sa plainte » (2).

Paragraphe troisième. — Il est de principe que le décès de l'auteur principal ne peut assurer l'impunité du complice. Faut-il admettre une dérogation à ce principe de droit commun, en matière d'adultère? Blanche soutient la négative. « En principe, dit-il, le décès de l'auteur principal n'arrête pas l'action du ministère public contre les complices. Pour qu'il en fût autrement, dans cette matière, il faudrait qu'elle renfermât une exception qui n'y est pas. Donc, l'instance se continuera contre le complice». Nous pensons, au contraire, que le décès de la femme, avant tout jugement définitif, éteint l'action

---

(1) En ce sens : Cass., 27 sept. 1839, S. 40-1-85 ; 29 août 1840 ; S. 48-1-979 ; 8 mars 1850, S. 50-1-365.

(2) Voy., en ce sens : Chauveau et Hélie, *op. cit.*, t. IV, n° 1624, p. 365 ; Blanche, 5e étude, n° 182, p. 224 ; Garraud, *op. cit.*, t. IV, n° 523, note 19, p. 553 ; Haus, *op. cit.*, t. II, n° 1168 ; Cass., 25 août 1848, S. 48-1-731 ; 3 juin 1863, S. 63-1 401 ; Aix, 14 juillet 1876, S. 77-2-136

publique. L'esprit de la loi indique cette solution. Le désistement du plaignant, la réconciliation des époux sont autant de
causes qui paralysent l'action du ministère public, même à
l'égard du complice, parce qu'il importe à l'intérêt des bonnes
mœurs et à la paix des familles qu'une poursuite dirigée
contre le prétendu complice ne puisse pas détruire la présomption légale d'innocence qui résulte, en faveur de la femme,
de toute circonstance de nature à mettre obstacle à l'action.
Or, les mêmes raisons de décider se présentent dans le cas
du décès de la femme avant jugement définitif. L'action publique étant éteinte à son égard, l'impossibilité de vérifier, en
ce qui la concerne, les faits d'adultère comme la présomption
légale d'innocence doivent s'appliquer nécessairement au complice. S'il en était autrement, ce dernier serait dépouillé du
droit d'opposer des exemptions péremptoires ou des défenses,
que la présence de la femme dans le procès pourrait faire
naître. Les deux actions, quand elles ont été simultanément
exercées, et le sort de l'action contre le complice doivent suivre
le sort de l'action contre la femme ; il doit donc profiter de la
présomption légale d'innocence qui est résultée pour la femme
de son décès. Il est vrai que les immunités résultant des
exceptions que la femme peut opposer n'ont pas été établies
dans l'intérêt du complice, mais il en profite, parce qu'elles
l'ont été dans l'intérêt de la famille, qui exige qu'elles lui soient
appliquées (1).

Cinquième dérogation. — Faut-il admettre une cinquième
dérogation, en disant que la concubine du mari n'est jamais
punissable ? Nous admettons l'affirmative. La loi s'est occupée

___

(1) Voy., en ce sens : Garraud, *op. cit.*, t. IV, n° 524, note 21, p. 554;
Chauveau et Hélie, t. IV, n° 1266, p. 368 ; Cass., 8 mars 1850, S. 50-
1-365 ; 8 juin 1872, S. 72-1-346. — *Contra :* Blanche, *op. cit.*, n° 103.

spécialement à deux points de vue de celui qu'elle qualifie de complice de la femme adultère, et qui est, en réalité le coauteur du délit, attendu que le délit ne pourrait pas être accompli sans lui. Elle ajoute, dans l'article 338 du Code pénal, une peine spéciale d'amende à la peine d'emprisonnement qui frappe l'auteur principal. Elle organise, en outre, un système légal de preuves (voyez art. 338, § 2). De là, il faut conclure que la complicité en matière d adultère a un caractère spécial qui résulte de la nature même du délit, et qu'elle doit être soustraite, par cela même, à l'application des principes généraux.

En punissant par une disposition spéciale et exceptionnelle la complicité d'adultère, le législateur a nettement manifesté sa volonté de ne pas s'en referer, en cette matière, aux règles générales relatives à la participation de plusieurs personnes au même délit. D'où deux conséquences : 1° la concubine entretenue au domicile conjugal par le mari ne peut être condamnée comme complice de celui-ci ; 2° le Code pénal laisse à plus forte raison impunies les autres personnes qui auraient aidé au délit d'adultère, soit en y provoquant par dons, promesses, menaces, soit en procurant aux coupables les moyens de le commettre. Mais cette opinion a été repoussée par la jurisprudence, qui admet, du moins en ce qui concerne la concubine du mari, l'application du principe général établi par l'article 59 du Code pénal, d'après lequel le complice d'un crime ou d'un délit est puni de la même peine que l'auteur principal. Blanche, qui soutient la même opinion, s'exprime ainsi : « Le Code, il est vrai, a pris soin d'inculper expressément le complice de la femme (Code pénal, art. 338) et il est muet sur la concubine qui s'est associée au libertinage du mari. On ne peut pas conclure de son silence que celle-ci reste impunie. En effet, la loi était dans la nécessité de mentionner, d'une manière formelle, le complice de la femme dans l'article 338, puisque, d'une part, elle ne voulait le soumettre qu'à un genre particulier de preuves et que, d'autre part, par exception au principe de l'article 59 du Code pénal, elle entendait lui infliger une peine quelque peu différente de celle qu'elle prononçait contre l'auteur principal. Au contraire, elle n'avait pas à s'occuper d'une manière expresse de la concubine du mari, si elle admettait contre elle tous les genres de preuves, et si elle lui infligeait la même peine qu'à l'auteur principal du délit ». (1).

6° Dérogation. — La preuve de la complicité d'adultère est très limitée : « Les seules preuves qui pourront être admises contre le prévenu de complicité seront, outre le flagrant délit, celles résultant de lettres ou autres pièces écrites par le

----

(1) Voy., en ce sens, Blanche, 4° étude, n° 214 ; en ce sens aussi : Cass., 16 nov. 1855, D. 56-1-42 ; Angers, 4 fév. 1856, D. 56-2-268 ; Limoges, 1ᵉʳ déc. 1859, D. 60-2-5 ; Cass.,28 fév. 1868, D. 1868, 1-233 ; Paris, 20 déc. 1873, D. 75-2-72. Mais, dit M. Garraud : « Les tiers qui, par un acte rentrant dans les termes du droit commun, auront provoqué ou facilité l'adultère seront punissables. Or, je ne crois pas qu'il y ait d'exemple de poursuites intentées contre d'autres personnes que le complice de la femme óu la concubine du mari, c'est-à-dire, contre les deux coauteurs du délit ; on reconnaît donc, dans la pratique jurisprudentielle, que les règles générales relatives à la complicité ne sont pas applicables à l'adultère. Il s'agit, dans l'article 338, d'une complicité spéciale, qui résulte d'une coopération nécessaire et à l'égard de laquelle on ne peut invoquer les principes de la complicité ordinaire. C'est le co-auteur du délit commis par la femme qui seul peut être puni ». Voy. dans notre sens : Garraud, *op. cit.*, t. IV, n° 517, p. 542 ; Ortolan, *op. cit.*, t. II, n° 1695 et la note ; Chauveau et Hélie, *op. cit.*, t. IV, n° 1666, p. 405. Cf. Liège, 6 février 1869 : « Attendu que la complicité en matière d'adultère a un caractère spécial, qui résulte de la nature du délit, et qui la soustrait à l'application des principes généraux ; — Attendu qu'en punissant par une disposition spéciale le complice de la femme adultère et en ne portant aucune peine contre la concubine du mari coupable, le législateur a suffisamment indiqué que, dans cette matière, il ne s'en référait point

prévenu » (art. 338) (1). En établissant ce système, la loi a eu pour objet de faire rejeter les témoignages qui ne porteraient pas directement sur le fait même du délit et tendraient à en établir l'existence par voie de présomption. Elle n'a pas voulu qu'on pût intenter des poursuites téméraires fondées sur des indices frivoles et si souvent trompeurs. « Il importait, a dit l'orateur du Corps législatif, de fixer la nature des preuves qui pourraient être admises pour établir une complicité que la malignité se plaît trop souvent à trouver dans des indices frivoles ». Une difficulté particulière se présente lorsque le complice de la femme est lui-même un homme marié. La plainte de l'époux outragé est-elle suffisante pour autoriser le ministère public à agir contre le complice? Celui-ci peut-il être poursuivi malgré le silence de la femme? A notre avis, il résulte de l'article 338 que le complice de la femme est punissable, qu'il soit marié ou non, et, dans ce cas, qu'il ait été dénoncé ou non par sa propre femme, alors que le mari de la femme adultère a porté plainte (2).

---

aux règles générales relatives à la participation de plusieurs personnes au même délit ; —Attendu au surplus qu'il résulte des discussions et rapports, ainsi que de la déclaration du ministre de la justice qui ont précédé, dans les Chambres législatives, l'adoption de l'article 388 du Code pénal, que les auteurs de ce Code, en éditant cette disposition unique, ont entendu ne sévir que contre le fait seul de complicité qui y est prévu, et que, notamment, ils n'ont voulu établir contre la concubine du mari coupable d'adultère, etc., etc. . »

(1) Voy., sur ce qu'il faut entendre par là : Chauveau et Hélie, *op. cit.*, t. IV, n° 1654 et suiv.; Garraud, *op. cit.*, t. IV, n° 526, p.555 ; Blanche, 5° étude, n° 194.

(2) L'arrêt de Cassation du 28 février 1868, déjà cité, qui déclare, contrairement à notre opinion, la concubine du mari punissable, décide que la plainte en adultère formée par la femme contre son mari saisit le Tribunal correctionnel aussi bien à l'égard de la concubine qu'à l'égard du mari, encore bien que cette concubine serait mariée, ou même protesterait contre la poursuite. Voy. aussi, Paris,

Section III

HYPOTHÈSE DE LA BANQUEROUTE

PARAGRAPHE PREMIER. — Distinguons la banqueroute frauduleuse et la banqueroute simple, qui feront, chacune, l'objet d'un paragraphe spécial.

La banqueroute frauduleuse est régie par certaines règles qui dérogent au droit commun. L'article 403 du Code pénal est ainsi conçu : « Ceux qui, conformément au Code de commerce, seront déclarés complices de banqueroute frauduleuse seront punis de la même peine que les banqueroutiers frauduleux ». Avant la loi de révision du 28 mai 1838, c'était l'article 597 du Code de commerce qui règlementait cette matière. « Seront déclarés complices des banqueroutiers frauduleux, et seront condamnés aux mêmes peines que l'accusé, les individus qui seront convaincus de s'être entendus avec le banqueroutier pour recéler ou soustraire tout ou partie de ses biens meubles ou immeubles ». Ainsi, ni l'article 60, ni l'article 62 du Code pénal ne pouvaient recevoir application en cette matière. Le Code de 1807, qui avait fait preuve d'une rigueur excessive pour le failli, s'était montré, au contraire, d'une indulgence regrettable envers ses complices. Comme on le voit, il ne reconnaissait qu'un mode de complicité : la complicité par recel, et encore il en subordonnait l'existence à une entente frauduleuse entre le recéleur et le banqueroutier. La preuve de ce concert frauduleux était souvent très difficile à établir, et il en résultait que les complices échappaient à toute répres-

---

28 déc. 1873, D. 75 2-72 ; Dijon, 30 mai 1877, D. 79-2-216. Dans le sens, Blanche, 5ᵉ étude, nᵒ 214 ; Garraud, t. IV, nᵒ 525, p. 354.

sion. De plus, cette législation avait un autre inconvénient : l'acquittement du banqueroutier frauduleux entraînait nécessairement celui du prétendu recéleur. Du moment qu'on admettait que le failli ne s'était pas rendu coupable d'actes frauduleux, on ne pouvait trouver l'existence d'un concert frauduleux entre lui et un tiers, et, par suite, les conditions exigées par l'article 597 faisaient défaut.

La loi du 28 mai 1838 a modifié ces dispositions, et l'article 597 a été remplacé par l'article 593, qui est beaucoup plus large, comme nous allons voir en l'analysant.

L'article 593 rend d'abord à la complicité du crime de banqueroute frauduleuse les caractères qui la constituent dans les autres crimes. Ainsi, sera puni des peines qu'entraîne ce crime, quiconque aura, par un des moyens énoncés en l'article 60 du Code pénal, favorisé le crime, aidé ou assisté l'auteur dans les faits qui l'ont préparé, facilité ou consommé, ou qui aura fourni des instruments ou des moyens pour le commettre. L'article 593 réglemente, en outre, le recel d'une manière spéciale, et ne subordonne plus son existence à la nécessité d'une entente frauduleuse avec le failli : une seule condition essentielle est exigée, à savoir que la soustraction ou le détournement constitutifs du recel aient été faits dans l'intérêt du failli. Quelle que soit la personne qui aura livré les objets détournés de la masse, celui qui les aura reçus deviendra complice du crime de banqueroute frauduleuse et encourra les peines attachées à ce crime, pourvu qu'il ait agi dans l'intérêt du failli. En l'absence de cette condition, le détournement ou la soustraction ne resteront pas impunis, mais ils seront atteints comme délits principaux, comme vols, et tomberont sous le coup des articles 384, 386, 401.

Lorsque la complicité s'est produite par l'un des moyens énumérés dans l'article 60, personne n'est excepté de la règle d'assimilation. Ainsi, les ascendants ou les descendants du

failli convaincus d'être des complices doivent être condamnés
à la même peine que lui. Il n'en est pas de même de la complicité par recel. Le législateur a formulé une exception qui se
conçoit parfaitement. Il ne punit le recel, en tant que fait de
complicité, qu'autant qu'il a eu pour objet l'intérêt du failli.
Mais il est évident qu'à l'égard des ascendants ou descendants, cette condition se rencontrera toujours. Ils n'auront
dissimulé une partie de l'actif que pour venir en aide au failli.
Leur appliquer le droit commun, c'était les condamner toujours
aux peines de la banqueroute frauduleuse, pénalité exagérée
à cause de l'affection qui unit les coupables au failli. Le recel
ne leur fera jamais encourir que les peines du vol. Par là, se
trouve implicitement abrogée la disposition de l'article 380,
créant une excuse absolutoire pour les vols entre parents, au
degré indiqué par l'article 594.

L'article 593 crée encore deux modes de complicité propres
au crime de banqueroute frauduleuse. Sont punis des mêmes
peines que le banqueroutier : 1° les individus convaincus
d'avoir frauduleusement présenté dans la faillite, soit en leur
nom, soit par interposition de personnes, des créances suppo-
sées ; 2° les individus qui, faisant le commerce sous un nom
supposé, ou sous le nom d'autrui, se sont rendus coupables
de faits prévus par l'article 591. Cette disposition a voulu
empêcher une fraude dont la répétition fréquente avait alarmé
le législateur. Un capitaliste, pour spéculer sans compromettre
son nom ni sa fortune, s'assurait d'un homme de paille, qu'il
rémunérait largement pour assumer sur sa tête les conséquences fâcheuses de l'entreprise. Au moment où la débâcle se
préparait, le capitaliste se dérobait et ne laissait en face des
créanciers trop crédules, qu'un débiteur insolvable, tandis
que lui pouvait jouir en paix des sommes arrachées à la confiance publique. Depuis 1838, cette fraude n'est plus possible.
Le capitaliste est atteint comme complice et encourt, comme

l'individu dont il a voulu se servir pour ses desseins malhonnê-
tes, les peines de la banqueroute frauduleuse.

PARAGRAPHE DEUXIÈME. — C'est une question de savoir si la
complicité de la banqueroute simple est punissable. On a prétendu qu'aucune disposition n'étant venue soustraire expressément la banqueroute simple à l'application des règles de la
complicité, il n'y avait pas de raison de l'excepter des peines
de la complicité (1). Nous croyons qu'il faut donner une décision contraire.

En effet, le Code pénal, après avoir, dans l'article 402, déterminé deux ordres de peines différentes pour ceux qui, en vertu
du Code de commerce, seraient reconnus coupables de banqueroute frauduleuse ou simple, se borne, dans l'article 403, à
punir les complices de banqueroute frauduleuse. Or, cette
disposition, si elle avait eu pour seul but de déclarer le complice de ce crime passible des mêmes peines que l'auteur, ne
serait qu'une oiseuse répétition de l'article 59. Telle ne peut
donc être sa signification. Le Code pénal, ne faisant ici aucune
mention de la complicité de banqueroute simple (délit dont
s'occupe cependant l'article précédent) a suffisamment donné
à entendre qu'il n'en faisait pas un délit. D'autre part, la loi
des faillites a pris soin de s'occuper, dans un chapitre spécial,
des crimes et délits commis dans les faillites par d'autres que
les faillis. Or, l'article 583, le seul de ce chapitre qui s'occupe
de la complicité, ne parle que de la banqueroute frauduleuse.
Les mots « le tout sans préjudice des autres cas prévus par
l'article 60 du Code pénal », ajoutés à l'énumération des cas de
la participation des tiers à la faillite, n'ont nullement pour
objet de rendre la complicité possible dans tous les cas de

_____

(1) En ce sens, Ruben de Couder, *Dictionnaire de Droit commercial*, p. 178.

banqueroute. Le texte ne dispose que pour des hypothèses où la banqueroute est arrivée jusqu'au crime, c'est-à-dire, celles seulement où il a pu y avoir, de la part des tiers, assistance, recel.

On peut ajouter que la nature même des faits constitutifs de la banqueroute simple repousse l'idée qu'ils puissent être commis à l'aide de complicité. En effet, tous ces faits sont la violation d'obligations personnelles au failli, n'incombant qu'à lui seul. Il importe donc peu que, par le fait d'un tiers, telle ou telle de ces obligations n'ait pas été remplie. Celui-ci ne serait pas coupable, parce qu'il n'aurait pas le devoir de la remplir (1).

---

(1) Voy. en ce sens, Chauveau et Hélie, *op. cit.*, t. V, n° 1962 ; Blanche, 6ᵉ étude, n° 136 ; Garraud, *op. cit.*, t. V, 355, p. 369 ; Cass., 10 octobre 1844, D. 45-1-24.

CHAPITRE V

PEINES DE LA COMPLICITÉ

Section Première

DÉTERMINATION DE LA PEINE-APPLICABLE

COMMENTAIRE DE L'ARTICLE 59. — Aux termes de ce texte :
« Les complices d'un crime ou d'un délit sont punis de la
même peine que les auteurs mêmes de ce crime ou de ce délit,
sauf les cas où la loi en aurait disposé autrement ». L'article 59
inflige la même peine à l'auteur et au complice. En 1810, la
France venait de traverser une période de troubles et d'anarchie,
pendant laquelle, pour assurer une répression efficace, on avait
été amené à créer des Tribunaux exceptionnels. Les rédacteurs
du Code pénal de 1810 crurent nécessaire de prendre des
mesures énergiques et pensèrent diminuer le nombre des crimes
en frappant impitoyablement ceux qui y participeraient. Dans
une partie spéciale de notre travail, nous nous demanderons
si le législateur n'a pas dépassé la juste mesure, et s'il ne
mérite pas le reproche d'avoir sacrifié l'équité à l'intérêt social.

PARAGRAPHE PREMIER. — Commentaire de l'article 59. —
Quoi qu'il en soit, l'article 59 n'étant pas très explicite, des
difficultés se sont élevées sur le sens et la portée qu'il faut lui
attribuer. Deux interprétations sont unanimement rejetées par
tous les auteurs. De l'avis de tout le monde, ce texte ne
signifie point qu'une peine unique sera prononcée contre tous

les participants, puis répartie entre eux. Il ne dit pas en effet :
« Seront punis d'une seule et même peine ». Une peine unique
se comprendrait si le châtiment était une réparation civile
calculée d'après l'étendue du préjudice causé par l'infraction ;
mais les peines, sauf de rares exceptions, sont individuelles,
calculées sur le degré de la culpabilité personnelle de chaque
agent, distinctes pour chacun d'eux. Il faut donc prononcer des
peines distinctes contre chaque co-participant. Cela est indiscutable, et personne ne le conteste. Mais alors, ce texte
voudrait-il dire que les peines des auteurs et des complices
doivent être exactement pareilles, et qu'en fait, le complice
devra toujours être puni d'une peine égale, quant à sa nature
et quant à sa durée ou quotité, à celle qui frappe l'auteur principal ? Cette interprétation est aussi inadmissible que la première. Il est vrai que le complice emprunte la criminalité du
fait principal. Mais c'est tout. Chaque co-délinquant conserve
sa culpabilité personnelle. Les auteurs et les complices ne se
trouvent unis que par le fait criminel auxquels ils ont tous
coopéré : la complicité est accessoire au fait principal, mais
non à la personne de l'auteur principal. Chaque personne arrive
devant la justice avec sa moralité et ses antécédents propres,
avec le degré de criminalité de sa participation au crime. Le
juge peut évidemment tenir compte de ces éléments dans la distribution de la peine. Il n'est pas obligé de prononcer une
peine absolument semblable pour tous les délinquants et fixée
d'abord sur la tête des auteurs principaux (1). Le juge peut, par
exemple, attribuer le maximum de la peine à l'un des co-délin-

---

(1) C'est, d'ailleurs, ce qui ressort très nettement des travaux
préparatoires ; Riboud, rapporteur de la loi au Corps législatif, a
déclaré expressément que le juge pouvait prononcer des peines
différentes contre l'auteur et le complice, en usant soit de la divisi-
bilité des peines, soit des circonstances atténuantes. (Rapport n° 12,
Dalloz : *Répertoire,* v° *Complicité*, p. 450 ; Locré, t. XXIX, § 9, p. 276).

quants, et le minimum à l'autre ; ou réciproquement, donner une peine plus forte à l'un qu'à l'autre, en vertu de la part plus ou moins active qu'ils ont prise à l'acte (1). Il peut accorder à l'un le bénéfice des circonstances atténuantes, qu'il refuse à l'autre, ou réciproquement (2) De même, quand il y a des circonstances atténuantes en faveur de l'auteur et du complice, il est parfaitement loisible au juge, pourvu qu'il se tienne dans les limites tracées par l'article 463, de proportionner la modération de la peine à la criminalité de l'un et de l'autre, d'abaisser plus la peine pour l'un que pour l'autre (3).

L'hésitation n'est possible qu'entre deux autres interprétations. On a proposé de lire l'article 59 de la manière suivante : « Les complices d'un crime ou d'un délit seront punis de la même peine que s'ils étaient eux-mêmes auteurs de ce crime ou de ce délit ». Avec cette correction, le texte laisserait absolument de côté la fixation de la peine d'après la criminalité des faits de participation, et s'occuperait uniquement de la déterminer d'après la culpabilité respective de chaque agent. Ainsi, dans cette interprétation, le fils complice du meurtre de son père dont un étranger est l'auteur, doit être puni des peines du parricide, et non des peines du meurtre ordinaire, car, s'il était l'auteur principal du fait, il serait coupable de parricide et non de meurtre (4). Cette lecture s'écarte beaucoup trop du sens évident de l'article 59 pour pouvoir être admise. Il est clair, en effet, que le texte, en visant le complice et l'auteur, compare deux personnes différentes et non pas le complice à lui-même, pour le cas où il serait l'auteur principal.

---

(1) Cass., 22 janv. 1863, D. 67-5-97; Cass.,9 avril 1899 ; S.98-1-110.

(2) Cass., 23 mars 1843, S. 43-2 554 ; 9 juin 1848, D. 48-1-154 ; 11 mai 1866, D. 68-5-96.

(3) 17 février 1844, *Bull. crim.*, n° 54.

(4) En ce sens, Chauveau et Hélie, *op. cit.*, t. I, n° 306, p. 479.

Certaines législations, comme nous verrons, le Code pénal belge, par exemple, ordonnent au juge de rechercher la peine que la loi infligerait aux complices, s'ils étaient auteurs de l'infraction, pour la leur appliquer. Mais, tel n'est pas le système de notre législation, car l'article 59 ne dit pas : « Les complices seront punis comme s'ils étaient les auteurs du crime ou du délit », mais, ce qui est bien différent : « Les complices seront punis de la même peine que les auteurs. »

Reste une dernière interprétation, que nous croyons la vraie. L'article 59 signifie que la peine déterminée d'après la criminalité de l'acte de participation est la même, sans qu'on ait à distinguer si cet acte de participation est principal ou accessoire. La rédaction de l'article 59 contient une métonymie : les mots « complices, auteurs », ont été employés pour ceux de « complicité du crime. » Il faut lire le texte comme s'il portait : « La complicité d'un crime ou d'un délit sera punie de la même peine que ce crime ou ce délit. » En un mot, au point de vue de la culpabilité absolue, le législateur a jugé que les complices et les auteurs étaient également coupables ; mais nous venons de le dire, il laisse mesurer la culpabilité relative des uns et des autres par le juge de l'infraction. Cette interprétation est la conséquence directe de la notion légale de la complicité ; le complice est, en effet, puni pour le fait d'autrui, tel qu'il est commis par l'auteur principal auquel il s'associe indirectement (1).

L'article 59 nous indique que la règle qu'il pose n'est pas

---

(1) En ce sens, Blanche, *op. cit.*, p. 44 ; Le Sellyer, *op. cit.*, t. II, n° 443, p. 103 ; Ortolan, *op. cit.*, t. I, n° 1302, p. 612 ; Trébutien, *op. cit.*, t. I, n° 718, p. 521 ; Molinier et Vidal, *op. cit.*, t. II, p. 265 ; Garraud, *op. cit.*, t. II, n° 273, p. 455. *Sic* : Cass., 9 janv. 1840, D. 40-1-419. — L'article 59 n'a donc voulu parler que du même genre de peines, en prescrivant les mêmes peines pour les auteurs et les complices. Mais aujourd'hui, depuis le système des circonstances atténuantes

sans réserve. Il y a des cas où la peine prononcée par la loi contre le complice n'est pas la même que celle prononcée contre l'auteur principal (C. p. art. 63, 114, 116, 213, 267, 268, 293, 438, 441, 336, 337, 338, 345).

PARAGRAPHE DEUXIÈME. — Du système de la loi en matière de complicité consacré par l'article 59, résulte un double corollaire : 1° les actes de participation accessoire reçoivent leur criminalité et par conséquent leur qualification des actes de participation principale : ils sont des crimes et des délits, et ils sont tel crime et tel délit parce que ceux-ci constituent tel crime ou tel délit ; 2° la peine qui frappe ces deux catégories d'actes est légalement la même. Cette assimilation, dans la qualification et dans la pénalité, ainsi établie par la loi entre les actes de complicité et les actes de coopération directe, rend délicate la solution de deux questions qu'on peut ainsi formuler : « Quelle est l'influence des circonstances aggravantes, des excuses et des circonstances atténuantes sur la peine applicable aux codélinquants ? Quelle est l'influence de l'impunité de l'un des auteurs de l'infraction sur le sort des autres coparticipants ? Ces deux questions doivent être résolues par un

introduit par la loi de 1832, ce n'est plus le même genre de peines qui s'applique à l'un et à l'autre. Deux degrés, dans l'échelle pénale, peuvent les séparer : l'un peut être puni des travaux forcés, l'autre d'un simple emprisonnement correctionnel.

(1) Disons un mot ici de l'article 55 du Code pénal. Cet article établit la solidarité entre les individus condamnés pour même crime ou même délit, quant aux amendes, aux restitutions et aux frais. Le décret du 18 juin 1811 prescrit également la solidarité pour les frais, dans toutes les procédures pénales, même de police. Pour les restitutions et les dommages et intérêts, elle n'existe qu'en matière correctionnelle et criminelle.

Une seule condition est exigée pour l'existence de la solidarité établie par l'article 55 ; c'est qu'il y ait unité de crime ou de délit. Il

principe qui résulte de l'article 59 et qui est le suivant : « Toute cause d'aggravation, d'atténuation et d'impunité qui ne se justifie point par une raison personnelle à l'agent qui l'apporte dans le délit augmente, diminue, efface la criminalité du délit et par conséquent nuit ou profite à tous les participants. A l'inverse, si elle s'explique par un motif personnel à cet agent, elle ne produit d'effet que pour lui. » En effet, elle n'influe alors que sur sa culpabilité individuelle, et, comme nous l'avons déjà remarqué, la relation par laquelle l'article 59 établit la punition des complices existe entre les faits et non entre les personnes. C'est le fait de complicité qui, dans tous les cas où il n'en est pas disposé autrement par la loi, prend le caractère du fait principal et en subit le châtiment. Quiconque participe à un fait qualifié crime ou délit de la manière déterminée par la loi, comme auteur ou comme complice, encourt les peines de l'infraction. Mais le complice ne s'identifie pas avec l'auteur principal, de telle sorte qu'ils ne puissent jamais être traités différemment dans l'application de la peine.

Nous allons maintenant rechercher les conséquences de ce principe dans trois situations différentes.

---

n'est donc nullement nécessaire que les coparticipants aient été condamnés aux mêmes peines.

Le juge n'a pas besoin de prononcer cette solidarité, qui est légale. Il ne pourrait même pas en dispenser les condamnés. Faut-il que les délinquants aient été condamnés par le même jugement? L'affirmative ne nous paraît pas douteuse ; car on ne saurait admettre que la condition d'un individu puisse être ainsi aggravée après coup, par l'effet des poursuites contre ses complices.

Il est clair que la disposition de l'article 55 s'applique au receleur comme à tout autre complice. D'ailleurs, la solidarité prononcée par l'article 55 du Code pénal, en matière de réparations civiles, pèse pour la totalité du préjudice sur le complice par recel, bien qu'il n'ait été déclaré coupable de recel qu'à l'égard d'une partie des objets soustraits, et qu'il n'ait été ni poursuivi ni condamné.

Section II

CAUSES D'AGGRAVATION. — LEUR EFFET A L'ÉGARD DES COMPLICES

· Les causes d'aggravation de la peine sont de deux sortes : les unes sont empruntées aux circonstances qui ont accompagné l'infraction. Telles sont les circonstances de nuit, de maison habitée, d'escalade, d'effraction, de fausses clefs, de violence, de réunion dans le vol, de tortures corporelles dans la séquestration, etc. On les appelle « circonstances aggravantes réelles » parce qu'elles sont inhérentes à l'infraction, dont elles augmentent la criminalité. Les autres sont dues à une qualité personnelle de l'un des agents. Rentrent dans cette seconde classe : la récidive, les qualités de fonctionnaire, d'officier public, de domestique, d'ascendant ou de descendant de la victime, la préméditation. Elles sont désignées sous le nom de « circonstances aggravantes personnelles. »

PARAGRAPHE PREMIER. — *Circonstances aggravantes réelles.* — Dans cette hypothèse, il n'est pas douteux que tous ceux qui ont participé à l'infraction, coauteurs ou complices, doivent subir le surcroît de pénalité que ces circonstances entraînent. Le complice n'est puni que parce qu'il a participé à un fait principal délictueux et il reçoit la peine afférente à ce fait (art. 59).

Or, ces circonstances affectent la criminalité de l'infraction et en élèvent la peine. Elles doivent donc, d'après le principe posé par l'article 59, produire le même effet vis-à-vis de tous ceux qui ont coopéré à l'infraction (1), Mais, pour soumettre

_____

(1) La fiction qui répute le recélé acte de complicité reçoit une exception qui est imposée par la nature même des choses. Dans un

le complice à l'aggravation de pénalité, est-il nécessaire qu'il ait connu les circonstances aggravantes? M. de Molènes se prononce très énergiquement pour l'affirmative. L'équité, prétend-il avec raison, milite en faveur de cette solution. En effet, le complice qui s'était associé au vol dépourvu de circonstances aggravantes, aurait peut-être refusé d'y participer, s'il avait connu ces circonstances. Il ajoute que l'article 60 déclare complices ceux qui auront avec connaissance aidé ou assisté l'auteur ou les auteurs? Or, dit M. de Molènes, est-ce avoir connaissance d'une action que de n'être pas informé des plus graves circonstances qui l'ont accompagnée? Est-ce agir avec connaissance que de participer par une telle complicité à un crime, quand on est convaincu qu'on ne participe qu'à un délit? Si le défaut de connaissance enlève toute culpabilité à l'action, ce que tout le monde reconnaît, pourquoi en serait-il autrement du défaut de connaissance qui atténue la culpabilité? Le Sellyer fait très justement remarquer qu'à ce point de vue

---

cas il est impossible d'assimiler le recel à la coopération et d'empêcher que le fait de recel ne soit pas postérieur au délit.

Cette hypothèse se présente à l'occasion de l'article 381. L'article 381 aggrave la peine quand le vol a été commis avec la réunion de plusieurs circonstances qu'il énumère (v. art. 381). Le vol commis par deux ou plusieurs personnes constitue une de ces circonstances aggravantes ; on décide généralement que les complices doivent être comptés parmi les personnes dont la réunion aggrave le vol, mais cette solution doit nécessairement être restreinte aux complices autres que les recéleurs. En effet, quand nous sommes en présence d'un individu qui a exécuté un vol et d'un recéleur, la réalité des faits oblige à reconnaître que le vol a été commis par l'auteur principal seul. Le recéleur, étant intervenu après coup, n'a pu participer à une infraction qui été consommée. La Cour de cassation a décidé, dans ce sens, que deux individus prévenus, l'un, d'avoir commis un vol la nuit, l'autre, d'avoir recélé les objets volés, ne doivent subir que la peine du vol simple (Cass., 4 avril 1844, P. 44-1-74). — Voy., en ce sens, Chauveau et Hélie, *op. cit.*, t. I, n° 315.

l'opinion de M. de Molènes et très défendable. L'équité, en effet, exige qu'on ne soit puni pour la faute d'autrui qu'autant et qu'en tant qu'on a participé à cette faute. Or, dans la participation, il faut considérer non seulement le fait matériel, mais encore l'intention. On ne participe véritablement à la faute d'autrui que dans les limites de son intention et de sa volonté. Lorsque le complice a ignoré les circonstances susceptibles d'aggraver la faute de l'auteur, il n'a pas coopéré à ces circonstances, puisqu'il n'a pas pu les vouloir. L'élément intentionnel lui manquant, il est injuste de lui infliger la peine aggravée.

De plus, les principes généraux en matière de complicité et les principes généraux du droit fortifient cette solution. Toutes les dispositions de l'article 60 prescrivent, chez le complice, la connaissance du caractère délictueux du fait auquel il s'associe. N'est-on pas fondé à soutenir que cette connaissance doit avoir pour objet non seulement les éléments constitutifs de l'infraction, mais encore toutes les circonstances qui en augmentent la gravité? Si on n'est complice que par la connaissance, n'est-il pas logique qu'on le soit seulement suivant l'étendue de cette connaissance ?

Cette interprétation de l'article 60 est si vraie que sous l'empire du Code pénal de 1791, alors que la disposition qui a inspiré plus tard l'article 60 n'était pas contredite par un autre texte, la Cour de cassation a décidé, à plusieurs reprises, que les complices ne souffriraient des circonstances aggravantes inhérentes à l'infraction qu'autant qu'ils en auraient eu connaissance (1). Nous pensons même que l'article 59 ne peut être invoqué à l'appui de l'opinion contraire comme le fait la jurisprudence. Elle dit : L'article 59 est absolu et ne fait point dépendre son application de la participation qu'aurait eue le

_____

(1) Voy. Cass., 6 juin 1806, *Bull.*, n° 93; 15 déc. 1808, *Bull.*, n° 242.

complice aux circonstances aggravantes du fait principal : il suffit que le complice ait connu la nature du fait auquel il coopérait.

A cela, on peut répondre deux choses à la Cour de cassation :

1° L'article 50 ne punit les complices qu'en tant qu'ils sont complices ; or, ils ne peuvent être complices que de ce qu'ils ont connu ; c'est ce qui résulte des termes mêmes de l'article 60, comme nous venons de le voir. Donc, même en présence de l'article 59, les complices ne devraient pas supporter les circonstances aggravantes ignorées par eux.

2° On décide généralement que le complice peut être puni, bien que l'auteur principal reste absous et impuni. Pourquoi, si dans ce cas on inflige une peine au complice, ne pourrait-on pas, par réciprocité, lui appliquer une peine moindre qu'à l'auteur, quand il n'a pas connu plusieurs des circonstances aggravantes ?

Mais nous reconnaissons que l'article 63, alinéa 2, oblige à décider, contrairement aux principes de la complicité et du droit. En effet, l'article 63 exige par exception, pour l'application aux recéleurs des peines des travaux forcés à perpétuité, de la déportation, qu'ils aient connu au temps du recélé les circonstances entraînant l'aggravation de la peine. Par cela même, il démontre qu'en thèse ordinaire, cette preuve n'est pas nécessaire, sans quoi sa disposition serait absolument inutile.

Nous nous rallions, par conséquent, à la théorie de la majorité des auteurs et de la jurisprudence, mais en l'appuyant uniquement sur l'article 63, l'article 59 ne pouvant prévaloir contre l'interprétation logique que nous en avons donnée. On peut ajouter que cette solution est conforme à l'esprit du Code pénal.

Les travaux préparatoires nous en fournissent la preuve.

« Quand la peine, disait M. Target, serait portée à la plus
grande rigueur, par l'effet des circonstances aggravantes, il
paraît juste que cet accroissement frappe tous ceux qui, ayant
préparé, aidé ou favorisé le crime, se sont soumis à toutes les
chances des événements et ont consenti à toutes les suites de
ce crime » (1).

Pour tempérer la rigueur de cette doctrine, nous admettrions
cependant que les coauteurs ou complices restés étrangers à la
circonstance aggravante ne doivent point en subir les conséquences si cette circonstance n'a pu entrer dans leurs prévisions,
ou bien si, l'ayant prévue, ils l'ont expressément exclue (2) ;
par exemple, s'ils ont consenti à prendre part au crime, à la
condition seulement que le moyen constituant la circonstance
aggravante ne serait pas employé. Ces restrictions sont indiquées par l'application des principes généraux sur l'imputabilité. L'ignorance d'une circonstance matérielle de l'infraction
anéantit l'imputabilité de cette circonstance. Sans doute, en
présence des crimes concertés, la loi a pu présumer que toutes
les circonstances de l'exécution ont été prévues et voulues par
les divers participants. Mais il n'y a pas, en droit pénal, de
présomption irréfragable. Or, prouver qu'il était impossible de
prévoir ces circonstances, c'est renverser la présomption légale
par la preuve contraire (3).

---

(1) Locré, t. XXIX p. 32. Voy. dans notre sens : Chauveau et Hélie,
op. cit., t. I, n° 304, p. 475 ; Bertauld, *op. cit.*, p. 434 ; Ortolan, *op.
cit.*, t. I, n° 1305 ; Trébutien, *op. cit.*, t. I, n° 712, p. 518 ; Rauter, *op.
cit.*, n° 119 ; Le Sellyer, *op. cit.*, t. II, n° 433, pp. 81-87 ; Blanche, *op.
cit.*, 2ᵉ Etude, n° 14, p. 13 ; Garraud, *op. cit.*, t. II, n° 281, p. 466.

Voy. Cass. 24 mars 1853, D. 53-5-102, 5 janvier 1854, D. 54-1-84;
2 août 1867, D. 68-5-96 ; 23 mai 1879, S. 81-1-141 ; 27 avril 1882;
Bull. crim., n° 102; 15 décembre 1898, *Pand. franç.* 1899, t. I, 475.

(2) Voy. dans ce sens, Bertauld, *op. cit.*, p. 509 ; Haus, *op. cit.* t. I,
n° 571 ; Garraud, *op. cit.*, t. II, n° 281, pag. 467.

(3) Après avoir posé le principe de l'assimilation entre les auteurs

Paragraphe deuxième. — *Circonstanees aggravantes personnelles à l'auteur principal. Quel effet produisent-elles à l'égard
des complices ?* — Il y a des circonstances aggravantes si
évidemment personnelles qu'elles n'influent ni sur la qualification de l'infraction, ni sur sa criminalité intrinsèque. Pour
celles-là, la question n'a jamais été soulevée : elles sont essen-

---

et les complices au point de vue de la pénalité, l'article 59, ajoute,
in fine : « sauf le cas où la loi aurait disposé autrement », restriction
qui trouve sa confirmation dans certaines lois spéciales (voy. pour
le recel en matière de douanes par exemple, la loi du 28 avril 1816,
art. 55, §§ 1 et 2).

Pris « d'un sentiment d'humanité et de justice » (observations de
M. Target, Locré, t. 29, p. 32), les rédacteurs du Code de 1810 déci-
dèrent que « à l'égard des recéleurs, la peine de mort, des travaux
forcés à perpétuité ou de la déportation, lorsqu'il y a lieu, ne leur
sera appliquée qu'autant qu'ils seront convaincus d'avoir eu au
temps du recélé connaissance des circonstances auxquelles la loi
attache les peines de ces trois genres, sinon ils ne subiront que la
peine des travaux forcés » (ancien article 63). Ce tempérament
n'était pas suffisant et la loi n'en parut pas moins d'une sévérité
exagérée en permettant l'application de la peine capitale aux recéleurs.
La jurisprudence n'hésita pas à violer la loi. En 1812, une fille
condamnée pour avoir recélé des objets volés à la suite ou à l'aide
d'un meurtre, sachant que le vol avait été précédé du meurtre, fut
seulement condamnée par la Cour d'assises aux travaux forcés à
temps. Sur le pourvoi du Procureur général, la Cour de cassation,
par arrêt du 29 octobre 1812, cassa la décision de la Cour d'assises,
et renvoya l'affaire devant une autre Cour (Cass. 29 oct. 1812, S. Chr).
Celle-ci ayant jugé comme la première, un nouvel arrêt rendu sur
pourvoi cassa sa décision (Cass. 12 avril 1813, S. Chr.). La troisième
Cour d'assises se refusa à nouveau à prononcer la peine de mort.
Mais, sur la demande de la Cour de cassation, formée en vertu de la
loi, du 16 septembre 1807, en interprétation de la loi, intervint en
date du 18 décembre 1813, un avis du Conseil d'Etat sanctionnant
d'une façon définitive la doctrine de la Cour suprême. La résistance
des Cours d'assises amena la modification de l'article 63 par la loi
du 28 avril 1832. Aujourd'hui la peine de mort ne pourra jamais
frapper le complice par recel et sera remplacée par celle des

tiellement inhérentes à la personne de l'auteur, dont le caractère ne se trouve pas modifié. Par nature, elles sont incommunicables aux complices de l'infraction.

Ainsi, l'état de récidive n'amène une élévation de pénalité qu'à l'égard de celui des coauteurs ou complices qui a subi une précédente condamnation. C'est un point certain en doctrine et en jurisprudence(1). En cas de récidive de l'auteur, en

---

travaux forcés à perpétuité. Celle-ci d'ailleurs, ainsi que la déportation, ne pourra même atteindre les recéleurs que s'ils ont connu au temps du recelé les circonstances auxquelles la loi attache ces peines, sinon ils ne subiront que la peine des travaux forcés à temps. (La rédaction de l'article 63 n'est pas très claire : il semble prononcer la peine des travaux forcés à perpétuité dans tous les cas où le recel a eu lieu après un meurtre, ce qui ne peut pas être son véritable sens, puisqu'il en était déjà différemment sous le Code de 1810. Il faut admettre que si le recéleur a connu les circonstances qui entraînent la peine de mort, cette peine sera remplacée. pour lui par celle des travaux forcés à perpétuité, et s'il ne les a pas connues, il ne subira que la peine des travaux forcés à temps (Voy. en ce sens, Blanche, *op. cit.*, t. II, n° 160, Chauveau et Hélie, *op. cit.*, t. I, n° 314). — Toutes les fois qu'un individu est inculpé de complicité par recel d'un crime puni, à raison des circonstances qui l'aggravent, de la peine de mort, des travaux forcés à perpétuité ou de la déportation, le jury devra, d'après ce qui précède, être soigneusement interrogé sur le point de savoir si le recéleur a eu, au temps du recelé, connaissance des circonstances auxquelles la loi attache l'une ou l'autre de ces peines (Voy. Cass., 10 décembre 1891. D. 92-1-311).

La loi mérite ici le reproche de n'avoir pas tenu compte de la classification établie en 1832, en peines politiques et peines de droit commun, puisque sans aucune distinction la peine des travaux forcés à temps a été édictée contre les recéleurs qui ont ignoré les circonstances aggravantes, tandis que l'harmonie eût exigé que les travaux forcés à temps fussent remplacés, au cas de crime emportant déportation, par la détention, qui occupe, dans l'échelle des peines politiques, le même degré que les travaux forcés à temps, pour les peines du droit commun.

(1) Voy. Cass., 12 juin 1834, S. 35-2-300.

effet, est-ce le crime qui est puni d'un accroissement de pénalité ? Nullement. C'est la perversité manifestée par celui qui en
est l'auteur. Ce que la loi frappe plus sévèrement, c'est le
renouvellement de ses crimes. Or, le complice du nouveau
crime est resté étranger à cette réitération dangereuse des
délits que le législateur veut atteindre. Il n'a participé qu'au
dernier crime. Il ne doit donc être puni que pour ce dernier
crime. Il ne servirait de rien d'objecter l'article 59, qui punit
le complice de la même peine que l'auteur. Le complice doit
être puni de la même peine que l'auteur du crime, mais seulement de la peine encourue par suite du crime dont il est complice, et non de la série de crimes dont il ne s'est pas rendu
coupable.

Pour l'hypothèse de la préméditation, la question est plus
délicate. Cependant, nous pensons que la préméditation doit
être traitée comme une circonstance personnelle à l'agent chez
qui on la trouve. A notre avis, elle ne peut rejaillir sur le coauteur ou le complice qui n'ont pas prémédité leur crime. En
effet, la préméditation est une forme particulière de la volonté
propre à l'homme. Elle ne peut donc être envisagée comme
une circonstance inhérente au fait, encore moins comme un
élément constitutif du crime. Il est vrai que le meurtre commis
avec préméditation est qualifié par la loi d'assassinat. Qu'importe ? Cela ne change pas la nature de la préméditation, qui
n'en reste pas moins une circonstance exclusivement personnelle. Elle n'a aucune influence sur le caractère intrinsèque du
fait. Par suite, elle est impuissante à transformer ce fait en un
autre genre d'infraction. Car une circonstance n'est pas cons-
titutive du crime par cela seul qu'elle change la dénomination
légale d'un fait. Nous concluons de là que la question de préméditation dans un assassinat doit être posée au jury d'une
façon spéciale pour chacun des coauteurs et des compli-

ces (1). La Cour de cassation considère la préméditation comme
une circonstance aggravante réelle communicable à tous les participants (2). C'est une erreur, d'après nous ; mais, comme en
fait, elle se trouve ordinairement exister dans la personne de
tous les agents, on lui attribue un caractère de réalité qu'elle
ne possède pas par elle-même. Il n'est pas impossible, en effet,
de rencontrer telle situation où la préméditation existerait chez
l'auteur principal, tout en faisant défaut chez le complice. Par
exemple, un homme a prémédité un meurtre : au moment où il
lève le bras pour frapper sa victime, d'autres personnes,
témoins de la scène, lui viennent subitement en aide. Elles ont
ainsi facilité le crime sans l'avoir aucunement prémédité.

Sur la récidive et la préméditation, on ne peut donc élever
des difficultés sérieuses. Mais que faut-il décider pour les qualités de fonctionnaire, d'officier public, de descendant ou de
descendant, qui sont des causes d'aggravation de la peine de
l'auteur ? Seront-elles supportées par les complices ? La jurisprudence, d'une manière constante, et un grand nombre d'auteurs n'hésitent pas à consacrer l'affirmative. Les partisans de
ce système croient le justifier en disant que les circonstances
aggravantes personnelles sont inhérentes au fait incriminé,
dont elles augmentent la criminalité intrinsèque au même titre
que les circonstances aggravantes réelles. Ils raisonnent
ainsi : la circonstance aggravante personnelle à l'auteur est
un des éléments de l'incrimination ; elle la caractérise ; elle
l'élève dans l'échelle des crimes et des délits ; elle en fait un
parricide, un vol domestique, par exemple. L'aggravation de
la peine ayant pour résultat de changer la qualification du fait,

(1) Voy., dans ce sens, Le Sellyer, *op. cit.*, t. I, n° 545, p. 420 ; Haus,
op. cit., t. I, n° 533, p. 411; Garraud, *op. cit.*, t. II, n° 104, p. 180, note 4.
(2) Voy. Cass., 5 janv. 1854, S. 54-1-281; 18 mai 1865, S. 65-1 468;
18 janv. 1873, D. 73-1-164 ; 30 mai 1879, S. 81-1-481 et la note.

il en résulte que le fait, que l'infraction elle-même est modifiée dans sa nature. Or, l'article 59 punit le complice de la même peine que l'auteur, c'est-à-dire, de la peine afférente au fait commis par l'auteur. Le complice, en effet, en coopérant au crime, s'est rendu coupable de tout ce qui le constituait ; il a participé, autant qu'il était en lui, à l'aggravation due à la qualité de l'auteur ; il s'est, en ce sens, attribué cette qualité ; il doit donc subir l'aggravation de peine en découlant. L'article 59 est absolu ; il ne distingue pas pour le cas qui nous occupe, et aucun article ne déroge à l'article 59. Rien n'autorise donc à en éluder l'application dans notre hypothèse (1).

Ainsi, d'après cette théorie, le délit lui-même devient plus grave, et le complice qui a participé à un crime commis par un fonctionnaire public ou par un fils sur son père, par exemple, est plus coupable que s'il s'était associé au crime d'un étranger ou d'un simple citoyen.

Nous repoussons absolument cette manière de voir. On prétend que coopérer à un parricide ou à un vol domestique constitue un acte plus grave en soi que celui de s'associer à un meurtre ou à un vol simple. C'est là une erreur ou plutôt une confusion entre la criminalité du fait et la culpabilité du délinquant. L'acte est le même, mais l'un des agents est plus coupable, parce qu'il a violé un devoir personnel. Est-il juste de punir de la peine applicable au fils parricide, au domestique infidèle, l'étranger complice d'un parricide ou d'un vol domestique, alors surtout qu'on n'applique que les peines du

---

(1) Dans cette opinion, on le voit, les circonstances aggravantes personnelles ont en réalité un caractère mixte. Elles ne sont ni absolument subjectives, ni absolument objectives. Elles augmentent bien la culpabilité de l'agent qu'elles concernent, mais elles réfléchissent aussi sur la criminalité de l'infraction, et doivent, au point de vue de la communicabilité, être traitées comme les causes d'aggravation inhérentes au délit.

meurtre et du vol simple au fils complice du meurtre de son père, au domestique complice du vol commis au préjudice de son maître ? On nous objecte que la qualité de fils ou de domestique modifiant la criminalité du fait principal auquel le complice a participé, aggrave, par cela même, sa culpabilité. Nous répondons que cette modification résultant d'une qualité personnelle à l'auteur, et n'étant pas par nature inséparable du fait, ne doit produire d'effet aggravant que pour le délinquant chez qui on le rencontre. Sans doute, si cette circonstance existait dans le crime ou le délit à titre d'élément constitutif, tous ceux qui y auraient participé comme auteurs ou comme complices en souffriraient naturellement. Mais, remarquons-le, elle aggrave la criminalité du crime ou du délit sans le transformer en un autre genre de crimes ou de délits. Or, le complice est puni de la peine qui est prononcée par la loi contre le fait du délit parce qu'il participe à ce fait ; mais, puisqu'il ne participe pas à la qualité qui l'aggrave, il ne peut être plus sévèrement puni à raison de cette qualité. Comme le fait justement observer M. Garraud, quand on communique au complice les circonstances aggravantes personnelles à l'auteur, on oublie une règle essentielle en cette matière, à savoir que la complicité n'est pas accessoire à la personne de l'auteur, mais au fait du délit ; qu'elle est réelle et non personnelle. Il est vrai que ces circonstances influent sur le titre de l'infraction, parce que le titre de l'infraction se détermine en considération de l'agent qui y a joué le rôle principal ; mais conclure de là que les circonstances aggravantes personnelles à cet agent se répercutent sur les complices, c'est lire l'article 59 comme s'il portait : «Le complice sera puni exactement de la même peine que celle qui sera appliquée à l'auteur ». Or, nous avons vu que tous les auteurs rejetaient une pareille interprétation.

D'ailleurs, s'il est vrai que les circonstances aggravantes personnelles à l'auteur ou à un coauteur augmentent la criminalité de l'infraction, pourquoi n'admet-on pas que, personnelles au complice, elles produisent le même effet ; rien ne serait plus logique et cependant, nous le verrons bientôt, personne n'y a jamais songé.

Les travaux préparatoires nous confirment, d'ailleurs, pleinement dans la solution que nous adoptons. Les orateurs du Gouvernement, exposant les motifs du Code, n'ont parlé que de l'aggravation résultant des circonstances concomitantes du fait et non de celles qui dérivent de la qualité d'un des auteurs.

Nous lisons, en effet, dans l'exposé des motifs présenté par Faure, le 3 février 1810 : « Lorsque le vol ne donne lieu qu'à des peines, il faut, quelque rigoureuse qu'elle soit, que le recéleur subisse la même peine ; il s'est soumis à ce risque dès qu'il a bien voulu recevoir une chose qu'il savait provenir d'un vol. Mais lorsque le crime est accompagné de circonstances si graves qu'elles entraînent la peine de mort ou toute autre peine perpétuelle, on peut croire que si au temps du recélé ces circonstances eussent été mieux connues du recéleur, il eût mieux aimé ne pas recevoir l'objet que de s'en charger avec un si grand risque. Il convient donc, en pareil cas, pour condamner le recéleur à la même peine que l'auteur, qu'il y ait certitude qu'en recevant la chose, il connaissait toute la gravité du crime dont elle était le fruit. A défaut de cette certitude, la sévérité de la loi doit se borner à prononcer contre lui la peine la plus forte, parmi les peines temporaires ; c'est ce que décide le nouveau Code ».

Le système que nous soutenons a été consacré par les articles 197 et 198 du Code militaire de 1857, qui définissent les cas exceptionnels où les complices, non militaires, peuvent être atteints par la loi pénale militaire. C'est, qu'en effet, les devoirs militaires ne s'imposant point aux personnes étrangères à l'armée, leur violation ne devient pas pour elles une circonstance aggravante. La jurisprudence admet que la peine applicable au militaire à raison d'un délit commis sous les drapeaux ne peut être étendue à son complice non militaire : « attendu que le caractère tout particulier de la législation militaire tient à la nature même des devoirs sur l'infraction desquels cette législation a disposé ; qu'en effet, tous ceux qui sont sous les drapeaux contractent envers le pays des obligations d'un ordre spécial, dont l'exact accomplissement importe à la discipline ; que si, nonobstant cette indépendance des deux législations, on voulait, pour la qualification et la peine d'un délit militaire, lier, par les règles ordinaires de la complicité, le sort d'un complice non militaire au sort d'un auteur principal, il résulterait que le premier serait responsable d'une infraction pouvant ne pas avoir pour lui de raison d'être ou de raison d'aggravation, et passible d'une peine dont la nature et la rigueur seraient, pour le complice, sans explication » (1).

Voilà qui est très bien jugé. Mais comment concilier les motifs donnés par la Cour de cassation en matière militaire avec la solution qu'elle applique aux civils. La qualité de militaire est incommunicable, dit-elle. L'aggravation de peines en dérivant ne doit pas nuire à ceux qui ne la possèdent pas, parce que les raisons qui la motivent ne concernent que les militaires exclusivement. Pourquoi en serait-il autrement entre civils ? Pourquoi les complices devraient-ils supporter l'augmentation de pénalité que le législateur a voulu infliger aux auteurs, en raison de leur situation particulière vis-à-vis de la victime ? C'est là une contradiction évidente de la part de la jurisprudence. Ce n'est pas la seule. Elle reconnaît que si l'auteur ou l'un des auteurs est en état de récidive, l'aggravation de cette position à son égard est toute personnelle et ne peut atteindre ni les coauteurs, ni les complices.

---

(1) Voy. Cass., 19 janv. 1856, *Bull. crim*, n° 27 ; Cass., 22 août 1872; *Bull. crim.*, n° 225.

« En effet, disent MM. Chauveau et Hélie, il serait absurde que l'aggravation, qui puise ses motifs dans les habitudes dépravées d'un condamné, pût s'étendre à des complices dans lesquels aucune condamnation antérieure ne révèle les mêmes habitudes. Mais, ajoutent ces auteurs, le même raisonnement a-t-il donc moins de poids, lorsqu'il s'applique à la condition toute personnelle aussi du tuteur, du fonctionnaire, des père et mère? Peut-on imputer au complice la perversité plus grande que ces agents ont manifestée en trahissant des obligations plus étroites? » (1).

A cela, Le Sellyer répond qu'il n'y a aucune analogie à établir entre les deux cas. La circonstance de récidive est entièrement étrangère au second crime, considéré en lui-même. Dans l'hypothèse de la récidive, l'augmentation de peine n'est point infligée à ce deuxième crime, mais à l'habitude criminelle. Au contraire, dit-il, la qualité aggravante qui existe chez l'auteur du crime est intimement liée à ce crime qu'elle aggrave. Elle doit donc avoir pour effet d'augmenter la peine vis-à-vis de ceux qui, prenant part à ce même crime, se sont associés à toute la gravité qu'il contenait. A notre avis, cette réponse est dépourvue de valeur, parce que si bien le crime est aggravé par la qualité de l'auteur, cet effet doit se restreindre à lui seul. Les complices ne doivent pas souffrir d'une qualité qu'ils n'ont pas, parce que, nous le répétons, la complicité n'est pas accessoire à la personne, mais au fait.

Mais, ajoute-t-on encore, l'aggravation provenant de la qualité de l'auteur s'est incorporée à ce crime. On ne peut l'en séparer. Il y a indivisibilité complète entre le fait criminel et la qualité aggravante. Par conséquent, tous ceux qui ont participé au crime y ont nécessairement participé avec cette aggravation. Voilà justement ce que nous contestons. A l'égard

_____

(1) Voy. Chauveau et Hélie, *op. cit.*, t. I, nᵒ 306, p. 430.

des complices, le crime n'a été ni plus grave ni plus odieux
que s'il eût été commis par un auteur ne se trouvant pas dans
une circonstance qui aggrave son acte. Les complices n'ayant
méconnu les mêmes devoirs ni violé les mêmes obligations que
les auteurs, l'aggravation de peine qui frappe ces derniers ne
doit pas les atteindre.

La jurisprudence invoque l'article 59, dont les termes abso-
lus punissent le complice de la même peine que l'auteur.
Mais vouloir appliquer l'article 59, dans le sens littéral de ses
termes, c'est se vouer à une impossibilité : « Car, disent
MM. Chauveau et Hélie, si l'auteur et le complice devaient,
dans tous les cas, être punis de la même peine, il faudrait que
ce dernier profitât de l'atténuation que la qualité de l'auteur
peut motiver, de même qu'il supporte l'aggravation qu'elle peut
entraîner. Ainsi, lorsque cet auteur principal a moins de 16 ans,
l'atténuation de peine que son âge justifie devrait rigoureusement profiter à son complice. Cependant on ne l'a jamais
prétendu et la Cour de cassation a jugé, avec raison, que
dans ce cas, la peine du crime devrait être infligée au complice » (1).

(1) Voyez Chauveau et Hélie, *op. cit.*, t. I, n° 306, p. 479. Voyez
dans notre sens : Garraud, *op. cit.*, t. II, n° 281, p. 469 et suiv. ; Chauveau et Hélie, *op. cit.*, t. I, n° 306, p. 479. Voyez, en sens contraire :
Rauter, *op. cit.*, n° 119 ; Le Sellyer, *op. cit.*, t. II, n° 434, p. 89 ;
Molinier, *op. cit.*, t. II, p. 271 ; Blanche, 2e étude, n° 18, p. 19. — *Sic:*
Cass., 23 mars 1843, S. 43-1-544 ; 27 janvier 1853, *Bull. crim.*, n° 24 ;
24 mars 1853, S. 53-1-452 ; 14 juin 1853, D. 54-5-171 ; 30 septembre
1853, D. 53-5-100 ; 14 septembre 1854, S. 54-1-190 ; 9 janvier 1863,
S. 63-1-224 ; 18 mai 1865, S. 65-1-468 ; 11 mai 1866, S. 67-1-143 ;
23 août 1877, *Bull. crim.*, n° 101 ; 23 novembre 1872, S. 73-1-35 ;
Toulouse, 13 janvier 1881, D. 81-2-84 ; Besançon, 20 février 1888,
S. 89-2-38.

Le système que nous critiquons a fait surgir de nouvelles difficultés : 1° Le complice ne doit-il pas, dans ce système, être admis à
prouver qu'il a ignoré la qualité de l'auteur ? Quelques criminalistes

PARAGRAPHE TROISIÈME. — *Circonstances aggravantes personnelles au complice.* — Il est certain qu'elles ne doivent avoir
aucune influence sur la peine de ce dernier, exception faite pour
la récidive, qui augmente la peine du complice qui se trouve
dans cette situation. Cette solution se justifie par l'interprétation de l'article 59, qui consacre le principe de la criminalité
d'emprunt du fait de complicité. Le complice n'est pas puni

---

admettent l'affirmative (voyez, dans ce sens, Bertauld, *op. cit.*, p. 458 ;
en sens contraire, Trébutien, *op. cit.*, t. I, n° 713, p. 519 ; Rauter,
op. cit., t. I, n° 119), avec raison à notre sens. En effet, l'ignorance
de ses rapports personnels avec celui qu'il a tué exclut le titre de
parricide, même chez celui qui a tué son père, parce que, quant au
crime qualifié parricide, c'est une erreur essentielle. Cette ignorance
ne doit-elle pas logiquement profiter aussi au complice ? 2° Un notaire,
par exemple, est accusé de faux en écriture publique, il a un com
plice. Le notaire et son complice comparaissent devant le jury, qui
déclare le notaire non coupable. Il reconnaît, au contraire, la culpabilité du complice, avec cette circonstance aggravante que l'auteur
était un officier ministériel. Devra-t-on tenir compte, vis-à-vis du
complice, du verdict du jury, relativement à la circonstance aggravante ? La Cour de cassation s'est montrée fort hésitante sur cette
question (voir, dans Blanche, 2ᵉ étude, p. 104, n° 61, les arrêts qui
attestent cette indécision). Elle a décidé, en dernier lieu, que si
l'auteur venait à être acquitté, le complice ne pourrait être frappé
que de la peine ordinaire du crime, sans aucune aggravation (Cass.,
10 juillet 1851, *Bull. crim.*, n° 272 ; 9 février 1855, S. 55-1-327 ;
15 juin 1857, *Bull. crim*, n° 241 ; Cass., 9 février 1859, *Bull. crim*,
n° 58). Nous devons constater à nouveau que cette décision met la
Cour de cassation en contradiction avec sa théorie sur l'influence des
causes d'aggravation personnelles à l'égard des complices. Elle déclare,
en principe, que ces causes se répercutent sur l'infraction et en augmentent la criminalité. Qu'importe, dès lors, que l'auteur reste
impuni, puisque cette impunité ne fait en rien présumer l'inexistence
de l'infraction, avec toutes les circonstances qui en élèvent la gravité ?
Il est vrai qu'au premier abord, il est difficile de concilier la réponse
qui nie la culpabilité de l'auteur et affirme, en même temps, celle
de complice. L'une n'exclut-elle pas l'autre ? Comment déclarer le
complice punissable à l'occasion d'un fait que l'auteur n'est pas

pour son fait personnel, mais pour le fait de l'auteur. Le caractère accessoire que l'article 59 attribue à la participation du complice oblige le juge à donner au fait une qualification unique et à prendre cette qualification dans la personne de l'auteur. Cette règle empêche de tenir compte de la circonstance aggravante qui se rencontre dans la personne du complice.

Sous une autre forme, on peut dire qu'en faisant de certaines

---

coupable d'avoir commis et, par conséquent, pour lequel on ne peut lui infliger aucune peine ? Il semble qu'en punissant le complice, quand l'auteur demeure impuni, on viole la règle de l'article 59. Cependant, il n'en est rien. En réfléchissant, on s'aperçoit que les deux réponses, qui paraissent se contredire, s'accordent parfaitement. En effet, si l'auteur a été renvoyé des poursuites, ce n'est pas parce que l'existence du fait est niée, ni parce que le fait matériel manque des éléments légaux constitutifs de l'infraction : c'est parce qu'il est jugé non coupable, parce qu'il est jugé avoir commis l'infraction de bonne foi, sans intention criminelle, ou qu'il était dément, ou qu'il a subi une contrainte morale. Ce sont là des circonstances personnelles à l'auteur qui laissent subsister l'incrimination avec tous ses éléments essentiels. Si l'on admet que les circonstances aggravantes personnelles à l'auteur influent sur la nature de l'infraction, et par conséquent se communiquent à tous ceux qui y ont participé, quand l'auteur est déclaré non coupable, pour être logique, on doit décider : 1° ou bien que le complice doit être acquitté totalement, ce que personne n'a jamais soutenu ; 2° ou bien qu'il doit être condamné comme complice du crime aggravé.

Mais le moyen terme de la Cour de cassation est complètement arbitraire, parce que le verdict de non-culpabilité du jury à l'égard de l'auteur n'a pu changer le caractère juridique du fait principal. Si le fait principal est un fait aggravé par une circonstance personnelle de l'auteur, il doit rester tel, même après l'acquittement de ce dernier. La déclaration du jury ne constate qu'une chose : c'est que l'intention criminelle fait défaut à l'auteur, mais elle n'a pas le pouvoir de dépouiller l'infraction de la circonstance qui l'aggravait (Voyez, dans ce sens, Blanche, 2ᵉ étude, nᵒ 61-68, p. 104 et suiv. ; Garraud, *op. cit.*, t. II, nᵒ 281, p. 470, note 18 ; en sens contraire, Bertauld, *op. cit.*, p. 513 ; Le Sellyer, *op. cit.*, t. II, nᵒ 349, p. 97).

qualités chez l'agent, des circonstances aggravantes, le législateur avait en vue l'hypothèse où cet agent commettait le délit comme auteur et non celui où il y participait comme complice. Ce qui le prouve, c'est le procédé employé par le législateur dans l'énumération des crimes et des délits et des peines qu'ils entraînent. Il procède toujours comme si le crime émanait d'un seul agent. Or, on ne peut comparer au complice cet agent unique qui accomplit nécessairement le fait principal de l'infraction. Faire subir au complice les circonstances aggravantes qui existent en sa personne, ce serait violer l'article 59 d'une manière ou d'une autre. « En effet, dit M. Blanche, cet article posant en principe, d'une part, que la même peine est applicable au fait principal et au fait de complicité, d'autre part, que cette peine est celle dont la loi punit le fait principal, il en résulte que si, dans la détermination de la peine, on tenait compte de la circonstance aggravante personnelle au complice, l'une ou l'autre de ces deux règles serait nécessairement méconnue. Supposons, en effet, qu'en se bornant à prononcer contre l'auteur principal la peine attachée au fait dont il s'est rendu coupable, on prononce contre le complice la peine de ce fait aggravée par la circonstance qui lui est exclusivement personnelle, il n'y aurait plus parité de peine entre le fait principal et le fait de complicité. Supposons, au contraire, qu'on applique à l'auteur principal comme au complice la peine aggravée par le fait de ce dernier : la règle de l'article 59, qui prescrit l'identité de peine, sera sans doute observée, mais celle qui enjoint d'appliquer la peine du fait principal sera violée, puisqu'on aura prononcé celle du fait de complicité. » (1) Il résulte de là que le fils qui a fait à prix d'argent donner la mort à son père n'encourt pas la peine du parricide, tandis que s'il

---

(1) Voy. Blanche, *op. cit.*, n° 36.

étàit l'auteur du fait il serait coupable de parricide (1). Ainsi, le fonctionnaire public qui a aidé par un fait de complicité un particulier à commettre un faux en écriture authentique et publique n'est punissable que de la peine des travaux forcés à temps (art. 147), tandis qu'il serait puni de la peine des travaux forcés à perpétuité, s'il était lui-même l'auteur de ce faux (2). De même, le domestique complice d'un vol simple commis au préjudice de son maître n'est passible que des peines du vol, tandis que s'il était lui-même auteur du vol, il serait puni des peines du vol domestique (3) (art. 386).

PARAGRAPHE QUATRIÈME. — *Circonstances aggravantes personnelles à un coauteur.* — Retombent-elles sur les autres coauteurs qui ont participé à la consommation de l'infraction ? La jurisprudence se montre pleine d'erreurs et de contradictions en ce qui concerne les peines applicables aux complices. Nous allons voir qu'elle n'est pas plus logique ni moins arbitraire lorsqu'elle règle la situation pénale des coauteurs.

A notre avis, la situation des coauteurs, dans l'ordre d'idées

---

(1) Voy. Cass., 27 avril 1815, S. 1815-1-404

(2) Voy. Cass., 23 mars 1827, S. Coll. nouv., t. VIII, p. 555.

(3) Voy. Cass., 21 mars 1844, S. 44-1-437 ; 20 oct. 1856, S. 57-1-79 ; 5 oct. 1871, S. 72-1-255. — Voy. encore pour la mère complice par aide et assistance du viol commis sur sa fille : Cass., 27 nov. 1856, D. 67-1-24, p. 465.
Voy., dans notre sens : Garraud, *op. cit.*, t. II, n° 280 ; Blanche, *op. cit.*, n° 36 ; Bertauld, *op. cit.*, p. 514 ; Ortolan, *op. cit.*, t. I, n° 1304 ; Le Sellyer, *op. cit.*, t. II, n° 435, p.92.—En sens contraire, Molinier et Vidal, *op. cit.*, t. II, p. 273 ; Chauveau et Hélie, *op. cit.*, t. II, n° 306, p. 481. Le système de ces derniers auteurs découle logiquement de l'interprétation qu'ils fournissent de l'article 59. On se souvient, en effet, qu'ils lisent l'article 59 ainsi : « Les complices d'un crime ou d'un délit seront punis de la même peine que s'ils étaient euxmêmes les auteurs de ce crime ou de ce délit ».

qui nous occupe, ne diffère en rien de celle des complices.

La peine légale du crime ou du délit leur sera appliquée à tous. Chacun d'eux subira, en outre, les conséquences des causes d'aggravations nées de sa situation ou de ses qualités particulières ; mais ces conséquences seront essentiellement restreintes à sa personne. Cette solution s'impose d'autant mieux que nous ne sommes pas gênés ici par le principe de la criminalité d'emprunt du fait de complicité qui, mal compris, aboutit à la théorie erronée que nous avons réfutée. L'acte de chaque coauteur a une criminalité qui lui est propre. Il doit donc être examiné isolément, indépendamment de l'acte des autres coauteurs. Voilà pourquoi il faut, sans hésiter, rejeter la communicabilité des circonstances aggravantes personnelles entre coauteurs. Blanche et Molinier soutiennent énergiquement l'opinion contraire (1). L'aggravation qu'apporte dans l'infraction un des coauteurs, disent ces criminalistes, devient inhérente au fait lui-même et en aggrave la criminalité. Par conséquent, elle doit logiquement atteindre tous ceux qui ont concouru au fait incriminé, les coauteurs comme les complices (2). Et même à l'égard des coauteurs, ce résultat se justifie mieux encore que pour les complices, car ils ont participé plus intimement, plus directement à l'infraction que ces derniers.

La jurisprudence, de son côté, décide que les circonstances aggravantes rejaillissent sur les autres co-auteurs (3). Elle

(1) Voy. Blanche, *op. cit.*, 2° étude, n° 21, p. 25 ; n° 40, p. 63.

(2) Ces auteurs répètent le raisonnement qu'on invoque contre les complices pour faire subir à ceux-ci les circonstances aggravantes personnelles de l'auteur.

(3) Voy. Cass., 9 juin 1848, S. 48 1-527 ; 11 septembre 1851, D. 51-5-378 ; 22 janv. 1852, D. 52-5-24 ; 24 mars 1853, S. 53-1-452 ; 3 juillet 1856, *Bull. crim.*, n° 242 ; 15 juin 1860, S. 61-1-398 ; 11 mai 1866, S. 67-1-143.

invoque de nouveau l'article 59, qui édicte la même peine contre l'auteur et ses complices. Si on lui objecte les termes mêmes de l'article 59 qui ne comprennent que les complices et non les coauteurs, la Cour de cassation répond, avec Blanche, par l'explication suivante : « L'article 59 ne vise, il est vrai, que les complices ; mais cette expression a, dans son esprit, un sens très large. Elle embrasse tous ceux qui ont coopéré à l'infraction, et ceci est si vrai que l'article 60, corollaire de l'article 59, cite dans son énumération un fait de coopération : l'aide et l'assistance dans les faits qui ont consommé le crime. D'ailleurs les individus qui se concertent pour commettre un délit, et concourent simultanément aux faits qui le consomment, sont nécessairement complices les uns des autres, et par suite, l'aggravation qui résulte de la qualité de l'un d'eux doit peser sur tous » (1). En d'autres termes, d'après la jurisprudence, les coauteurs, en coopérant à la même infraction, et par le fait même qu'ils s'entr'aident, sont complices les uns des autres, et l'article 59 leur devient dès lors applicable.

A cette argumentation, nous opposerons deux objections qui nous paraissent décisives : 1° Le raisonnement de la Cour de cassation suppose que les rédacteurs du Code ont employé le mot complice dans le sens large de coparticipants ; mais c'est précisément ce qu'il faudrait démontrer. L'argument invoqué par Blanche, à savoir que l'article 60 comprend dans son énumération un fait de coopération, nous l'avons réfuté plus haut, en montrant que cet article visait non une participation principale, mais une participation secondaire. A propos de la distinction des coauteurs et des complices nous avons fait remarquer, en effet, que le mot complicité était susceptible de recevoir deux sens. Il peut se prendre dans un sens large ou dans un sens restreint. Dans le langage du monde, quand on

---

(1) Voy. Cass., 9 juin 1860, précité.

apprend que plusieurs personnes sont impliquées dans un crime, en parlant d'elles, on les appelle des complices. On veut dire par là qu'il y a eu un accord criminel entre elles, mais on se préoccupe peu du rôle plus ou moins important, de la participation plus ou moins active de chacune d'elles. Voilà le sens général du mot complice. Mais quand le législateur parle de « complices », il donne à cette expression un sens très précis et très caractérisé au point de vue juridique. Il entend établir des degrés dans la criminalité de la participation. A ses yeux, le complice est l'agent qui n'a joué dans l'acte coupable qu'un rôle accessoire. N'est-il pas contradictoire, par conséquent, de dire que le même individu peut être à la fois coauteur et complice ? Est-il possible qu'un même fait constitue à la fois une participation principale et une participation secondaire ?

De plus, serait-il exact de considérer les coauteurs comme les complices les uns des autres, nous nous demandons où l'on peut trouver dans l'article 59 une disposition qui autorise à étendre à tous l'aggravation résultant de la qualité de l'un d'eux. L'article 59 dit que « les complices d'un crime seront punis de la même peine que les auteurs » ; mais il ne dit nullement que, deux individus étant complices l'un de l'autre, l'aggravation de peine qui résulte de la qualité de l'un d'eux doive s'étendre à l'autre. Or, c'est précisément ce que l'on fait en appliquant au coauteur d'un vol domestique, par exemple, la peine réservée au domestique lui-même. Et pourquoi décide-t-on que Pierre est le complice de Paul ? Pourquoi ne pas déclarer tout aussi bien Paul complice de Pierre, et appliquer à tous deux la peine du vol simple ? Sur quel principe se fonder pour soutenir que la peine à appliquer à tous les coauteurs sera celle encourue par celui d'entre eux dont la qualité constitue une circonstance aggravante ? (1).

_____

(1) Voy., dans notre sens, un article de M. Voisin, *Revue pratique*

Voici l'origine de la théorie de la jurisprudence :

En communiquant aux complices les circonstances aggravantes personnelles aux auteurs, la Cour de cassation arrivait à ce résultat choquant, de punir le complice du fils parricide plus sévèrement que s'il avait participé à ce crime comme coauteur. En effet, le parricide, étant un crime distinct, constitue un tout indivisible, et l'étranger complice de ce crime doit subir la peine qui y est attachée, celle du parricide. Si, au contraire, il a joué le rôle de coauteur, l'infraction, prenant sa qualification dans la personne de chacun des coauteurs, ne constitue qu'un meurtre à son égard, et il ne doit subir que la peine du meurtre. Pour éviter un résultat aussi injuste, la Cour de cassation a imaginé le raisonnement étrange dont nous croyons avoir fait justice et qui consiste à considérer les coauteurs comme complices les uns des autres.

Pour la préméditation, la Cour de cassation décide que c'est une circonstance aggravante personnelle, inhérente à la personne de chacun des coauteurs, dont souffrira celui-là seul qui s'en est rendu coupable. Il résulte de cette contradiction, que la question de préméditation doit être posée pour chaque coauteur (1), tandis que, s'il y a eu participation accessoire, elle ne doit être posée que pour l'auteur principal (2). Toute cette incertitude et cette confusion dans la jurisprudence proviennent de l'interprétation fausse qu'elle donne à l'article 59.

---

de droit français, t. III, p. 188 et suiv.— En sens contraire, Delpech, *Revue générale de droit,* 1879, p. 364 et suiv. — Blanche, 2ᵉ étude, nº 40, p. 63 ; Molinier, *op. cit.,* t. II, p. 274.

(1) Cass., 7 juin 1877, S. 78-1-237 ; Cass., 2 avril 1898, S. 99-1-304 ; 11 juin 1868, *Bull. crim.,* nº 162, p. 237 ; 3 juin 1867, *Bull. crim.,* nº 125, p. 206.

(2) Cass., 20 juillet 1877, S. 78-1-238.

Section III

CAUSES D'ATTÉNUATION DE LA PEINE DE L'AUTEUR. — LEUR EFFET
A L'ÉGARD DES COMPLICES

Il y a deux sortes d'atténuation de la peine : 1° l'atténuation
légale (excuses) ; 2° l'atténuation judiciaire (circonstances atténuantes). Parlons d'abord de l'atténuation judiciaire, qui n'offre
aucune difficulté.

PARAGRAPHE PREMIER. — *Circonstances atténuantes.* — Les
circonstances atténuantes ne peuvent évidemment profiter qu'au
codélinquant qui les a obtenues, puisqu'elles sont accordées
en vertu de diverses considérations (âge, moralité, antécédents)
qui diminuent la criminalité subjective du délinquant, sans
amoindrir la criminalité du fait principal de l'infraction. Le
complice ne pourra donc jamais se prévaloir des circonstances
atténuantes dont l'auteur sera appelé à bénéficier (1).

PARAGRAPHE DEUXIÈME. — *Excuses.* — Les causes d'atténuation légale sont les excuses atténuantes. Lorsqu'une de ces
excuses viendra atténuer la peine encourue par l'auteur, cette
atténuation profitera-t-elle à son complice? Ici encore nous
distinguerons entre les excuses atténuantes inhérentes à
l'infraction et les excuses atténuantes fondées sur une qualité
propre à l'auteur.

1° Les excuses inhérentes au fait du crime ou du délit se

---

(1) Voy. Cass., 23 mars 1843, S. 43-1-238 ; 9 juin 1848, D. 48-1-154 ;
11 mars 1866, D. 68-5-96 ; 7 mai 1879, S. 80-1-347.

communiquent nécessairement aux complices, parce que le complice, empruntant la criminalité du fait principal, doit bénéficier des circonstances qui diminuent cette criminalité. Le Code pénal nous offre deux exemples certains d'excuses réelles.

a) Lorsqu'un crime a été commis en repoussant pendant le jour l'escalade ou l'effraction d'un appartement habité ou de ses dépendances, l'article 322 admet une excuse atténuante au profit de celui ou de ceux qui s'en sont rendus coupables. C'est en raison des circonstances dans lesquelles le crime a eu lieu que la peine est abaissée. L'excuse a donc pour effet de diminuer la criminalité de l'infraction et le bénéfice devra, par conséquent, s'en étendre aux complices et aux coauteurs.

Ainsi les personnes qui ont prêté pendant le jour au propriétaire ou locataire d'un appartement ou d'une maison, aide ou assistance pour repousser une escalade ou une effraction sont excusables, si elles ont frappé, blessé ou tué l'agresseur.

b) Quand une séquestration illégale a duré moins de 10 jours la loi voit dans ce peu de durée de l'infraction une excuse atténuante (voy. art. 343), dont le caractère de réalité est indiscutable. C'est, en effet, parce que l'infraction présente une gravité minime que la peine est atténuée. Le complice doit donc en profiter ainsi que le coauteur.

2° Les excuses fondées sur une qualité propre à l'auteur doivent se restreindre, quant à leurs effets, aux personnes qui sont investies de cette qualité.

Les excuses atténuantes personnelles sont celles de la minorité et l'excuse prévue par l'article 324, 2° : « Le meurtre commis par l'époux sur l'épouse ou par celle-ci sur son époux, n'est pas excusable, si la vie de l'époux ou de l'épouse n'a été mise en péril dans le moment même où le meurtre a eu lieu.

Néanmoins, dans le cas d'adultère prévu par l'article 336, le meurtre commis par l'époux sur son épouse ainsi que sur le complice, à l'instant où il les surprend en flagrant délit dans la maison conjugale, est excusable ». Il y a encore l'excuse prévue par l'article 325 : « Le crime de castration, s'il a été immédiatement provoqué par un outrage violent à la pudeur, sera considéré comme meurtre ou blessures excusables ».

L'excuse de la minorité est fondée sur l'âge peu avancé du délinquant. La loi, considérant le développement incomplet de ses facultés intellectuelles, lui accorde le bénéfice d'une excuse atténuante ; mais c'est là une faveur qui ne doit pas profiter aux autres délinquants, qui ont pu apprécier la criminalité de leur acte. L'excuse de la minorité est donc *incommunicable*. De même, l'excuse de l'article 324, 2°, est motivée par la légitime colère qui saisit l'époux en présence du fait matériel qui constitue la violation la plus grave de la foi conjugale. Cette considération n'existe pas pour les étrangers. L'excuse de l'article 325 s'explique encore par une raison toute personnelle à celui qui en profite ; il n'a commis un crime que pour défendre son honneur ; toute autre personne ne saurait invoquer ce motif. Que faut-il décider pour l'excuse de la provocation prévue par l'article 321 du Code pénal? Est-elle réelle ou personnelle? A première vue, on pourrait être tenté de répondre, sur la foi des travaux préparatoires, que cette excuse influe non sur le caractère du délit, mais sur la responsabilité de l'auteur. En effet, le législateur a trouvé trop rigoureux de punir des peines ordinaires cet individu « qui n'a pas eu au moment de l'action qui lui est reprochée toute la liberté d'esprit nécessaire pour agir avec une mûre réflexion ». Si ce point de départ était exact, l'effet de l'excuse devrait se restreindre exclusivement au provoqué. Le complice ou le coauteur qui sont venus de sang-froid apporter leur concours au provoqué n'auraient aucun droit à l'atténuation, n'étant pas dans les conditions subjectives voulues pour l'invoquer.

Nous croyons qu'il faut reconnaître le caractère de la réalité à l'excuse de la provocation. En effet, le législateur, pour tempérer la peine, dans le cas de l'article 321, a tenu compte des circonstances particulières qui ont accompagné le fait. La provocation dont le délinquant a été victime légitime, dans une certaine mesure, le crime ou le délit et en atténue la gravité objective. Le crime ou le délit n'auraient pas eu lieu sans les violences auxquelles s'est livré le provocateur. Celui qui s'en est rendu coupable a donc accompli un acte moins dangereux et moins répréhensible en soi que s'il eût agi en dehors de toute excitation extérieure. La provocation en modifiant le châtiment, transforme l'incrimination. Par conséquent, le complice et le coauteur devront profiter de l'abaissement de la peine, puisque la gravité du fait de complicité se mesure sur celle du fait principal (art. 59) (1).

PARAGRAPHE TROISIÈME. — L'article 323 déclare que le parricide n'est jamais excusable, et l'article 324 déclare le meurtre commis par son époux sur son épouse excusable seulement dans certaines conditions (art. 324, al. 1). L'interprétation de ces articles soulève plusieurs questions que nous allons examiner.

1° Les complices de l'un ou l'autre de ces crimes pourront-ils jouir de l'atténuation accordée par la loi, bien que l'auteur soit inexcusable? L'affirmative nous paraît certaine. C'est la qualité de fils ou d'époux de la victime qui rend seule

___

(1) Voy., en ce sens, Blanche, *op. cit.*, 2e étude, no 23, p. 31; Haus, *op. cit.*, t. I, n°575; Bertauld, *op. cit.*, p. 515 ; Garraud, *op. cit.*, t. II, n° 282, p. 472 ; Cass., 20 juin 1861, D. 61-5-202 ; 12 octobre 1882, S. 84-1-353. — En sens contraire, Cass., 19 janv. 1838, S. 1838-1-126.

inadmissible l'excuse tirée de la provocation. Par conséquent, tout participant qui ne se trouvera pas dans cette situation ne pourra se voir opposer les dispositions des articles 323 et 324.

2° Plaçons-nous dans l'hypothèse inverse : le fils ou le mari n'est que le complice du meurtre commis par un tiers sur son père ou sur sa femme. Il faut admettre dans ce cas que le fils ou le conjoint profiteront de l'excuse légale de l'article 321 reconnue en faveur de l'auteur. En effet, les articles 323 et 324 ne règlent que le cas où l'époux et le fils sont auteurs principaux du crime et passent sous silence celui où l'époux n'en est que le complice. Comme ces articles ne renferment aucune disposition exceptionnelle sur ces points, il les laisse sous l'empire de la règle générale : or, cette règle est celle de l'article 59, qui punit le complice de la même peine que l'auteur, mais sans se préoccuper, comme nous l'avons vu, de la qualité du complice. De plus, il convient de remarquer, à l'égard de l'époux, que le crime dont il est complice n'est pas celui que la loi déclare inexcusable : « Le crime dont l'existence est reconnue et qu'il s'agit de punir est un meurtre ordinaire. Le crime inexcusable, c'est un meurtre spécial, c'est le meurtre commis par l'époux sur l'épouse, ou par celle-ci sur son époux (1) ». Même observation à l'égard du fils complice : « Le meurtre dont le descendant n'est que le complice n'est pas un parricide, puisqu'il a été exécuté par un autre que le descendant de la victime ; ce n'est donc pas le meurtre que la loi déclare inexcusable dans l'article 323 » (2).

3° Le conjoint et le descendant déclarés coauteurs du meurtre de leur conjoint ou de leur ascendant pourront-ils se

---

(1) Voy. Blanche, *op. cit.*, 2ᵉ étude, n° 25, p. 33. — En sens contraire, Cass., 19 janv. 1838, D. 38-1-440.

(2) Voy. Blanche, *op. cit.*, 2ᵉ étude, n° 25, p. 37.

prévaloir du bénéfice de l'excuse ? A notre avis, ce cas doit recevoir une solution différente de celle que nous avons donnée
dans l'hypothèse précédente. En effet, en tant que coauteurs,
les délinquants n'empruntent pas la criminalité du fait principal. Ils ont une criminalité distincte. L'acte de chaque coauteur doit être envisagé isolément, et non dans ses relations
avec les actes des autres coauteurs. Or, ici, l'acte du coauteur
est accompli avec une qualité spéciale, qui le rend inexcusable.
Donc le coauteur ne pourra invoquer l'excuse de la provocation.

4° Lorsque le conjoint ou descendant est déclaré coauteur du meurtre, les autres coauteurs de ce meurtre
conservent-ils le droit de revendiquer le bénéfice de l'excuse,
malgré l'inexcusabilité du conjoint ou du descendant ?

Nous déciderons ici, toujours d'après le même principe, que
l'inexcusabilité du conjoint n'enlève pas aux autres coauteurs,
le droit d'invoquer l'excuse de la provocation de l'article 321.
En effet, ces derniers ne sont pas dans la situation spéciale qui
a motivé, de la part du législateur, le refus de l'excuse au conjoint
ou au descendant. La qualité de parent est essentiellement personnelle et incommunicable. Elle n'est pas inhérente à l'infraction et, par conséquent, dans l'hypothèse, les étrangers ne
doivent pas souffrir des conséquences que la loi y a attachées (1).

Section IV

CAUSES D'EXONÉRATION DE LA PEINE DE L'AUTEUR. — LEUR EFFET
A L'ÉGARD DES COMPLICES.

Nous réunissons sous cette expression les faits justicatifs,
les causes de non-imputabilité, les excuses absolutoires et
certaines fins de non-recevoir temporaires et perpétuelles con-

_____

(1) Sur ces quatre questions, voy., dans le sens soutenu au texte,
Blanche, *op. cit.*, 2ᵉ étude, n° 25 et suiv., p. 33 et suiv.

tre l'action publique. Ici, le principe qui domine la matière reçoit une application absolue : ces causes d'impunité profitent à un seul agent, ou se communiquent à tous, suivant qu'elles sont inhérentes à l'infraction ou à la personne, et cela, sans distinguer si elles se produisent dans la personne de l'auteur ou d'un coauteur, ou si elles se réalisent dans la personne du complice. Car, s'il faut un fait principal punissable pour que le complice puisse être puni, son impunité peut se concilier avec la punition de l'auteur.

1° Les faits justificatifs (légitime défense, ordre de la loi), rendent le fait légitime à tous les points de vue et profitent par conséquent à tous les participants, parce qu'ils s'attaquent à la criminalité du fait.

2° Il en est différemment des causes de non-imputabilité qui suppriment la culpabilité de l'agent, tout en laissant subsister la criminalité du fait. La démence et la contrainte sont deux faits essentiellement personnels, et l'impunité qui en résulte doit avoir le même caractère.

3° De même que les causes de non-imputabilité, les excuses absolutoires ont un caractère de personnalité qui les rend incommunicables. L'excuse absolutoire suppose, en effet, l'infraction et la culpabilité établies. Seulement, le délinquant bénéficie d'une remise de peine, soit parce qu'il a réparé le mal causé, soit parce que des liens de parenté ou d'alliance le rattachent à la victime (art. 380, al. 1), soit en raison d'un service qu'il a rendu à la Société (1).

Aucun de ces motifs n'existant chez le complice, il serait illogique de le faire profiter de l'indulgence qu'ils méritent à l'auteur.

Quant aux fins de non-recevoir qui peuvent être opposées à

_____

(1) Nous trouvons des excuses de ce genre dans les articles 103, 213, 214, § 2, du Code pénal.

l'exercice de l'action publique, elles se répartissent en deux classes : les unes, fondées sur des raisons ou une situation particulière à l'agent qui veut s'en prévaloir, ne peuvent profiter qu'à lui, parce qu'elles sont inhérentes à sa personne. 1° Dans cette première classe, rentrent : l'immunité des agents diplomatiques, la chose jugée motivée par la non-culpabilité de l'agent poursuivi, le refus d'autorisation de poursuites d'un sénateur ou d'un député, l'état de démence de l'inculpé survenu depuis le délit. 2° Les autres, basées sur la disparition de l'infraction ou sur des considérations d'intérêt général, ont un effet absolu, qui peut être invoqué par tous les participants ; telles sont : l'exception de la chose jugée motivée sur l'inexistence du délit, les questions préjudicielles, la nécessité de la plainte de la partie lésée (1), l'amnistie, la prescription.

L'amnistie, anéantissant le délit, couvre évidemment les

----

(1) Cette nécessité n'est pas une cause d'impunité proprement dite. Elle subordonne seulement la poursuite de l'infraction à la plainte du principal intéressé. Il y a certains cas où l'infraction, atteignant plus directement un intérêt privé qu'elle ne trouble la sécurité sociale, la plainte de la partie lésée est nécessaire pour mettre en mouvement l'action publique. Il en est ainsi dans les délits de chasse et de pêche sur le terrain d'autrui (loi du 23 mai 1844, art. 26), des délits commis par un Français à l'étranger (art. 5, 3ᵉ nouveau, C. instr. crim.), d'outrages commis envers les agents diplomatiques, ou les agents dépositaires de l'autorité publique, du rapt suivi du mariage du ravisseur avec la fille enlevée (art. 357, C. pénal), de contrefaçon industrielle (loi du 5 juillet 1844), d'adultère (art. 336, C. pénal), de diffamation ou injure envers les particuliers (loi du 26 mai 1819, art. 15), etc. Dans tous ces cas, le ministère public a les mains liées par le silence de la partie lésée, silence dont doivent profiter tous les participants, puisqu'il fait présumer la non-existence de l'infraction. Bien plus, dans les deux dernières hypothèses que nous avons prévues, cette présomption, alors même qu'elle a cessé par la plainte de la partie lésée, peut renaître par suite de son désistement. Par conséquent, le bénéfice de ce désistement doit s'étendre même aux complices.

faits de complicité et s'oppose à la poursuite des complices, comme à celle des auteurs. Carnot fait à ce sujet une distinction qui ne se justifie guère. Il distingue deux cas : 1° la loi d'amnistie porte-t-elle sur la chose, les complices, comme les auteurs du fait, bénéficieront de l'impunité ; 2° porte-t-elle, au contraire, sur les individus, ceux-là seuls en profiteront qui ont été nominativement désignés. Si la loi n'a compris dans ses dispositions que les auteurs du délit amnistié, elle n'est pas applicable aux complices (1). Nous repoussons une semblable distinction, qui donne une importance irrationnelle à une simple formule dans la rédaction de la loi et qui méconnaît le caractère essentiel de l'amnistie accordée directement aux faits et indirectement aux agents (2).

La grâce, au contraire, laisse subsister le délit ; ce n'est qu'une mesure de clémence prise en faveur d'un individu pour des raisons essentiellement personnelles et qui n'ont pas trait au fait. Les effets en doivent donc être restreints à celui qui l'a obtenue, sans que le complice puisse l'invoquer à son profit.

Quant à la prescription, comme l'amnistie, elle agit *in rem*

---

(1) Voy. Carnot, *Instruction criminelle,* I, 6, 25.

(2) Relativement à l'amnistie, remarquons, à propos du recel, qu'elle aura pour la victime du crime ou du délit une conséquence fâcheuse. Elle ne peut qu'effacer les conséquences pénales du fait délictueux, mais elle laisse subsister l'action en revendication, que le recel a fait naître au profit du propriétaire de la chose volée à l'encontre du recéleur. Cette action appartient au propriétaire dépossédé, et ne saurait lui être enlevée parce que la chose lui appartient, seulement elle ne pourra s'exercer que par des moyens limités, tandis que, si le recéleur pouvait être poursuivi devant les juridictions de répression, on se livrerait à des perquisitions et à des recherches utiles. Le propriétaire ne pouvant désormais agir que devant les tribunaux civils, se trouvera donc, par suite de l'amnistie, placé dans une situation assez désavantageuse.

et non *in personam*. Son effet est absolu et doit s'étendre à tous les codélinquants, en raison des motifs qui l'ont fait établir (1). Si la Société néglige de poursuivre les infractions qui ont été commises depuis un certain laps de temps, c'est parce que l'oubli dans lequel elles sont tombées ne rend plus nécessaire l'exemplarité de la peine, et enlève par conséquent au pouvoir social tout intérêt à punir. De plus, le dépérissement des preuves mettrait les inculpés dans une situation défavorable pour leur défense. Ces deux considérations étant puisées dans l'infraction, s'appliquent aux complices avec autant de force qu'aux auteurs. Cette décision ne soulève aucune difficulté, lorsque le délit commis par plusieurs personnes est un délit instantané. Dans cette hypothèse, il est clair que la prescription s'accomplira au même instant pour tous les participants. La question est plus délicate quand il s'agit d'un délit successif. Le délit successif est un délit qui ne se consomme pas d'un seul coup, mais se compose d'une série de faits de même nature, réitérés sur le même objet par la même personne et dont chacun constitue une infraction à la loi générale, de telle sorte que l'agent se trouve pendant leur durée, et à chaque instant, en état de délit ; tel est, par exemple, le délit de séquestration de personnes.

Dans le délit successif, la prescription ne commence à courir que du jour où l'état criminel a cessé ; mais, pendant toute sa durée, l'auteur a pu être secondé dans son œuvre. Quel sera le point de départ de la prescription pour les complices ?

Nous croyons que la question doit être résolue par une distinction entre le cas où le fait de complicité a été instantané et celui où il a eu, comme le délit principal, un caractère de permanence.

---

(1) Voy. Cass., 26 juin 1873, D. 73-1 388 ; 19 décembre 1882, *Bull. crim.*, n° 294.

Premier cas. — Le fait de complicité a été instantané. Par exemple, un individu fait le guet pendant qu'on procède à une arrestation arbitraire. Dans ce cas, il serait injuste de ne faire courir la prescription en faveur du complice que du jour où la détention légale aura cessé et nous fixerons le point de départ de la prescription du jour où s'est produit l'acte de participation.

Deuxième cas. — Le fait de complicité a eu un caractère permanent. Par exemple, un individu a prêté sa maison qui a servi à une séquestration illégale. La prescription (1) ne doit, à notre

---

(1) La prescription de l'action publique contre le voleur s'accomplit par trois ans, lorsque le vol n'a été accompagné d'aucune circonstance aggravante. Devrons-nous décider que la prescription contre le recéleur s'accomplira par le même laps de temps à compter du vol ? L'affirmative ne nous paraît pas contestable, le recéleur étant un complice et le complice devant bénéficier de toutes les exceptions qui ont pour résultat de faire disparaître le délit. Toutefois, cette solution amène en pratique des conséquences fâcheuses. Supposons un vol portant sur des valeurs mobilières que l'on peut facilement dissimuler. Il peut se faire que le voleur, après avoir gardé la chose pendant assez longtemps, la transmette à un recéleur peu de jours avant l'expiration de trois ans. Au bout d'un délai très court, le recéleur sera à l'abri de toute poursuite. Son acte se prescrira par un délai très minime, et il pourra impudemment étaler le produit du vol sans avoir à craindre une action en revendication du propriétaire, puisque l'action civile se trouve éteinte en même temps que l'action publique. Il y a là un résultat très regrettable, qui a choqué certains criminalistes. Pour y remédier, ils ont proposé un système très rationnel, sans doute, mais absolument illégal. Ce système consiste à voir dans le recel un délit successif, commençant avec la détention des objets volés, et ne se terminant qu'avec elle. Cette façon d'envisager le recel, au point de vue de la prescription, présente un intérêt considérable. Elle aboutit, en effet, à ne faire courir la prescription, comme dans tous les délits successifs, que du jour où la détention a cessé, c'est-à-dire du jour ou le recéleur s'est dessaisi

sens, courir à son égard, comme à l'égard de l'auteur, que du jour où aura cessé la séquestration.

---

du produit du vol ? C'est sans doute en raison de cet avantage pratique qu'il a été adopté dans l'espèce suivante. Le Tribunal correctionnel de la Seine avait à juger un délit d'abus de confiance avec complicité par recel du produit de ce délit. Comme il s'était écoulé depuis le jour de cet abus de confiance un délai de plus de trois ans, le délit était prescrit. Néanmoins, le tribunal condamna la recéleuse, en se fondant sur les motifs suivants : « Attendu qu'il importe peu que le délit ait eu lieu à une époque telle qu'il y ait prescription de l'action publique ; que la femme Pathiot n'est pas poursuivie pour cet abus de confiance, mais pour un fait de recel, qui, s'il peut remonter à une époque éloignée, existait encore le 2 décembre 1840, jour de la prescription (Trib. correction. de la Seine, du 24 décembre 1841). — En ce sens, Trébutien, *op. cit.*, t. II, p. 150 ; Faustin et Hélie, *Traité de l'Instruction criminelle*, t. II, n° 1068 ; Le Sellyer, *Traité de l'exercice de l'action publique*, t. II, n° 462).

Cette théorie est évidemment contraire à la loi. Elle fait du recel un délit permanent et successif prenant naissance avec le recelé et durant autant que la détention. Un pareil système est contredit par le Code pénal, qui ne connaît pas le délit distinct de recel, mais celui de complicité par recel, ce qui est tout différent. Il y a sans doute permanence, continuité, mais d'un fait, non d'une infraction. Dans notre législation, le recel constitue un fait de complicité et non un délit spécial, et par conséquent la continuité d'un simple fait ne peut suffire pour créer un délit spécial. — En ce sens, Brun de Villeret, *Traité de la prescription en matière criminelle*, n° 142 ; Bertauld, *op. cit.*, p. 607 ; Garraud, *op. cit.*, t. II, n° 262 ; Cass., 26 juin 1873, S. 73-1-345.

DEUXIÈME PARTIE

LÉGISLATION COMPARÉE. — CRITIQUE DU CODE PÉNAL

CHAPITRE PREMIER

LÉGISLATION COMPARÉE

On connaît la légitime influence qu'exercèrent, au début de ce siècle, nos Codes dans plusieurs pays européens.

C'est ainsi que la Belgique, la Suisse (le canton de Genève), la Hollande, l'Espagne, firent pénétrer dans leur législation pénale les principales dispositions de notre Code pénal de 1810. Mais les progrès de la science et de la civilisation marquèrent partout leur empreinte sur la législation criminelle comme sur toute autre branche du droit, et les pays qui avaient adopté les dispositions des lois françaises s'en séparèrent pour créer des Codes en harmonie avec les idées nouvelles. Il en fut ainsi de la Suisse, des Pays-Bas, de l'Italie, de la Belgique ; d'un autre côté, l'Allemagne, qui au commencement de ce siècle partagea avec la France le privilège d'inspirer la législation criminelle des autres peuples, ne cessa, pendant tout le cours de ce siècle, d'améliorer ses lois pénales, au contact des doctrines scientifiques. Dès le principe, de nombreux pays la suivirent dans cette voie.

Nous diviserons en trois sections notre étude de législation comparée. Dans la première section, nous examinerons la législation criminelle de l'Allemagne et celle des nations qui se sont, dès le principe, imbues de son esprit.

Nous passerons ensuite en revue les Etats qui, après avoir pris pour guide les dispositions de la loi française, l'ont, plus tard, abandonnée.

Enfin, dans une dernière partie, nous placerons les lois pénales qu'on ne peut rattacher à aucune des deux influences que nous venons de signaler.

A la lumière des législations étrangères, nous pourrons alors juger la loi française, critiquée par la plupart des criminalistes, et voir sur quels principes il conviendrait d'asseoir une théorie rationnelle de la complicité.

Section Première

Paragraphe premier. — *Allemagne* (1). — Le Code pénal allemand distingue trois catégories de codélinquants :

1° Le coauteur (Thaeter und Unthaeter), c'est-à-dire celui qui, avec un ou plusieurs autres, a exécuté l'infraction ;

2° Le complice par instigation (Anstifter), c'est-à-dire l'auteur intellectuel, celui qui a été la cause efficiente du crime sans avoir participé à son exécution matérielle ;

3° Le complice par assistance (Gehülfe), dont la coopération consiste à aider l'auteur par des conseils ou des actes dans l'exécution de l'infraction.

A) *Coauteurs.* — L'article 74 est ainsi conçu : « Lorsque plusieurs personnes commettent ensemble une action punissable, chacune d'elles est punie comme auteur ».

_____

(1) Molinier, *op. cit.,* p. 231.

Le Code allemand ne donne l'appellation d'auteurs principaux qu'à ceux qui ont pris une part matérielle à l'exécution ;
c'est la seule analogie qu'il présente avec la théorie française.

A l'occasion de ce texte, remarquons que, pas plus que la
loi française, il ne donne de critérium suffisamment net pour
distinguer le coauteur du complice. En effet, l'expression :
« commettre conjointement » peut s'appliquer au complice par
assistance ; on peut dire de lui, au sens large, qu'il a exécuté
le crime conjointement avec d'autres. La loi allemande n'a
donc pas tranché expressément la difficulté que nous avons
examinée dans l'article 60.

B) *Complices.* — 1° *Complices par instigation.* « Est puni
comme instigateur celui qui a dolosivement déterminé une
autre personne à commettre une action punissable au moyen
de dons, promesses, menaces, abus d'autorité ou de pouvoir,
ou en l'induisant ou la maintenant sciemment dans l'erreur, ou
par tous autres moyens. La peine de l'instigateur est déterminée par la loi même qui s'applique à l'action qu'il a sciemment provoquée ». Pour l'existence de cette complicité, trois
conditions sont nécessaires.

Première condition. — Il faut que l'instigateur ait exercé
sur la volonté de l'agent une influence décisive, circonstance
que notre Code exige aussi. A l'exemple de notre Code, la loi
allemande énumère les faits qui lui paraissent réaliser cette
intention.

Deuxième condition. — L'instigateur doit avoir agi avec
intention.

Troisième condition. — Il faut que l'infraction ait eu lieu,
mais cela suffit. Le repentir de l'instigateur et les efforts tentés
par lui pour empêcher l'exécution du crime ne le soustrairont
pas à la peine, sauf, pour le juge, la faculté de lui en tenir

12

compte, grâce au maximum et au minimum entre lesquels la loi donne le droit de se mouvoir. Quant à la peine qui frappe le complice par instigation, elle est la même que celle qui est applicable au complice principal (art. 48).

2° *Complice par assistance.* — Cette seconde catégorie de complices comprend tous ceux qui ont participé à l'infraction par un des modes de participation prévus par les paragraphes 2 et 3 de notre article 60. « Est puni comme auxiliaire celui qui a sciemment prêté aide par son assistance matérielle ou son conseil à l'auteur d'un crime ou d'un délit pour l'exécution de ce crime ou délit. La peine de l'auxiliaire doit être déterminée d'après la loi applicable à l'action à laquelle il prêté son aide, mais elle doit être réduite conformément aux dispositions qui règlent la punition de la tentative ». Comme d'après le Code pénal français, le complice doit avoir agi en connaissance de cause ; mais au point de vue de la pénalité, il existe une grande différence. Le législateur allemand applique une peine moins sévère au complice par assistance qu'au principal délinquant. La peine de l'auxiliaire doit être réduite d'après les règles de la tentative, c'est-à-dire que si l'auteur principal encourt la peine de mort ou de la réclusion à perpétuité, le complice sera puni de 3 ans de réclusion et pourra, en outre, être placé sous la surveillance de la police ; si l'auteur principal encourt la détention à perpétuité, le complice sera puni de 3 années au moins de la même peine. Enfin, dans les autres cas, la peine pourra être réduite au quart du minimum de la peine corporelle et de l'amende applicables à l'auteur principal ; si, d'après cette disposition, la durée de la réclusion se trouve abaissée au-dessous d'un an, cette peine sera convertie en celle de l'emprisonnement.

C) *Influence sur les coparticipants, des circonstances et des qualités particulières à l'un d'eux.* — D'après la loi allemande,

les causes d'aggravation ou d'atténuation résultant de circonstances ou qualités personnelles à l'un des auteurs ou complices
ne sont applicables qu'à celui que ces circonstances ou qualités
concernent. Au contraire, l'aggravation résultant de circonstances matérielles tenant à l'exécution du fait est applicable à
tous les participants, aux complices comme aux auteurs principaux ; mais l'aggravation ne sera applicable aux complices
que s'ils ont connu les circonstances aggravantes. « Lorsque
la loi aggrave ou mitige la pénalité d'un acte à raison de certaines qualités ou circonstances personnelles à l'agent, ces
qualités et circonstances devront être prises en considération
à l'égard de l'auteur ou du complice, coauteur, complice par
instigation, complice par assistance chez lequel elles se rencontrent ».

De ce texte, il ressort plusieurs différences entre la législation française et allemande. Une première différence consiste
en ce que, dans le Code pénal allemand, les causes d'aggravation ou d'atténuation dérivant de qualités personnelles à l'auteur principal (qualité de fils, par exemple) n'étendent pas leur
effet au complice.

De plus, d'après l'article 59 du Code pénal français, lorsque
les qualités de nature à modifier la criminalité du fait sont
propres seulement à la personnalité du complice, elles n'exercent aucune influence sur la pénalité, ni à son égard, ni à l'égard
de l'auteur. Dans le Code pénal allemand, le législateur, au
contraire, décidant expressément, dans l'article 50, que les circonstances ou les qualités propres à aggraver ou à atténuer la
peine produisent exclusivement leur effet seulement chez la
personne à laquelle elles sont inhérentes, quelle que soit la
part qu'elle ait prise à l'exécution de l'infraction, il en résulte
que lorsqu'elles se produisent chez le complice, elles produisent pleinement leur effet à son égard, mais à son égard seulement. Enfin, une troisième différence nous est révélée par

l'article 59 du Code allemand. D'après ce texte, lorsque l'auteur et, par conséquent, le complice d'un acte punissable ignorent l'existence des circonstances qui en constituent le caractère délictueux ou qui en aggravent la criminalité, ces circonstances ne leur sont point imputées.

Nous avons vu qu'il en est tout autrement dans le droit français, et que, d'après l'opinion générale, il n'est pas nécessaire que le complice ait connu ces circonstances pour qu'il subisse l'aggravation de la peine.

D). *Complices par assistance subséquente.* — Le Code pénal allemand punit certains actes postérieurs à l'exécution de l'infraction, mais il les punit comme délits *sui generis* et non comme actes de complicité ; il ne mesure pas la peine dont il les frappe sur celle des auteurs du délit.

La loi établit deux catégories de complices par assistance subséquente.

1° Dans une première catégorie, elle place les complices par assistance subséquente, c'est-à-dire ceux qui, après la perpétration d'un crime ou d'un délit, ont sciemment prêté assistance à l'auteur ou au complice pour le soustraire à l'action de la justice, ou lui assurer le profit qu'il retire du fait criminel ou délictueux (article 257). Pour ceux-là, la peine consiste en une amende de 200 thalers au plus ou un emprisonnement dont le maximum est fixé à une année. Le même article déclare non punissable le complice, si l'auteur principal ou le complice auxquels il a prêté son assistance est un de ses proches, à la condition que cette assistance ait eu pour but, simplement, de les soustraire à l'action de la justice ; que si l'assistance avait eu pour but de permettre de tirer profit du fait délictueux, l'application pure et simple de la loi devrait avoir lieu.

Le complice par assistance subséquente est puni, mais, ici,

des peines plus sévères, qui atteignent le complice par assistance, de l'article 49, s'il a promis son concours avant la perpétration du crime ou du délit. Il y a là, aux yeux du Code pénal allemand, un cas de véritable complicité. Cette disposition est également applicable aux proches (article 257).

2° Dans une deuxième catégorie, le Code range les recéleurs, c'est-à-dire ceux qui ont accompli les mêmes actes que les précédents, mais alors dans leur propre intérêt, ou bien ceux qui, également dans leur propre intérêt, ont dissimulé, reçu en gage ou acquis de toute autre manière des objets qu'ils savent ou doivent supposer, d'après les circonstances, avoir été acquis au moyen d'un fait délictueux, ou qui ont concouru à l'aliénation de ces objets.

Pour les premiers, la pénalité est ainsi fixée : l'emprisonnement, si l'auteur principal a commis un vol simple ou un détournement ; la réclusion pendant cinq ans au plus, si ce même auteur principal a commis un vol qualifié, une rapine ou un crime assimilé à la rapine. En cas de circonstances atténuantes, la peine ne pourra être inférieure à trois mois d'emprisonnement. Ces peines sont applicables, alors même que le recéleur est un proche parent de l'auteur principal. Aux seconds, on applique la peine de l'emprisonnement.

La loi allemande vise le recel d'habitude, et fait de l'habitude une circonstance d'aggravation.

Article 259 : « Tout individu qui exercera le métier de recéleur ou qui recèlera d'habitude sera puni de la réclusion pendant 10 ans au plus.

PARAGRAPHE DEUXIÈME, HONGRIE. — *Code pénal hongrois* (1). — De même que le Code pénal allemand, le Code pénal

(1) *Bull. de la Société de Législation comparée*, 1878-1879, p. 213 : Code pénal hongrois.

hongrois ne regarde comme auteurs du crime ou du délit que ceux qui l'ont commis.

Pour la complicité, il faut distinguer la participation et l'instigation. L'instigateur est « celui qui volontairement détermine autrui à commettre un crime ou un délit » (article 70).

L'auxiliaire ou participant est « celui qui volontairement excite à commettre un crime ou un délit, ou qui le facilite, ou qui détermine autrui à exciter à le commettre ou à le faciliter ; celui qui à l'avance s'est concerté avec d'autres pour donner assistance, soit pendant, soit après l'exécution de l'acte, pour en assurer le profit, ou pour rendre vaines les mesures prises par l'autorité ». D'après l'article 71 : « L'auteur et l'instigateur sont punis de la peine édictée contre le crime ou le délit ».

Aux termes de l'article 72 : « Les dispositions relatives à la tentative (article 66) servent de règle pour déterminer la peine des auxiliaires », c'est-à-dire que la peine peut être abaissée au-dessous du minimum fixé pour le crime et le délit, et peut même consister en une peine du délit inférieur.

Quand l'auteur principal a commis une infraction plus grave que celle à laquelle il avait été provoqué, il en supporte seul la responsabilité. « Si l'auteur principal a commis un acte plus sévèrement puni que celui auquel l'instigateur l'a déterminé, l'acte d'une criminalité plus grave ne peut être imputé à l'instigateur. La même règle est applicable aux auxiliaires ».

La question de la communication des circonstances aggravantes est résolue dans le Code hongrois, conformément à la raison.

1° Les circonstances inhérentes au fait lui même (escalade, effraction, par exemple), produisent leur effet à l'égard des complices qui les ont connues.

2° Les circonstances aggravantes personnelles ne nuisent qu'à ceux chez qui elles se rencontrent (article 74).

L'assistance donnée au coupable après le crime ou le délit, après entente antérieure, est considérée par le législateur hongrois comme un acte de complicité.

Quand elle a lieu, sans entente préalable, elle est punie comme délit *sui generis*, avec des distinctions analogues à celles que nous avons vues dans le Code allemand (voyez art. 370-378).

PARAGRAPHE TROISIÈME, AUTRICHE.— *Code pénal autrichien*(1). — D'après ce Code, la participation est directe ou indirecte. Elle est directe, pour celui qui a provoqué le crime ou qui a prêté à son auteur aide et assistance dans l'exécution. Elle est indirecte, de la part de celui qui, par un mandat, des conseils ou des instructions, ou son approbation, facilite le fait, ou donne occasion de le commettre, ou en procure les moyens. Ceux qui ont participé directement au crime sont punis de la même peine que les auteurs eux-mêmes. Une peine inférieure est portée contre ceux qui ont participé indirectement.

Le recélé et l'assistance donnés au délinquant sont des délits distincts qui sont également frappés d'une peine différente. Tel est le système du Code de 1852. Le projet de 1874 n'y apporte pas de grands changements. Il décide seulement, à l'égard des complices indirects, que la peine ne pourra s'élever au dessus des trois quarts du maximum, ni s'abaisser jusqu'au quart du minimum fixé par la loi.

PARAGRAPHE QUATRIÈME, DANEMARCK. — *Code pénal du Danemarck* (2). — Le Danemarck, dont le Code révisé date de 1866,

_____

(1) *Bull. de la Société de Législation comparée*, 1876-77, p. 280. Le Code pénal autrichien date de 1852. Un projet de loi déposé en 1874 par le ministre de la justice Glaser a demandé son abrogation. Ce projet n'a pas encore abouti ; nous devons par conséquent examiner la complicité telle qu'elle est régie par le Code de 1852.

(2) *Bull. de la Société de Législation comparée*, 1876-1877, pp. 18 et 23. — *Annuaire de Législation étrangère*, 1876, p. 750.

sous l'influence des idées allemandes, répudie toute assimilation entre l'auteur du crime et ses complices. L'auteur du crime est celui qui l'a commis. De même est considéré comme auteur, celui qui, par une provocation directe, a déterminé à le commettre. Sont réputés complices : 1° les individus qui ont encouragé, conseillé ou aidé avant l'exécution, l'auteur du crime ; 2° ceux qui, après l'exécution, ont aidé l'auteur principal à s'assurer le bénéfice du délit en en recélant les produits, en déjouant les poursuites ou par tout autre moyen.

Remarquons que par cette dernière disposition le Code danois s'est séparé des législations allemandes, qui font des actes postérieurs au délit, des infractions spéciales.

Les complices supportent la peine principale diminuée dans des proportions variant entre les trois quarts du maximum et la moitié du minimum.

Les complices de la première classe bénéficient d'une réduction ou même d'une suppression de peine, lorsqu'après s'être associés à l'infraction, ils tentent d'empêcher l'exécution du délit.

Enfin, une réduction semblable peut être accordée à tous les complices quand ils ont subi l'ascendant moral de l'auteur du crime ou du délit ; il en est ainsi de la femme qui a assisté son mari, des domestiques et employés qui ont assisté leur maître, des enfants au-dessous de 15 ans qui ont été entraînés par l'influence de personnes plus âgées, auxquelles ils n'ont pas osé résister.

Le Code danois ne s'explique pas sur les circonstances aggravantes.

Paragraphe cinquième. — *Code pénal italien* (1). — Avant d'avoir réalisé son unité, l'Italie ne comptait pas moins de sept

---

(1) Voy. Molinier, *op. cit.*, p. 233.

Codes des délits et des peines. En 1863, le garde des sceaux,
M. Zanardelli, présentait à la Chambre un projet de Code pénal.
Ce projet, repris en 1887 par son auteur, fut voté le 9 juin
1888 et promulgué le 22 novembre de la même année.

S'inspirant des doctrines professées par le criminaliste Carrara (Prog. pén. gén. paragr. 426, p. 223 et suivants) le Code
pénal italien a procédé à une classification savante des codélinquants. Il distingue : 1° l'auteur principal ; 2° les auteurs ou
coauteurs immédiats ; 3° les instigateurs principaux ; 4° les
complices divisés en trois catégories. A chacune de ces catégories correspondent des pénalités distinctes.

Le Code italien, sur ce dernier point, suit la tendance des
Codes modernes, qui consiste à frapper l'instigateur de la même
peine que l'auteur principal et à infliger une pénalité inférieure
aux complices proprement dits. Enfin, il distingue entre les
coparticipants véritables et les fauteurs, qu'il punit comme coupables de délits spéciaux. Telles sont les grandes lignes de ce
Code relativement à la matière qui nous occupe. Entrons, à
ce sujet, dans quelques détails, la législation italienne méri-
tant d'être étudiée de près.

A) *Auteurs principaux.*— « Quand plusieurs personnes concourent à l'exécution d'une infraction, chacun des auteurs et
coopérateurs immédiats encourt la peine édictée à raison de
l'infraction commise » (art. 63).

B) *Instigateurs principaux.* — Les instigateurs ou provocateurs sont placés en quelque sorte dans une situation intermédiaire entre les auteurs et les complices ; mais ils doivent plutôt
être rangés et ils sont rangés par le Code parmi les premiers.
« A la même peine, ajoute l'article 63, est soumis celui qui
détermine les autres à commettre le délit ». Le texte, du reste,
n'énumère pas les divers moyens par lesquels l'auteur intellec-

tuel a pu déterminer les auteurs principaux à commettre le délit. Le juge a pleine faculté pour le décider.

Les instigateurs reçoivent, d'après l'article 63, la même peine que les auteurs principaux. Toutefois, il y a deux exceptions à cette règle :

1° Lorsque la peine édictée contre l'auteur principal est l'ergastolo, on substitue pour l'instigateur la peine de la réclusion de 25 à 30 ans ;

2° Les autres peines sont diminuées d'un sixième, si l'auteur de l'infraction l'a commise, en outre, par des motifs personnels (art. 63).

C) *Complices.*— L'article 64 reconnaît trois sortes de complicité : 1° la complicité morale ; 2° la complicité matérielle par rapport aux moyens ; 3° la complicité matérielle par rapport aux actes d'exécution.

Aux termes de cet article, est regardé comme complice celui qui a concouru à l'infraction :

1° En excitant ou affermissant la résolution de la commettre, ou bien en promettant de prêter assistance ou aide après la perpétration ;

2° En donnant des instructions ou en procurant les moyens de commettre l'infraction ;

3° En facilitant l'exécution par assistance ou aide, avant ou pendant la perpétration.

Le complice est puni d'une peine moindre que l'auteur. Pour déterminer cette peine, il faut rechercher la pénalité édictée contre le délit ; le complice est puni de la réclusion pour dix ans au moins, si la peine édictée relativement au délit est l'ergastolo. Dans les autres cas, le complice est frappé de la peine édictée à raison du délit avec diminution de la moitié (art. 64). Cependant, d'après ce même article, la diminution de peine n'est pas appliquée au coupable de l'un des modes de concours prévus au présent article, si l'infraction eût été impossible sans ce concours.

L'instigation n'est punie comme complicité, que si elle a été suivie d'effet. Si, au contraire, elle est restée sans effet, elle ne peut être incriminée que comme un fait spécial (voy. art. 226 et 247, qui punissent l'excitation publique à commettre une infraction et l'apologie publique d'un délit).

D) *Circonstances aggravantes : 1° Circonstances aggravantes matérielles.* — Le Code pénal italien étend leur influence à tout coparticipant, mais il exige la connaissance (voyez art. 66).

2° Circonstances aggravantes personnelles. — Les circonstances et qualités inhérentes à la personne de l'auteur, influent sur la peine de tous ceux qui participent au délit, à la condition non seulement qu'ils en aient eu connaissance, mais, de plus, que ces circonstances et ces qualités en aient facilité l'exécution, ce qui aura lieu au cas où, par exemple, l'un des participants à la soustraction est domestique de la victime, les coparticipants ayant eu connaissance de cette qualité (art. 265): « Les circonstances et les qualités inhérentes à la personne, permanentes ou accidentelles, à raison desquelles est aggravée la peine à l'égard de ceux qui ont concouru à l'infraction, si elles ont servi à en faciliter l'exécution, sont imputables aussi à ceux qui en ont eu connaissance, au moment où ils ont prêté leur concours ».

E) *Assistance subséquente* (Favoreggiamento). — D'après l'article 64, 2°, l'assistance prêtée au complice, pour s'assurer le fruit du délit, ou éviter les recherches de l'autorité, ne constitue la complicité que s'il y a eu un concert antérieur au délit. A défaut de ce concert, il y a un délit *sui generis.* Aux termes de l'article 225 du Code actuel, placé sous la rubrique : « De l'assistance subséquente », livre II, t. IV, chap. VI, « quiconque, après la perpétration d'un délit, à raison duquel est édictée une peine non inférieure à la détention, sans concert antérieur au délit même, et sans contribuer à faire atteindre les conséquences dernières, aide quelqu'un à s'en assurer le profit, à éluder les investigations de l'autorité, ou à échapper aux recherches de celles-ci, dans l'exécution de la condamnation, et quiconque supprime, ou de quelque manière que ce soit, fait disparaître ou altère les traces ou les indices d'un délit passible de la peine susdite, est puni de la réclusion ou de la détention qui peut être portée à 5 ans, sans être supérieure à la moitié de la durée de la peine édictée à raison du délit même ».

Lorsqu'il s'agit d'autres infractions, la peine est celle de l'amende, qui peut atteindre mille livres.

Nous avons ainsi examiné les différents Codes pénaux qui, dans la répression de la complicité, ont toujours subi l'influence allemande.

Il nous reste maintenant à étudier les législations dans lesquelles cette influence s'est peu à peu substituée à l'influence française.

Section II

PARAGRAPHE PREMIER. — *Code pénal belge* (1). — Ce Code date du 17 mai 1867. Jusqu'à cette époque, la Belgique a été régie par le Code pénal français de 1810. Le Code de 1867 est un Code nouveau, et entièrement nouveau, et très complet (le nombre des articles s'est accru de 434 à 568). Il présente, notamment dans la matière de la complicité, un caractère scientifique très accentué. Le Code belge distingue, dans sa classi-

(1) Voy. Haus, *Principes généraux du droit pénal belge*, 2° éd., t. Ier.

fication des codélinquants, les auteurs et les complices. Il subdivise les auteurs en auteurs matériels et en auteurs intellectuels.

Le Code pénal belge considère comme auteur du crime ou du délit celui en est la cause, soit par acte physique, soit par acte moral.

1° Sont auteurs par acte physique, ou auteurs matériels, ceux qui ont exécuté le crime ou le délit, ou qui ont directement coopéré à son exécution ; ceux qui ont prêté pour l'exécution une aide telle que, sans leur assistance, le crime ou le délit n'eût pu être commis.

2° Sont auteurs par acte moral, ou auteurs intellectuels, ceux qui, par dons, promesses, menaces, abus d'autorité ou de pouvoir, machinations ou artifices coupables, ont directement provoqué au crime ou au délit ; ceux qui, soit par des discours tenus dans des réunions ou lieux publics, soit par des placards affichés, soit par des écrits imprimés ou non, vendus ou distribués, ont provoqué directement à le commettre, pourvu que la provocation ait donné naissance à la résolution criminelle de l'agent.

A). *Auteurs matériels.* — Art. 66 : « Seront punis comme auteurs d'un crime ou d'un délit, ceux qui l'auront exécuté ou auront coopéré directement à son exécution ; ceux qui par un fait quelconque auront prêté pour son exécution une aide telle que, sans leur assistance, le crime ou le délit n'eût pu être commis ».

Aux termes de notre article, la participation par aide ou assistance sera, suivant les cas, tantôt un acte de participation principale, et le participant, par conséquent, un coauteur, tantôt un acte de participation accessoire, suivant que l'aide aura été de telle nature que, sans son assistance, le délit n'aurait pas pu, ou aurait pu être commis. C'est là une question de fait qui ne peut être résolue *a priori*, et que le jury ou le tribunal correctionnel auront à résoudre dans chaque espèce, d'après les circonstances.

La loi dit : « pour l'exécution ». Néanmoins, la qualité de coauteur appartiendrait aussi à celui qui a prêté son assistance tant dans les faits qui, suivant l'expression de notre Code, « auront préparé ou facilité l'action » que dans ceux qui l'auront consommée.

B) *Auteurs intellectuels.* — Seront, d'après l'article 66, punis comme auteurs intellectuels : « ceux qui, par dons, promesses, menaces, abus d'autorité ou de pouvoir, machinations ou artifices coupables, auront directement provoqué à ce crime ou à ce délit ; ceux qui, soit par des discours tenus dans des réunions ou des lieux publics, soit par des placards affichés, soit par des écrits imprimés ou non, et vendus ou distribués, soit par des dessins ou des emblèmes, auront provoqué directement à le commettre, sans préjudice des peines portées par la loi contre les auteurs de provocation à des crimes ou à des délits, même dans le cas où ces provocations n'auront pas été suivies d'effet ».

Le provocateur ne sera regardé comme auteur que s'il a déterminé véritablement à commettre l'infraction, que s'il a fait naître la résolution même d'exécuter le délit. Si l'instigateur n'a fait que corroborer une résolution déjà arrêtée, il ne pourra être puni qu'en qualité de complice.

C) *Complices.* — « Article 67 : Seront punis comme complices d'un crime ou d'un délit :

» 1° Ceux qui auront donné des instructions pour le commettre ;

» 2° Ceux qui auront procuré des armes et des instruments ou tout autre moyen qui a servi au crime ou au délit, sachant qu'ils devaient y servir ;

» 3° Ceux qui, hors le cas prévu par le paragraphe 3 de l'article 66, auront avec connaissance aidé ou assisté l'auteur ou les auteurs du crime ou du délit dans les faits qui l'ont préparé ou facilité, ou dans ceux qui l'ont consommé. »

Article 68. — Il punit le recel de malfaiteurs et se trouve être la copie non modifiée de l'article 61 du Code français. Au contraire, dans les articles 505 et 507, le législateur a considéré le recel de choses comme un délit spécial.

D) *Pénalité et effet des circonstances atténuantes ou des causes d'excuse.* — « Article 69 : Les complices d'un crime seront punis de la peine immédiatement inférieure à celle qu'ils encourraient, s'ils étaient auteurs de ce crime, conformément aux articles 80 et 81 du présent Code. La peine prononcée contre les complices d'un délit n'excèdera pas les deux tiers de celle qui leur serait appliquée s'ils étaient les auteurs de ce délit. »

Pour la peine à appliquer au complice, les juges ont donc à rechercher non pas la peine qu'encourt l'auteur principal, mais celle qui frapperait le complice s'il était auteur, et cette peine une fois déterminée, ils doivent appliquer celle immédiatement inférieure. S'agit-il d'un délit, la peine ne saurait excéder les deux tiers de celle dont le complice serait passible s'il était auteur du délit.

De cet article 69, il résulte que les circonstances aggravantes se rencontrant dans la personne du complice doivent lui nuire. En effet, puisqu'aux termes de l'article 69, le complice du crime doit être puni de la peine immédiatement inférieure à celle qu'il encourrait s'il était auteur, il va de soi, par une conséquence strictement logique, que c'est dans la personne du complice qu'il faut se placer pour rechercher la base de la peine qui lui est applicable. En vertu du même raisonnement tiré de l'article 69, il faut décider que les circonstances aggravantes qui se rattachent à la personnalité de l'auteur ne pourront exercer aucune influence sur la pénalité du complice.

Quant aux circonstances aggravantes inhérentes au fait même, ces sortes de circonstances pèsent à la fois sur les complices et les auteurs, et l'aggravation de peine les atteindra, alors même qu'ils auront ignoré que le crime était commis avec ces circonstances. Le silence de la loi sur ce point ne permet pas de donner une autre solution.

Paragraphe deuxième. — *Code pénal des Pays-Bas du 3 mars 1881* (1). — D'après ce Code, les auteurs des faits punissables sont :

1° Ceux qui commettent le fait, le font commettre, ou concourent à le commettre.

2° Ceux qui, par dons, promesses, abus d'autorité, violences, menaces ou tromperies, provoquent le fait avec intention, tout en ne tenant compte, pour ces derniers, que des actes qu'ils ont provoqués avec intention, sans considérer les suites de ces actes (art. 47).

Les complices d'un délit sont :

1° Ceux qui prêtent avec intention leur assistance pour commettre le délit ;

2° Ceux qui, avec intention, procurent l'occasion, les moyens ou les indications pour commettre le délit (art. 48).

Pour les complices, le maximum des peines est diminué d'un tiers. Du reste, dans la fixation de la peine, il n'est tenu compte que des actes que le complice, avec intention, a facilités ou favorisés, sans en considérer les suites (art. 49).

D'après l'article 50, les circonstances aggravantes inhérentes au fait produisent leur effet à l'égard de tous les participants ; mais les circonstances aggravantes personnelles ne doivent

_____

(1) Voy. Molinier, *op. cit.*, p. 233.

être prises en considération qu'à l'égard de l'auteur ou du complice qu'elles concernent personnellement.

Sous le titre : « Participation au délit d'un autre », le Code néerlandais traite du recéleur, dont il fait un délinquant *sui generis,* puni de peines spéciales et fixes.

PARAGRAPHE TROISIÈME. — *Code pénal espagnol de 1870* (1). — Ce Code divise les participants en trois catégories : les auteurs principaux, les complices et les recéleurs.

A) Sont auteurs ou considérés comme tels : 1° ceux qui ont pris une part immédiate à l'exécution du fait criminel, ou ceux qui ont obligé ou incité directement à le commettre, ou encore ceux qui ont incité à sa perpétration, par un acte sans lequel il n'eût pas eu lieu.

B) *Complices.* — Sont complices, d'après la loi espagnole, ceux qui, ne se trouvant pas compris dans la catégorie des individus que la loi regarde comme des auteurs principaux, ont participé à l'exécution du fait par des actes antérieurs ou simultanés (art. 15).

C) Il existe quatre catégories de recéleurs :

1° Ceux qui tirent un profit personnel ou aident les coupables à tirer profit des produits du crime ou du délit ;

2° Ceux qui cachent ou font disparaître le corps du délit, ses produits ou les instruments pour empêcher qu'on ne les découvre ;

3° Ceux qui logent, cachent le coupable en favorisant sa fuite, pourvu qu'en le faisant, ils aient abusé de leurs fonctions publiques, ou que celui-ci ait commis le crime de régi-

_____

(1) Voy. *Code pénal espagnol,* traduit par Laget et Valdeson, 2ᵈ éd., 1881, 114 et suiv.

cide, de parricide ou de trahison, ou bien soit un récidiviste connu comme tel ;

4° Les chefs de famille qui interdisent à l'autorité judiciaire l'entrée de la maison, afin de s'emparer du délinquant qui s'y est réfugié (art. 16).

D) Application des peines aux complices et recéleurs.

Les complices sont frappés de la peine inférieure d'un degré à celle qui est infligée aux auteurs du délit.

Les recéleurs sont punis de la peine inférieure de deux degrés à celle qui est imposée aux auteurs du délit.

E) La loi espagnole divise les circonstances aggravantes et les causes d'excuses en deux classes : celles qui sont personnelles au délinquant, et celles qui résultent de l'exécution matérielle du fait ou des moyens employés pour l'exécuter. Les premières aggravent ou atténuent la responsabilité des seuls auteurs, complices ou recéleurs auxquels elles se rapportent ; les secondes étendent leurs effets à tous les coparticipants, à la condition qu'ils en aient eu connaissance au moment de leur coopération au délit (art. 80).

Telle est la théorie du Code pénal de 1870 sur la complicité. Depuis, de nouveaux projets ont été élaborés. Le dernier en date est celui de M. Francesco Silvela, dont l'adoption presque complète a été faite en 1885 par la Commission de la Chambre des députés. Il n'apporte pas de grands changements dans notre matière.

PARAGRAPHE QUATRIÈME. — *Code pénal de Genève* (1). — D'après ce Code, sont auteurs d'un crime ou d'un délit :

1° Ceux qui l'ont exécuté ou ont coopéré directement à son exécution ;

_____

(1) *Bull. de la Société de Législation comparée,* 1879, p. 205.

2° Ceux qui ont donné mandat pour le commettre ;

3° Ceux qui par dons, promesses, menaces, abus d'autorité ou de pouvoir, auront directement provoqué à ce crime ou à ce délit (art. 43).

Sont complices d'un crime ou d'un délit, ou d'une tentative de crime ou de délit :

1° Ceux qui auront donné des instructions pour le commettre ;

2° Ceux qui auront procuré des armes, des instruments ou tout autre moyen qui aura servi à l'action, sachant qu'ils devaient y servir ;

3° Ceux qui auront, avec connaissance, aidé ou assisté l'auteur ou les auteurs de l'infraction dans les faits qui l'ont préparée ou facilitée ou dans ceux qui l'ont consommée ;

4° Ceux enfin qui auront excité ou provoqué expressément et directement à commettre l'infraction, lorsque l'infraction a été commise et qu'elle a été la suite de la provocation (art. 46).

Pour déterminer la peine du complice, il faut s'attacher à la pénalité infligée à l'auteur et faire une distinction ; si la peine est indivisible, le complice sera frappé de la même peine que l'auteur, sauf une exception (v. art. 44) ; si la peine est divisible, il sera puni du quart au moins et des trois quarts au plus de cette même peine (art. 44).

Les recéleurs ne sont pas des complices, mais des délinquants particuliers, comme tels punis d'un châtiment spécial (art. 334).

Quant à l'aggravation ou à l'atténuation résultant de circonstances personnelles à l'un des auteurs, elle est applicable exclusivement à celui que ces circonstances concernent.

Si, au contraire, ces circonstances se rapportent à l'infraction, elles produisent leur effet vis-à-vis de tous les coparticipants, à la condition qu'ils en aient eu connaissance.

Section III

LÉGISLATIONS ANGLAISE ET RUSSE

Nous nous occuperons, dans cette section, des législations anglaise et russe, qui ne peuvent être rattachées ni à l'influence française ni à l'influence allemande, la première, parce qu'elle ne contient pas coordonnées dans un Code les grandes théories du droit pénal, la tradition jouant un rôle prépondérant dans la législation anglaise, la seconde, parce que son Code pénal a un caractère religieux et expiatoire très marqué.

PARAGRAPHE PREMIER. — *Angleterre* (1). — Le droit criminel anglais est formé d'éléments variés.

Le vieux droit coutumier (*old common law*), le droit écrit (*Statute law*) et la jurisprudence (*case law*) sont les trois sources qui ont contribué à le former. Il est sorti de là une législation peu harmonique qui n'obéit pas à des principes généraux.

La législation anglaise ne prévoit la complicité que dans les crimes. Tous ceux qui y ont participé sont divisés en coupables principaux et en complices.

Le coupable principal est celui qui commet le crime, ou bien qui, lors de sa perpétration, est présent et non loin du théâtre du crime pour aider ou assister celui qui le commet.

Le complice (*accessory*) est celui qui se rend complice d'un crime non directement, mais en y coopérant, par exemple, en

---

(1) *Revue de Droit international privé*, 1885 ; *Bull. de la Société de Législation étrangère*, 1877-78, p. 560 ; 1879, pp. 443-457.

l'inspirant, en l'ordonnant, en le cachant, soit qu'il agisse avant ou après la perprétation.

Il y a, en effet, des complices avant le crime (accessory before the felony) et les complices après le crime (accessories after the felony). Les premiers sont considérés comme plus coupables que les seconds.

La complicité après le crime comprend le recel et tous les faits qui tendent à amener l'impunité de l'auteur du crime.

Pour la pénalité applicable aux complices, il n'y a pas de règles fixes. Certains actes législatifs infligent aux complices avant le crime la même peine qu'à l'auteur, et aux complices après le crime, une peine inférieure; mais il n'y a pas là de principe invariable.

En 1878 et 1879, des projets de codification, restés d'ailleurs à l'état de projet, ont été présentés au Parlement anglais.

Ils apportaient, en matière de complicité, des modifications peu importantes dont il est inutile dé parler.

Paragraphe deuxième. —*Russie* (1). — La législation russe est basée uniquement sur la justice absolue. Son Code pénal, dont la dernière édition remonte à 1866, renferme près de deux mille articles, et il punit les atteintes les plus légères à la loi morale. En ce qui concerne la complicité, le Code russe distingue si le crime est le résultat d'une entente préalable entre les divers participants ou s'il s'est produit en dehors de tout concert criminel.

Dans ce dernier cas, sont considérés comme auteurs :

1° Ceux qui ont ordonné ou dirigé les actes des autres;

2° Ceux qui ont pris part au crime dès le début ou qui l'ont immédiatement consommé.

---

(1) Code pénal russe du 5 mai 1866 ; *Revue de Législation française et étrangère*, 1876.

Sont qualifiés complices :

1° Ceux qui ont assisté les auteurs principaux du crime;

2° Ceux qui ont écarté les obstacles que rencontrait son exécution.

Lorsqu'un concert préalable s'est produit, le Code russe entre dans des distinctions très compliquées, de façon à déterminer toutes les nuances de la participation criminelle.

Il distingue six classes de participants :

1° Les meneurs, c'est-à-dire ceux qui, projetant un crime, y entraînent les autres, les dirigent dans l'exécution ou prennent une part effective à cette exécution ;

2° Les complices par assistance, qui se concertent avec les meneurs, à l'effet d'accomplir ensemble le crime projeté ;

3° Les instigateurs, qui, sans prendre une part personnelle à la perpétration du délit, ont employé les prières, la persuasion, la séduction, pour déterminer d'autres personnes à le commettre ;

4° Les fauteurs, qui, sans prendre non plus une part personnelle à la perpétration du délit, y ont aidé ou simplement offert d'y aider par leurs conseils ;

5° Les complices par abstention, qui, pouvant empêcher le délit, l'ont cependant laissé commettre ;

6° Les complices par recel, qui aident à faire disparaître le produit du délit, à cacher ses auteurs, ou bien encore, s'abstiennent de révéler à l'autorité l'infraction dont ils ont eu connaissance.

Peines. — La même peine légale est édictée contre tous ceux qui se sont associés au même délit, mais cette peine est susceptible de plusieurs degrés : ainsi, pour ne citer qu'un exemple, la peine des travaux forcés comporte sept degrés différents ; ne voulant rien laisser à l'appréciation du juge, le Code russe s'efforce d'établir une balance exacte entre la gravité de la participation et le degré de la peine qui y est attachée, ce qui est une tâche très délicate, étant donné les distinctions si nombreuses que nous avons rencontrées.

En 1881, on a senti à combien de critiques prêtait la législation actuelle : complication, exagération de la répression à raison de la confusion que l'on fait entre le droit et la morale, et un projet de loi a établi les deux modifications suivantes à la législation de la complicité :

Il n'y a plus que trois classes de participants, les mêmes que dans la législation allemande : coauteurs directs, complices par instigation, complices par assistance. Les deux premières classes sont punies de la même peine que l'auteur principal ; la dernière bénéficie d'une réduction de pénalité. Quant aux actes postérieurs au délit, ils sont frappés comme infractions *sui generis*.

CHAPITRE II

CRITIQUE DU CODE PÉNAL

THÉORIE RATIONNELLE DE LA COMPLICITÉ

La théorie du Code pénal sur la complicité peut se résumer en deux propositions très simples :

1° Tous ceux qui ont coopéré à un même crime sont punis de la même peine, quelle que soit la part de chacun d'eux, que cette part soit matérielle ou morale, principale ou accessoire, légère ou grave. Le législateur assimile entre elles toutes les modalités de la participation, tous les actes qui ont précédé, accompagné, suivi l'acte criminel, et les réprime avec la même sévérité;

2° La peine qui est prononcée contre tous les participants est celle de l'infraction telle qu'elle a été commise par l'auteur principal, c'est-à-dire par l'auteur matériel de l'infraction. Ce système a soulevé les critiques les plus vives et les plus justes de la majorité des criminalistes. En effet, quand un crime a été commis par plusieurs individus, tous ont, sans doute, contribué au succès final de l'entreprise ; mais l'observateur attentif peut relever des nuances plus ou moins tranchées, des différences plus ou moins nettes dans la nature de leur participation. Le rôle joué par chacun d'eux ne présente pas une gravité morale et sociale identique.

Philosophiquement parlant, la complicité peut être définie : « une participation secondaire à un acte coupable ». Ce qui constitue la culpabilité de cette participation, c'est la réunion de l'intention et de l'acte coupables. Or ces deux éléments renferment une criminalité très variable, suivant les cas. La volonté criminelle de celui qui pousse au crime en abusant de son autorité et de son pouvoir est-elle aussi caractérisée que celle de l'individu qui se borne à donner des renseignements qui serviront à la perpétration de l'infraction ? Est-ce le même crime de tenir la victime, tandis qu'un autre la frappe mortellement, et de vendre une arme à l'assasin ? Il est donc impossible de nier que les actes de coopération comportent des degrés distincts de criminalité.

Mais la justice sociale exige que chaque prévenu ne soit puni que proportionnellement à la part qu'il a prise au délit ; celui qui a simplement facilité le délit, la loi sociale n'a le droit de le frapper que dans cette mesure. La justice morale veut, en outre, que la peine soit mesurée entre les coupables, suivant la culpabilité relative de chacun d'eux. Or, en général, l'acte du complice implique une perversité moins grande que celui de l'auteur. Tel individu qui consent à tenir un rôle accessoire n'accepterait jamais de se mettre au premier rang, faute de courage et d'audace, et parce qu'il n'a pas encore parcouru toutes les étapes de la corruption.

Le Code pénal de 1810 a violé ces principes fondamentaux du droit pénal moderne. Il les a sans doute volontairement méconnus. Ce n'est pas chose extrêmement aisée, en effet, que de classer à l'avance, dans les dispositions pénales, les caractères des diverses participations à un crime, et de fixer une peine aussi adéquate que possible au degré de la participation. En posant une règle uniforme et absolue, consistant à frapper tous les complices, sans distinction de la même peine que les auteurs, le législateur français a éludé les nombreuses difficultés dont notre matière est hérissée. Mais il l'a fait aux dépens de la justice.

La théorie du Code pénal est non seulement injuste, elle est encore irrationnelle et impolitique au premier chef. L'intérêt de la justice est qu'il y ait des rôles principaux et des rôles secondaires. En frappant d'une peine moindre les complices, tous les associés trouvant leur avantage à rester au second plan, aucun d'eux ne se prêtera facilement à subir la sévérité réservée par la loi aux exécuteurs du crime. On favorisera ainsi la discorde parmi les criminels, ce qui constitue le procédé le plus efficace pour entraver l'exécution de l'entreprise criminelle : « Lorsque plusieurs hommes, a dit Beccaria, s'unissent pour affronter un péril commun, plus le danger sera grand, plus ils chercheront à le rendre égal pour tous. Si les lois punissent plus sérieusement les exécuteurs du crime que les simples complices, il sera plus difficile à ceux qui méditent un attentat de trouver un homme qui veuille l'exécuter, parce que son risque sera plus grand en raison de la différence des peines » (1).

De plus, il importe de remarquer que l'exagération de la pénalité vis-à-vis des complices conduit à l'impunité. Car, bien souvent, les circonstances atténuantes n'abaissent pas la peine dans la mesure réclamée par l'équité (2), et le juge acquitte.

_____

(1) Voy. Beccaria, *Traité des délits et des peines*, édition de 1856, p. 81. — Rossi disait, dans le sens de Beccaria : « On dirait une loi suggérée par les malfaiteurs ». Voy. Rossi, *Traité de Droit pénal*, pp. 28 et suiv.

(2) On a prétendu que les circonstances atténuantes étaient un correctif suffisant de la sévérité de la loi à l'égard des complices : « Qu'importe, disait M. Dumon, rapporteur de la loi de révision de 1832, que la complicité, si diverse dans ses formes et dans sa criminalité, ne puisse toujours être équitablement assimilée au crime principal, si l'admission des circonstances atténuantes établit des différences que l'assimilation générale du complice à l'auteur a négligées ». Mais, d'abord, en bien des cas, nous venons de le dire,

La législation actuelle est condamnée par la justice et par
l'intérêt social ; voilà ce que répètent à l'envi et avec raison
nos grands criminalistes, Rossi, Chauveau, Hélie, Ortolan,
Garraud, etc....

Entre les diverses personnes qui ont participé à une infraction, le devoir du législateur est de distinguer deux catégories : celles qui ont joué un rôle principal et celles qui ont
joué un rôle accessoire. Les premières seules seront punies de
la peine infligée par la loi au crime, les autres subiront une
peine immédiatement inférieure. Il est, en effet, juste que les
modes de participation qui n'offrent pas le même degré de criminalité soient soumis à des pénalités différentes. Est-ce à
dire que le législateur doive se perdre dans des classifications
nombreuses et compliquées ? Non. Il serait dangereux d'établir des distinctions sur des nuances morales qui seraient difficiles à caractériser dans la pratique. Trop de divisions, d'ailleurs, obscurciraient la clarté qui doit exister dans la loi
pénale. Au surplus, le législateur, avec les moyens incertains
et limités dont il dispose, ne peut se flatter d'atteindre aux
dernières limites de la justice. La mission de la loi doit se
borner à remarquer les différences assez profondes pour entraîner des peines d'un degré différent. C'est aux juges qu'il appartient ensuite de se livrer à une appréciation plus exacte et de

---

les circonstances atténuantes ne diminuent pas la peine dans les
limites exigées par l'équité. Il faut ajouter que c'est détourner les
circonstances atténuantes de la fonction qu'elles doivent normalement remplir. Elles ont été créées pour permettre au juge
d'individualiser la peine, c'est-à-dire, de la proportionner à la
criminalité subjective de chaque délinquant, et de tenir compte
des circonstances et des faits, impossibles à prévoir pour le
législateur, qui atténuent la gravité intrinsèque de l'infraction. Mais
la mission du juge n'est pas de refaire la loi, quand il la trouve
mauvaise. Or, ici, il s'agit de modifier la loi qui consacre une injustice
révoltante.

modifier la peine légale au moyen des circonstances atténuantes soit pour les auteurs principaux, soit pour les complices.

Notre tâche consistera donc à tracer les degrés principaux qui distinguent les uns des autres les auteurs d'un crime des simples auxiliaires.

Mais quelles distinctions, quels degrés faut-il admettre dans la complicité? C'est ici que les auteurs sont loin de s'entendre. Faut-il, comme le Code d'Autriche, distinguer une participation directe ou indirecte, immédiate ou secondaire? Doit-on, comme la loi anglaise, ne tracer qu'une seule distinction entre ceux qui ont coopéré au crime d'une manière quelconque et ceux qui, après le crime commis, y ont participé par recélé ou autrement? Faut-il enfin, comme l'ont proposé quelques auteurs, séparer, pour les punir d'une peine inégale, la participation morale et la participation matérielle? Ce dernier système est généralement rejeté par les criminalistes.

Rossi expose ainsi les principes d'après lesquels on doit ranger tel ou tel individu dans la catégorie des auteurs ou des complices.

La résolution et le fait matériel sont les deux éléments constitutifs du délit : tout individu qui donne naissance à l'un ou à l'autre de ces deux éléments contribue d'une manière principale et directe à l'existence du délit. Il en est cause, parce que sans lui le crime n'aurait pu avoir lieu. En d'autres termes, seront auteurs tous ceux qui auront été la cause efficiente, la cause morale du délit, et ceux dont la coopération aura été indispensable à l'exécution matérielle du délit. Ces derniers sont les coauteurs matériels. Les individus qui ont inspiré la résolution criminelle se sont rendus coupables de participation morale. Ce sont les provocateurs. La provocation constituera toujours un acte de participation principale aux deux conditions suivantes :

1° Elle devra être spéciale ; tous les auteurs, d'ailleurs, sont d'accord sur ce point. « Il ne saurait y avoir, dit Rossi,

de participation principale au crime sans ce caractère
de spécialité ; car le provocateur n'ayant pris, dans l'hypothèse,
aucune part au fait matériel, sa culpabilité ne peut résulter que
de l'autre élément du crime : la résolution. Or, où est la résolution ? A quoi s'applique-t-elle, s'il n'a provoqué à un crime
déterminé ? Une instigation générale, une provocation à mal
faire, une excitation de sentiments haineux, de passions mal-
faisantes, sont des actes immoraux qui peuvent, dans certains
cas, être utilement punis ; mais le caractère de la participation
à un crime déterminé manque absolument. »

2° La provocation doit être accompagnée de certains moyens
d'influence propres à exercer sur la détermination de l'agent
une action décisive, qui permette de dire quelle a été la cause
de l'infraction. Ces moyens seront dus à une supériorité morale
ou pécuniaire du provocateur sur l'agent matériel. Voilà pour
les auteurs principaux ou coauteurs.

Demandons-nous, d'après Rossi, à quel signe on reconnaîtra la participation secondaire. Rossi pose le critérium
suivant : Seront complices ceux qui auront apporté à la
réalisation de l'infraction un concours, mais qui, à lui seul,
n'eût pas permis la perpétration. Le complice est celui qui
n'a pas pris une part directe au crime, ni dans la résolution,
ni dans l'exécution ; car la complicité, de même que la
codélinquance, admet deux sortes de participation : une participation physique et une participation morale. Au point
de vue moral, par exemple, il aura fortifié la résolution criminelle née chez l'auteur principal (1). Au point de vue de
l'exécution matérielle, le complice sera celui qui l'aura
facilitée et rendue plus sûre sans commettre d'actes constituant par eux-mêmes l'action criminelle. Il aura joué dans
la consommation de l'infraction un rôle utile, mais accessoire

---

(1) Nous contesterons cette idée plus bas (voy., p. 211), et nous
rangerons cet individu dans la catégorie des coauteurs.

et de second ordre. A défaut de son intervention, l'infraction aurait été commise avec moins de facilité et plus de risques peut-être, mais enfin elle aurait eu lieu. En un mot, le complice est celui qui a favorisé l'infraction, mais qui ne l'a pas créée (1).

Ces principes nous paraissent exacts ; nous verrons bientôt de quelle manière différente de celle de Rossi nous les entendons, relativement à l'hypothèse de la provocation, du moins.

Appliquons-les à une classification des auteurs et des complices que nous allons essayer d'établir. Pour plus de clarté, plaçons-nous avant, pendant et après l'exécution de l'infraction. Nous ne nous occuperons que des actes de participation les plus importants, parmi ceux pouvant se produire à ces moments. Comme nous l'avons dit, les modalités de la participation sont infinies et comportent des degrés très variés de gravité et de criminalité. Mais le législateur n'a ni le droit ni le pouvoir de les prévoir toutes. Il doit se borner à incriminer celles qui sont particulièrement dangereuses pour la Société.

Section Première

CLASSIFICATION DES AUTEURS ET DES COMPLICES

PARAGRAPHE PREMIER. — Modes de participation intervenant avant l'exécution de l'infraction.

Le plus important de ces modes est la provocation.

Le provocateur, dit Rossi, doit être puni comme auteur parce qu'il a été la cause génératrice du délit, qui, sans lui, n'aurait pas été accompli. Il a pesé sur la résolution criminelle de

---

(1) Rossi, pp. 26 et suiv. ; voy., dans le même sens, les ouvrages de Chauveau et Hélie, Ortolan, Garraud.

l'auteur matériel. Il est donc directement responsable de l'acte matériel, de l'infraction qui a été le fruit de ses instigations. Voilà la base de la théorie de Rossi. Mais Rossi et les criminalistes classiques qui acceptent son point de départ s'exposent à une contradiction. Ils font reposer la pénalité sur le libre arbitre. L'homme, prétendent-ils, est doué de conscience et de liberté. Il a le pouvoir absolu de résister à ses penchants; qu'il se détermine à violer la loi morale ou à la respecter, sa décision émane toujours d'une libre personnalité. La Société a, par conséquent, le droit de lui demander compte de ses actes, quand ils troublent l'ordre social.

Dès lors si l'homme est libre, nous nous demandons pourquoi on attribue une influence quelconque aux excitations du provocateur ? Les criminalistes classiques reconnaissent que le provoqué, possédant une volonté libre, pouvait repousser la suggestion coupable qui lui venait du dehors. Ils devraient en conclure que lui seul doit assumer toute la responsabilité de son acte. Et cependant ils admettent chez le provocateur une responsabilité égale à celle du provoqué. N'est-ce pas un défaut de logique évident ?

Il est légitime, croyons-nous, de traiter le provocateur comme un véritable auteur ; mais, pour cela, il n'est nullement besoin de dire qu'il a agi sur la volonté de l'auteur matériel. Le provocateur est un auteur, à notre avis, non pas parce qu'il a été la cause déterminante de la résolution criminelle de l'auteur matériel, mais parce qu'il a été la cause occasionnelle. Nous entendons par là, qu'il a mis en mouvement la criminalité latente de l'auteur matériel.

En cas de provocation, le provoqué obéit aussi bien à son caractère propre, qu'aux excitations d'autrui.

Ce dernier avait une grande inclination naturelle aux actes criminels. On a simplement exploité ses mauvaises dispositions. L'individu qui fait un mauvais coup, pour une somme minime, n'était-il pas prêt à commettre tous les crimes ? Une bonne opération s'est présentée. Il l'a acceptée avec joie. Peut-on sérieusement prétendre que le provocateur a influencé en quoi que ce soit sa volonté ?

En vérité, l'exécutant ne céderait pas aux instigations du provocateur, si déjà sa nature ne renfermait des germes de criminalité virtuelle. Mais, réaliser cette possibilité, n'est-ce pas être le coauteur de l'acte par lequel elle se réalise ? A eux deux, le criminel, et l'exécutant forment un criminel complet ; ils se complètent l'un l'autre. L'instigateur a fait faire par autrui ce qu'il n'aurait pas eu le courage de faire lui-même et son docile instrument s'est offert sans répugnance à exécuter ce qu'il n'aurait pas eu l'audace de concevoir et de vouloir, sans l'instigation d'autrui (1).

Examinons maintenant deux questions d'ordre général qui se rattachent à la provocation.

Première question. — Le provocateur saisi par le remords révoque le mandat criminel qu'il a donné à un tiers, et fait tous ses efforts pour faire parvenir le changement de sa volonté à la connaissance du provoqué. Sa responsabilité sera-t-elle dégagée dans tous les cas et quoi qu'il arrive ? Cette hypothèse doit être résolue par une distinction très simple qui donne satisfaction à la raison et à l'équité.

1° Le mandataire a connu à temps la révocation. Il sera l'auteur unique du crime. Il serait injuste de punir le mandant qui a brisé lui-même le lien coupable qui le rattachait au mandataire. Une restriction s'impose cependant ; si les agisse-

(1) La théorie que nous développons appartient à M. Tarde, que nous avons consulté sur la question. Nous sommes heureux d'exprimer ici toute notre reconnaissance à l'éminent criminaliste pour son aimable obligeance.

ments du provocateur ont eu des conséquences irrépara-
bles, il est évident que la responsabilité du mandant per-
sistera.

2° Le mandataire n'a pas connu à temps la révocation. Le
mandant restera coauteur, malgré son repentir le plus sincère,
puisque, le crime étant commis, il se trouve en avoir été la cause
sciemment et volontairement : « C'est le cas de l'homme, dit
Rossi, qui, après avoir mis le poison à la portée de celui qu'il
veut empoisonner et s'être éloigné, saisi de repentir, revient
précipitamment sur ses pas pour empêcher la consommation
du crime et trouve que la potion fatale a déjà porté la mort
dans les entrailles de la victime. »

Deuxième question. — Que décider quand le mandataire
s'écarte du mandat ? Il peut s'en écarter de trois manières :
1° dans le choix des moyens ; 2° dans le but définitif ; 3° dans
l'un et l'autre à la fois.

Certains criminalistes veulent rendre le mandant toujours
et complètement responsable du fait du mandataire. Ils en donnent deux raisons : 1° le provocateur a donné en quelque sorte
un blanc-seing à l'auteur ; il le charge d'entreprendre tout ce
qui sera nécessaire pour le succès du crime ; 2° quand les projets criminels du provocateur réussissent, c'est lui qui bénéficie
des résultats atteints, grâce à l'emploi du moyen, cause de
l'aggravation.

Avec Rossi, nous repoussons une pareille solution. Le provocateur ne doit être rendu responsable que de ce qu'il a voulu
expressément. C'est un principe élémentaire de justice. Examinons, à l'aide de ce principe, les trois hypothèses suivantes :

1° Le mandataire s'est écarté du mandat dans le choix des
moyens. Le mandataire ne suit pas les instructions du mandant.
Néanmoins, il ne commet que le crime dont il a été chargé.

14

Par exemple, il a été chargé de tuer, mais au lieu de tuer avec une épée, il a tué avec un poignard. Le mandant reste coauteur, cela est bien évident. Au contraire, le mandataire se sert de moyens différents de ceux qu'on lui avait indiqués, et il transforme ainsi la nature du délit prescrit par le mandant. Par exemple, au lieu de commettre un vol simple, le mandataire a usé d'armes, il s'est rendu coupable d'escalade, d'effraction (vol aggravé). Dans ce cas, le mandant ne sera responsable que de vol simple.

2° Le mandataire s'est écarté du mandat dans le but définitif. L'événement non compris dans la commission qui s'est produit était aisé à prévoir. La nature même du but prescrit l'impliquait éventuellement. Le mandant est coauteur pour le tout. Il ne voulait que la blessure grave, et la mort s'en est suivie ; il sera poursuivi comme meurtrier, solution rigoureusement équitable, puisqu'il a dû et pu prévoir les conséquences de ses ordres.

3° Le mandataire s'est écarté du mandat dans le choix des moyens et dans le but définitif. On appliquera distributivement à ce cas complexe les principes qui régissent chacun des deux cas simples dont il se compose.

Un individu a la pensée bien arrêtée de mettre à exécution un projet criminel qu'il a lui même conçu. Survient un étranger qui l'encourage, qui l'exhorte à persister dans sa résolution et le confirme dans son dessein coupable par des conseils perfides, au besoin par des instructions. En théorie, cet étranger est-il un coauteur ou un complice, un codélinquant principal ou un codélinquant accessoire ? La plupart des criminalistes et plusieurs Codes étrangers le placent dans la catégorie des complices moraux. Le provocateur, disent ces auteurs, n'a pas été la cause déterminante du crime ; il a affermi l'auteur matériel dans sa résolution ; il l'a encouragé à vaincre les difficultés de l'entreprise ; il l'a aidé à surmonter les obstacles qui s'opposaient à l'exécution du délit; mais, en ce faisant, il a seulement facilité une action conçue par un autre, mais il n'a pas été la cause génératrice de la résoluton criminelle ; l'acte criminel est en majeure partie l'effet de la volonté de l'auteur matériel. Le provocateur ne peut encourir qu'une responsabilité secondaire, parce qu'il a trouvé une résolution déjà très énergique, et à laquelle lui-même n'a pas donné naissance.

D'après nous, au contraire, le provocateur et l'auteur matériel sont tous deux causes de l'infraction, indivisément et dans une proportion indiscernable, et par conséquent, tous deux coauteurs.

Mais cette solution n'est admissible que si on adopte le point de vue que nous avons développé sur la provocation en général. Les criminalistes classiques, qui regardent ici le provocateur comme complice, croient pouvoir déterminer la mesure dans laquelle la liberté du provoqué a été restreinte et fixer, par suite, jusqu'à quel point le provocateur a été cause de la résolution criminelle. Mais c'est une prétention insoutenable, puisque le mécanisme interne de la volonté nous est inconnu et nous échappe complètement.

Les exhortations, les simples conseils et le simple mandat seront-ils des actes de codélinquance principale, ou de codélinquance accessoire ?

On entend, par simples conseils, le fait d'exposer à une personne les motifs qui pourront la décider à commettre une infraction, dont on ne tirera soi-même aucun profit. Le simple mandat, c'est l'action d'un individu qui, dans son propre intérêt, charge gratuitement un tiers d'exécuter un délit. Si les conseils et le mandat sont suivis d'effet, rien ne s'oppose, en principe, à ce qu'on frappe les individus qui les ont donnés comme auteurs principaux. En fait, ils pourront parfaitement être les causes occasionnelles du délit suggéré par eux. Néanmoins, il est préférable que le législateur laisse ces modes de participation en dehors de toute répression. En effet, une simple proposition criminelle, quoique agréée, de même qu'un simple conseil accepté, ne révèlent pas d'une manière indubitable la résolution de son auteur de provoquer au crime. Cette proposition peut n'être pas sérieuse, être l'effet d'un premier mouvement, d'un égarement momentané. L'accusation serait souvent extrêmement embarrassée pour découvrir une intention criminelle certaine chez le mandant ou chez le conseiller. Au contraire, quand la provocation a été caractérisée, quand il y a eu des dons, des promesses, par exemple, à l'appui de la proposition, on ne peut guère douter de la résolution criminelle du mandant. Dès qu'on a établi qu'un individu a fait des dons et promesses dans le but de provoquer à une infraction, on a prouvé par là même son intention criminelle.

Pour le simple mandat, on peut ajouter qu'on rencontre rarement, en pratique, des individus qui consentent à devenir les instruments des passions d'autrui et à courir les chances d'une entreprise criminelle, uniquement pour rendre un service. Quand le mandataire accepte d'exécuter un mandat gratuit, il le fait généralement dans son propre intérêt, par des motifs étrangers au mandant.

Il est donc inutile et même dangereux d'incriminer les simples conseils et le simple mandat comme faits de participation.

On peut participer à une infraction avant son exécution, en donnant à l'auteur matériel des instructions ou des renseignements qui lui seront utiles pour la perpétration de son crime, ou en lui fournissant les instruments matériels, les armes, par exemple, destinées à l'exécution du délit. Dans ces deux cas, il devra être traité comme un complice. En effet, les actes dont il s'est rendu coupable n'ont pas été absolument nécessaires pour la consommation du délit.

En éclairant l'exécutant sur la manière de s'y prendre, il a facilité sa tâche, il a aplani les difficultés de l'entreprise ; mais le délit aurait pu avoir lieu sans son intervention. On ne peut donc lui reprocher qu'une participation secondaire. Le même raisonnement est applicable à l'individu qui a fourni les instruments matériels, les armes. Il n'a joué qu'un rôle accessoire : le délit était parfaitement possible sans lui ; les malfaiteurs qui avaient projeté d'accomplir un crime pouvaient se procurer ailleurs les objets et les instruments dont ils avaient besoin pour la réalisation de leur forfait.

PARAGRAPHE DEUXIÈME. — *Participation concomitante à l'exécution de l'infraction.* — Avec Rossi, nous poserons le principe suivant, qui permettra de décider si tel ou tel fait contemporain de l'exécution du délit constitue un acte de participation principale ou secondaire :

Seront des actes de codélinquance principale, tous les actes qui ont été la cause directe du délit, tous ceux sans lesquels l'exécution n'aurait pas eu lieu, ou, du moins, n'aurait pas eu lieu de la manière spéciale dont elle est arrivée (1). Par conséquent, sont coauteurs par participation physique :

1° Ceux qui coopèrent à l'exécution du crime par un fait immédiat et direct ; celui qui retient ; celui qui égorge ; celui qui soutient l'échelle ; celui qui saisit les objets du vol ; celui qui force la serrure ; celui qui pénètre dans la maison et

_____

(1) Il résulte de la formule proposée au texte que la question de savoir si la participation est nécessaire pour l'exécution de l'infraction est une question de fait dont la solution doit être réservée aux juges de la culpabilité. C'est le système adopté par le Code pénal belge (voyez article 66 du Code, dans notre *Législation comparée,* p. 189). — Nous appliquerons les mêmes principes aux actes d'assistance, aux faits qui ont préparé ou facilité l'infraction (voy., dans ce sens, Rossi, *op. cit.,* pp. 45 et suiv.).

dérobe ; celui qui, posté en sentinelle, surveille les approches ; celui qui arrête les chevaux ; celui qui se présente armé à la portière de la voiture et demande la bourse, et ceux qui, sans rien faire ni dire, prêtent leur présence pour faire nombre et effrayer les voyageurs, sont tous coauteurs, les uns de meurtre, les autres de vol avec escalade ou effraction, les derniers, de brigandage ;

2° Ceux qui, par un fait matériel de quelque nature qu'il soit, prêtent une aide pour l'exécution du crime, telle que, sans leur fait, le crime, dans sa spécialité, n'aurait probablement pas été commis ; le domestique qui remet à des voleurs les clefs de la maison de son maître ; celui qui, pendant que son maître enlève une personne, lui garde près de là une voiture, les chevaux, les déguisements nécessaires à la consommation du crime ; celui qui recèle les coupables ou les instruments ou les produits du crime, mais en conséquence d'une promesse antérieure et d'une promesse faite aux auteurs du projet criminel, en les voyant arrêtés dans l'exécution par la crainte de la découverte, sont tous auteurs par participation physique (1), quoiqu'ils n'aient pris aucune part aux actes constituant le délit, parce que, sans ces participants, l'infraction n'aurait pas eu lieu de la manière dont elle a eu lieu.

PARAGRAPHE TROISIÈME. — *Actes postérieurs à l'exécution de l'infraction.* — L'acte le plus grave qui puisse se produire, après l'infraction, est le recel des choses. Le recel se relie-t-il à l'infraction par un lien de complicité? Le législateur l'a pensé. Mais cette conception, critiquée par la majorité des criminalistes, nous paraît inacceptable. Le recel se rattache, il est vrai, au délit principal, qui est la cause dont il est l'ef-

---

(1) Ce sont de simples exemples empruntés à Rossi que nous donnons pour illustrer la théorie.

fet ; mais, c'est le lien de la connexité qui les unit et non celui de la complicité. La complicité implique que l'on a participé à la consommation du délit. Or, comment le recéleur aurait-il pu y participer, puisqu'il est intervenu après coup ? Quand il est entré en scène, le fait était accompli : il n'était plus maître de l'empêcher. C'est ce que fait très bien ressortir Rossi : « Un homme complice de meurtre, dit Rossi, parce que, dans sa cupidité, il profite d'un crime qu'il n'est plus en son pouvoir d'empêcher. La fiction est forte, surtout lorsqu'on veut s'en servir pour envoyer un homme à l'échafaud ». Au fond, le recel est un délit d'une nature particulière. Ce n'est pas un fait de complicité. Le législateur français l'a bien compris, dans certaines hypothèses, pour le recel de cadavres (art. 359), pour le recel de personnes (art. 248), qu'il a considérés comme des délits *sui generis*. Il ne s'est guère montré logique en appliquant des principes différents au recel de choses.

Erroné au point de vue théorique, le système du Code français présente de graves inconvénients pratiques dans les trois cas suivants :

1° Un vol a été commis par un étranger à l'étranger. Ce voleur vient en France et trouve un recéleur. Ce dernier ne sera pas punissable, car le vol, acte principal, échappant à la répression en France, l'acte accessoire ne saurait davantage être punissable.

2° Le recéleur ne peut plus être poursuivi lorsque le délit principal échappe à la répression, est prescrit par exemple. Or une telle solution est très regrettable : il est inadmissible qu'on ne puisse pas atteindre un individu qui possède encore entre ses mains l'objet du délit.

3° Le recéleur profite nécessairement de l'amnistie, de sorte qu'on ne pourra plus poursuivre le recel d'objets pillés dans un mouvement insurrectionnel, après qu'une amnistie aura

anéanti les crimes et les délits commis pendant une insurrec-
tion. On éviterait toutes ces conséquences fâcheuses, si on
faisait du recel un délit spécial. En perdant le caractère
accessoire qui appartient à tout acte de complicité, le recel
deviendrait punissable, alors même que l'acte de l'auteur
serait soustrait, pour une raison ou pour une autre, à la
répression.

Quelles raisons apporte t-on en faveur de la théorie du Code?

On dit d'abord que le recel est une forme de la complicité,
parce que le recéleur adhère au délit ou au crime en s'attri-
buant le bénéfice résultant du fait criminel. Le recéleur,
le plus souvent, profite de la chose volée, cela est vrai.
Mais nous ferons observer que cette circonstance de
profit, si elle augmente la gravité de l'acte du recéleur, n'en
change point la nature intrinsèque. Le recel étant postérieur au délit, par la force des choses, ne peut constituer un
fait de complicité. D'ailleurs, en maintes circonstances, le
recéleur s'est laissé entraîner par pitié, par faiblesse, par la
crainte qu'on ne découvre le coupable ; le recéleur a pu agir
encore comme parent, comme ami, dans le but de rendre la
chose à son véritable propriétaire. Dans tous ces cas, il
est clair que le recéleur n'a nullement voulu profiter de la
chose volée.

Sans doute, ajoute-t-on, si, au point de vue juridique,
le délit est achevé par la soustraction, il n'en est pas de
même, au point de vue ontologique. En réalité, le recéleur
continue la dépossesion. Le délit ne s'achève qu'avec
le concours du recéleur, qui fait produire au vol tout son
effet et lui donne toute son efficacité. Tant que le voleur est
en possession des choses volées, tant qu'il ne peut jouir en
paix du fruit de son crime, le but final qu'il poursuit n'est
pas rempli, le vol n'est pas achevé. Le droit de propriété du
volé subsiste, et toutes les opérations postérieures à la *con-*

trectatio, tous les actes qui assurent au voleur l'enrichissement aussi bien que la jouissance des avantages de la chose volée doivent être considérés comme un renouvellement du vol, comme une deuxième *contrectatio*. Il est donc naturel de les traiter comme des actes de participation. Le recéleur qui achète et qui emploie l'habit qui m'a été volé commet un nouvel attentat contre mon droit de propriété. Il est un véritable voleur qui a voulu s'enrichir aux dépens d'autrui. Il a simplement continué pour son compte le vol commencé par un autre (1). Le point de départ de cette théorie nous paraît absolument inexact. On considère le vol comme un délit successif pouvant durer plusieurs mois, plusieurs années, si le voleur ne consent à se dessaisir de l'objet volé qu'au bout de ce temps. Mais cette manière de voir est évidemment contraire à la définition du vol donnée par l'article 379 de notre Code pénal. Aux termes de cet article, le vol est la soustraction. Or, le fait de soustraire ne dure qu'un instant et ne peut pas se prolonger. Et le recéleur n'étant pour rien dans cette soustraction, puisqu'il apparaît à un moment où elle est achevée, il est clair qu'il ne peut en être le complice.

On prétend enfin que le recéleur facilite l'exécution du délit par l'espoir de l'impunité qu'il fait luire aux yeux du voleur. On peut, dans une certaine mesure, lui imputer le délit, dit-on, parce que, grâce au métier qu'il exerce, il invite les malfaiteurs à perpétrer leurs méfaits, par la certitude de pouvoir mettre à couvert les bénéfices qui en résultent. C'est l'idée qu'exprime l'adage : « Point de recéleurs, point de voleurs », adage dont s'est inspiré le législateur français pour frapper le recéleur des peines de la complicité (2).

---

(1) Voy., dans ce sens, Carrara, article dans la *Revue critique de Législation et de Jurisprudence,* 1863, pp. 409 et suiv.

(2) Voy. Locré, *Exposé des motifs,* t. XXIX, p. 263.

A cela, nous répondrons que la maxime invoquée n'est vraie, en tout cas, qu'en ce qui concerne les recéleurs habituels, ceux qui font du recel un véritable métier. L'habitude du recel fait présumer un concert préexistant au crime entre les malfaiteurs et les recéleurs. Or, cette connivence facilite et décide même l'exécution du vol. Elle constitue donc, à ce titre, une véritable participation au délit (1). Mais peut-on faire le même raisonnement pour les recéleurs d'occasion, qui forment cependant une catégorie de recéleurs assez importante ?

Et même, à l'égard des recéleurs habituels, il ne faut pas exagérer la portée de l'adage : « Point de recéleurs, point de voleurs ». Souvent, le délinquant sera son propre recéleur. Au surplus, il y a des choses, les choses monnayées, par exemple, qui ne supposent ni la nécessité ni l'utilité du recel.

En théorie donc, le recéleur n'est pas un complice. Nous avons critiqué l'assimilation injuste que le législateur avait établie entre l'auteur et le complice au point de vue de la pénalité. — Mais n'est-ce pas méconnaître encore davantage l'équité la plus élémentaire que d'appliquer au recéleur les peines de la complicité ? — Le recéleur commet sans doute un acte très immoral, parce qu'il cherche à bénéficier d'une infraction. De plus, il facilite l'écoulement des produits du vol. Il mérite donc d'être puni. Mais l'acte du complice renferme une criminalité intrinsèque supérieure à celle de l'acte du recéleur. Car le recéleur est resté étranger à la consommation du délit, tandis que le complice a coopéré à l'exécution du délit par une participation indirecte, il est vrai, matérielle ou morale, mais enfin il y a coopéré. C'est une raison de plus pour

_____

(1) Nous donnerons la même solution pour la promesse de recéler antérieure au recel, qui encourage les voleurs à accomplir leurs forfaits, ce qui peut passer pour une sorte de coopération au délit.

soustraire le recel aux principes de la complicité, et pour édicter contre lui des peines spéciales.

C'est, d'ailleurs, le système suivi par la plupart des législations étrangères.

En Allemagne, par exemple, le recéleur est qualifié de « complice par *assistance subséquente* ». S'il a porté assistance dans son propre intérêt, sa peine, qui ne dépasse jamais un an de prison, ne peut être plus forte que celle de l'auteur principal (paragr. 257 et suivants).

Quand il a promis son concours d'avance, au contraire, il devient complice par *assistance*. La peine n'est plus fixe ; elle varie suivant le crime de l'auteur (1). Bien que ne présentant pas une distinction suffisante entre la complicité et le recel, cette législation amène à des résultats satisfaisants. Elle a servi de modèle à plusieurs Codes européens (Voyez Code hollandais (paragr. 416) ; danois (paragr. 238 et suivants) ; italien (art. 421), etc., etc.).

En résumé, nous proposons la classification suivante :

A) Seront considérés comme coauteurs de l'infraction :

1° Tous ceux qui auront provoqué à un crime ou à un délit par dons, promesses, menaces, abus d'autorité ou de pouvoir, machinations ou artifices coupables ;

2° Ceux qui auront corroboré une résolution criminelle conçue par un autre ;

3° Ceux qui auront contribué à la préparation ou à l'exécution matérielle du délit, d'une manière telle que, sans eux, le délit n'aurait pu être accompli.

_____

(1) Voy. pour plus de détails notre *Législation comparée*, p. 180. — L'article 81 du projet de révision du Code pénal a suivi les principes que nous avons développés. Il n'énumère pas le recel parmi les modes de complicité. Il en fait ainsi un délit *sui generis*.

B) Seront considérés comme complices de l'infraction :

1° Tous ceux qui auront coopéré d'une manière accessoire à la préparation ou à l'exécution matérielle du délit, sans que leur intervention ait été indispensable pour la réalisation du délit ;

2° Ceux qui auront procuré des armes, des instruments ou tout autre moyen ayant servi à l'action ;

3° Ceux qui auront donné des instructions pour commettre l'infraction.

Quant au recel de choses, il constituera un délit *sui generis*, puni de peines spéciales.

Section II

CIRCONSTANCES AGGRAVANTES. — LEUR EFFET A L'ÉGARD DES COMPLICES

En théorie, doit-on faire supporter aux complices les circonstances aggravantes? Pour répondre à cette question, nous distinguerons deux sortes de circonstances aggravantes : les circonstances aggravantes réelles, et les circonstances aggravantes provenant d'une qualité personnelle à l'auteur.

PARAGRAPHE PREMIER. — *Circonstances aggravantes réelles.* — (Escalade, effraction). — Ces circonstances aggravent le fait en lui-même. Elles en augmentent la criminalité objective. Par conséquent, il est tout naturel qu'elles se communiquent à tous les délinquants qui ont pris part à l'infraction, directement ou indirectement. Mais, du moins, le législateur doit-il exiger que les codélinquants aient eu connaissance des événements qui aggravent leur situation, parce qu'il est juste qu'on soit rendu responsable seulement de ce qu'on a connu et voulu.

M. Haus est le seul criminaliste qui n'accepte pas cette solution si équitable. « Est-il nécessaire, est-il utile, dit-il, que la loi consacre ce principe ? Nous ne le pensons point. La plupart des crimes qui se commettent avec le concours de plusieurs personnes sont délibérés, concertés à l'avance ; le temps, le lieu de l'action, les moyens qui doivent y servir sont déterminés, les rôles distribués entre les associés. Qu'importe, dès lors, que l'un des malfaiteurs ignore quelque circonstance particulière qui, dans l'exécution, est venue aggraver le crime ? Qu'importe, par exemple, qu'un des voleurs qui se sont introduits dans la maison pour piller le coffre-fort du propriétaire ait porté des armes cachées ou exercé des violences sur ce dernier, à l'insu de leur associé placé dans la rue pour faire le guet ? En s'unissant dans un but commun, ne se sont-ils pas soumis à toutes les chances des événements ? N'ont-ils pas consenti à toutes les suites du crime ? » (1).

Nous reconnaissons avec M. Haus que, le plus souvent, en effet, les complices, les associés se donnent un blanc-seing mutuel et adhèrent d'avance à tous les actes qui serviront leurs desseins criminels. Mais il n'en est pas toujours ainsi, et il suffit qu'il y ait une seule exception à la règle générale pour que le législateur en tienne compte et ne consacre pas des principes contraires à la justice.

PARAGRAPHE DEUXIÈME. — *Circonstances aggravantes personnelles à l'auteur principal* (qualité de fils, de fonctionnaire, etc.). — D'après nous, l'effet des circonstances personnelles à l'auteur principal doit être supporté exclusivement par le participant chez qui elles se rencontrent. Dira-t-on que la qualité de l'auteur principal augmente la criminalité intrinsèque de l'infraction et doit, par suite, rejaillir sur tous les codélinquants ? Nous répondrons que les qualités de l'auteur sont essentielle-

---

(1) Voy. Haus, Rapport à la Chambre des Représentants et au Sénat. *Annales parlementaires*, 1849-1850, p. 1504.

ment personnelles et, par nature, incommunicables. Dans cette question, il ne faut considérer que les rapports du codélinquant avec la victime et avec l'auteur. Or, à ce point de vue, un individu n'est pas plus coupable et ne révèle pas plus de perversité en aidant, par exemple, un fils à tuer son père qu'en prêtant son concours à un meurtre ordinaire, puisque le père et le fils étaient pour lui deux étrangers.

Assurément, les circonstances personnelles à l'auteur doivent d'abord augmenter ou diminuer la culpabilité de la personne chez qui elles existent ; mais la justice exige qu'elles influencent la culpabilité des coauteurs et des complices dans la mesure où elles ont été connues et ont servi à faciliter le délit. Cette double condition nous paraît nécessaire, et nous adopterions volontiers le système italien, ainsi conçu : « Les circonstances et les qualités inhérentes à la personne, permanentes ou accidentelles, à raison desquelles est aggravée la peine à l'égard de ceux qui ont concouru à l'infraction, sont imputables aussi à ceux qui en ont eu connaissance au moment où ils ont prêté leur concours » (1).

PARAGRAPHE TROISIÈME. — *Circonstances aggravantes personnelles aux complices* (qualité de fils, de fonctionnaire, etc.). — Les circonstances aggravantes qui sont personnelles aux complices doivent-elles leur nuire ? Nous avons vu, dans la partie de notre travail consacrée à l'examen des règles de la complicité en droit français, qu'on devait négliger les circonstances aggravantes se rencontrant chez les complices.

Ce principe découle logiquement de l'article 59, qui oblige à mesurer strictement la peine du complice sur celle de l'auteur principal, ou plutôt sur la peine du fait principal tel qu'il a été

(1) Article 265 du Code pénal Italien. — Voy. notre *Législation comparée*, p. 187.

commis par l'auteur principal. Mais le système du législateur français contenu dans l'article 59 conduit à des conséquences particulièrement regrettables ; dans l'état actuel des choses, un fils, par exemple, complice du meurtre de son père, n'est pas plus puni que s'il était complice d'un meurtre ordinaire, parce qu'à l'égard de l'auteur principal, le meurtre n'est pas aggravé. N'est-ce pas un résultat singulièrement choquant? Il n'est pas douteux, en effet, que le fils dénaturé qui participe au meurtre de son père est plus coupable que s'il avait coopéré au meurtre d'un étranger? De même encore, le fonctionnaire public qui prête son concours à l'exécution d'un faux en écriture publique, commet un acte plus grave en sa qualité de fonctionnaire public que s'il avait agi comme simple particulier.

Il nous paraît donc parfaitement légitime d'augmenter la peine des complices quand on trouve chez eux des causes d'aggravation qui leur nuiraient normalement, s'ils étaient auteurs de l'infraction.

Mais, d'autre part, dans la question qui nous occupe, il y a un autre élément qu'il ne faut pas perdre de vue. Remarquons, en effet, que les complices ne jouent qu'un rôle accessoire dans la perpétration du délit. Or, à ce titre, il est équitable de leur infliger une peine inférieure à celle des autres (1). Comment tenir compte de ces deux points de vue non opposés, mais différents ? A notre avis, il faudra d'abord élever la peine des complices en raison des circonstances aggravantes qui leur sont personnelles et diminuer ensuite leur peine aggravée en s'appuyant sur ce fait qu'ils ont été de simples auxiliaires du délit (2).

---

(1) Voy. notre critique du Code pénal français qui assimile, au point de vue de la pénalité, le complice à l'auteur, pp. 200 et suiv.

(2) Tel est le système du Code pénal belge. — L'article 69 de ce Code décide, en effet, que les « complices d'un crime seront punis de la peine immédiatement inférieure à celle qu'ils encourraient s'ils

Section III

LA COMPLICITÉ DOIT-ELLE CONSTITUER UNE CIRCONSTANCE AGGRAVANTE
DE L'INFRACTION ?

Pour l'école classique, la complicité ne soulève qu'un problème législatif : celui de la répartition de la pénalité entre les complices.

L'école positive italienne s'est demandé en outre, si, en même temps qu'on punissait les complices, il ne serait pas légitime d'aggraver la peine de la complicité, comme telle ? Autrement dit, le fait de s'associer pour commettre une infraction (1), ne constitue t-il pas une circonstance qui augmente la gravité de l'infraction, et ne nécessite-t-il pas, par suite, une répression spéciale ? Les criminalistes italiens l'admettent. Nous nous bornerons à développer les raisons qu'ils donnent à l'appui de leur système. Elles sont décisives, parce qu'elles

---

étaient auteurs de ce crime, conformément aux articles 80 et 81 du présent Code. — La peine prononcée contre les complices d'un délit n'excèdera pas les deux tiers de celle qui leur serait appliquée s'ils étaient auteurs de ce délit ». A l'égard des complices, on doit par conséquent rechercher la peine qu'ils subiraient s'ils étaient les auteurs du crime, et leur appliquer cette peine avec l'aggravation résultant de telle ou telle circonstance à eux personnelle. On abaisse ensuite leur peine, d'une manière différente, suivant qu'il s'agit de crimes ou de délits (Voy. l'article 69 du Code belge, dans notre « législation comparée », p. 191).

(1) Nous prenons le mot « complicité » dans son sens large, où il comprend toute participation criminelle, principale ou secondaire ; au point de vue où nous nous plaçons, par complicité, nous entendons une infraction qui est le résultat des efforts combinés de plusieurs agents.

sont tirées des faits et de l'expérience. Ils remarquent d'abord que l'association criminelle, résultant d'une entente préalable antérieure au délit, facilitant l'exécution de l'infraction, la Société a le droit de se prémunir contre ce danger. Personne, assurément, ne songera à les contredire sur ce premier point.

Quand un individu, en effet, s'entoure de collaborateurs pour perpétrer une infraction, c'est évidemment parce qu'il se croit incapable de suffire seul à sa tâche : s'il consent à partager ses bénéfices éventuels, c'est uniquement pour diminuer ses chances d'insuccès. C'est là un fait d'expérience qui n'est que la mise en pratique de cet axiome bien connu : « L'union fait la force ». D'une façon plus prétentieuse mais plus scientifique, on peut dire que la complicité est une application de la division du travail à l'activité criminelle.

Quel que soit le but poursuivi, le groupement se présente toujours comme un moyen infaillible d'accroître l'efficacité des efforts individuels. Or la nécessité de prononcer des peines plus rigoureuses s'impose dans tous les cas où la violation de la loi est plus aisée et plus sûre. Et la complicité est une de ces circonstances, car l'infraction qui est due à la coopération de plusieurs agents, aboutira plus sûrement que l'infraction conçue et exécutée par un seul. C'est l'idée que traduit ce vieil axiome de bon sens : *Lex arctius coercere debet, quod facilius fieri putat.*

De plus, les infractions accomplies à l'aide de complices seront, la plupart du temps, des infractions très graves. Nous voulons parler de la gravité matérielle et non de la gravité morale, qui est bien souvent sans rapport avec la précédente. On peut signaler dans le domaine de la spéculation, une collaboration momentanée, tout à fait analogue à la complicité dans le domaine du crime. Deux commerçants s'asso-

15

cieront, par exemple, pour acheter la cargaison entière d'un navire, afin de pouvoir, en la revendant ensemble, maintenir sur le marché courant un prix plus élevé. Chacun d'eux, isolément, n'aurait pu réaliser cet achat trop onéreux. Par leur union, ils triomphent de cette difficulté. Il en est de même dans le champ de l'activité criminelle. Quand des malfaiteurs jugent bon de se concerter et de s'entr'aider, c'est que l'entreprise est lucrative et que le partage des bénéfices en vaut la peine. La complicité peut donc intervenir, soit pour mener à bien des entreprises criminelles inabordables pour un délinquant isolé, soit pour assurer plus efficacement l'exécution d'infractions qu'il serait possible d'accomplir seul, mais avec moins de chance de succès. Ceux qui voient dans la complicité une simple modalité de l'infraction, conviendront au moins que cette modalité a bien son importance.

Enfin, non seulement la complicité favorise la perpétration des infractions les plus graves, mais encore elle s'observe particulièrement chez les criminels les plus dangereux.

Le crime passionnel le moins grave, au point de vue moral et social, est presque toujours accompli par un délinquant isolé. Au contraire, les infractions ayant pour mobile la cupidité, et entre lesquelles se distribuent les différentes professions criminelles, sont très souvent exécutées par plusieurs agents concertés. Autrement dit, la tendance à s'associer se remarque surtout chez les criminels d'habitude. On le conçoit aisément d'ailleurs.

C'est surtout à la prison que les malfaiteurs lient connaissance. A leur sortie, ils se retrouvent pour former ce qu'on appelle « l'armée du crime ». C'est dans ce milieu, véritable cloaque de tous les vices et de toutes les dégradations, qu'ils préparent et organisent leurs attentats de tout genre contre la

Société, car ils sont toujours sûrs de trouver des comparses quand il y a une bonne opération à tenter. Le délinquant primaire, lui, ne vit pas dans ce milieu ; la plupart du temps il n'a personne à côté de lui. D'ailleurs il aime mieux agir seul ; il n'est pas encore assez audacieux : il n'ose pas confier à d'autres son projet criminel. C'est seulement après sa première chute qu'il saura où chercher des auxiliaires. Les malfaiteurs solitaires se rencontrent surtout parmi les criminels d'accident. L'idée d'accident exclut l'idée d'une entente mutuelle.

Cette tendance à s'associer que l'on remarque spécialement chez les délinquants professionels, augmente évidemment le danger social de la complicité. Elle l'augmente d'autant plus que le contact avec les habitués du crime, des délinquants les moins pervertis, a pour effet inévitable d'achever leur corrupiton. C'est une loi qui se vérifie sur toutes les agglomérations humaines. On a observé, maintes fois, que l'intelligence d'une association, d'une assemblée quelconque ne représente que la moyenne et non la résultante des intelligences qui la composent. A l'inverse, au point de vue moral, il est certain que le seul fait de s'unir pour le mal comme pour le bien, exaspère en chaque associé ses dispositions bonnes ou mauvaises. Tous les membres de l'association sont surexcités par une sorte d'émulation qui provient de l'amour-propre et du besoin d'imiter.

Les plus avancés élèvent peu à peu à leur niveau les autres.

Corroborons notre démonstration par les données de la statistique criminelle.

Les chiffres suivants sont quelques résultats d'ensemble extraits des décisions des Tribunaux, annexés aux comptes généraux annuels de notre justice criminelle.

Etablissons, pour la période allant de 1883 à 1897, la proportion des inculpés par rapport au nombre d'affaires devant les Cours d'assises et les Tribunaux correctionnels.

ANNÉES	COURS D'ASSISES		TRIBUNAUX CORRECTIONNELS		PROPORTION DU NOMBRE D'INCULPÉS Pᵣ CHAQUE AFFAIRE	
	AFFAIRES	ACCUSÉS	AFFAIRES	PRÉVENUS	COUR D'ASSISES	TRIBUNAL CORRECT^{el}
1883	3.299	4.313	197.279	209.499	1.30	1.16
1884	3.276	4.277	184.949	217.960	1.30	1.17
1885	3.135	4.184	188.734	244.372	1.33	1.18
1886	3.252	4.397	187.720	233.129	1.35	1.18
1887	3.164	4.298	191.108	228 773	1.35	1.19
1888	3.126	4.258	190.139	228.211	1.35	1.20
1889	2.950	4.113	190.809	228.322	1.39	1.19
1890	2.982	4.078	197.766	229.134	1.37	1.19
1891	2.939	4.207	194.673	233.704	1.43	1.20
1892	2.949	4.096	205.774	248.537	1.39	1.20
1893	3.035	4.269	203.624	247.888	1.40	1.21
1894	2.853	3.975	206.000	249.166	1.39	1.20
1895	2.526	3.553	196.295	238.109	1.40	1.21
1896	2.588	3.550	188.761	230.368	1.37	1.21
1897	2.492	3.453	186.000	225.213	1.38	1.21

D'après ce tableau, pendant ces quinze ans, la proportion des délits commis par complicité n'a fait qu'augmenter, ce qui prouve que la tendance à s'associer va en s'accentuant chez les malfaiteurs.

Autre remarque : la complicité est plus fréquente chez les accusés que chez les prévenus, ce qui corrobore notre affirmation de plus haut : les crimes sont souvent plus rémunérateurs que les simples délits (nous voulons parler des crimes qui ont pour mobile la cupidité), mais leur exécution est plus difficile : de là, l'utilité des complices.

Il est intéressant maintenant de rechercher pour quelle catégorie d'infractions l'association criminelle est la plus fréquente. Un tableau récapitulatif, contenu dans le compte rendu de la justice criminelle pour l'année 1891 (cette statistique part de 1876), nous renseignera là-dessus, du moins pour les crimes.

DÉSIGNATION DES CRIMES	NOMBRE DES AFFAIRES				NOMBRE DES ACCUSÉS			
	MOYENNE ANNUELLE 1876-80	MOYENNE ANNUELLE 1881-85	MOYENNE ANNUELLE 1886-90	1891	MOYENNE ANNUELLE 1876-80	MOYENNE ANNUELLE 1881-85	MOYENNE ANNUELLE 1886-90	1891
Assassinats . . . .⎞ Meurtres . . . . .⎬ Empoisonnements.⎟ Parricides . . . .⎠	364	426	417	369	428	518	506	492
Infanticides. . . .	194	176	173	146	219	191	191	151
Coups ayant donné la mort sans intention de la donner.	103	113	100	110	121	141	119	127
Viols ou attentats à la pudeur sur adultes	108	88	70	70	122	103	76	90
Viols ou attentats à la pudeur sur enfants	791	695	576	560	809	717	592	571
Incendies.	170	196	192	215	206	219	215	236
Vols qualifiés et abus de confiance .	1.195	1.123	1.091	966	1.771	1.763	1.831	1.716
Banqueroutes frauduleuse	16	60	42	40	98	86	61	61

De ce tableau, il résulte que la complicité se remarque surtout dans les crimes ayant comme unique mobile la cupidité (vols et abus de confiance).

La proportion moyenne du nombre des accusés pour les crimes de cette catégorie suit une progression nettement caractérisée :

> 1.48 pour la période 1876-80
> 1.57 — — 1881-85
> 1.67 — — 1886-90
> 1.77 en 1891.

Ce chiffre est notablement supérieur aux moyennes générales de notre premier tableau.

Au contraire, les viols, les attentats à la pudeur, les coups, étant des infractions passionnelles au premier chef, sont l'œuvre de délinquants isolés. La même remarque pourrait se faire pour la dernière statistique parue, celle de 1897.

Il est plus intéressant de comparer l'étiage de la complicité en France et en Italie, grâce à une monographie de M. Scipio Sighele.

Nous reproduirons seulement le chiffre proportionnel des inculpés pour chaque infraction :

ANNÉES	TRIBUNAUX PÉNAUX (CORRECTIONNELS)	COURS D'ASSISES
1882	1.43	1.63
1883	1.45	1.73
1884	1.48	1.71
1885	1.47	1.74
1886	1.46	1.67
1887	1.47	1.68
1888	1.47	1.70
1889	1.48	1.71
1890	1.56	1.67
1891	1.58	1.66

Donc, en Italie, même phénomène qu'en France, on le voit : la complicité est plus fréquente dans les infractions jugées par les Cours d'assises, et, en outre, la moyenne du nombre des délinquants, pour chaque infraction, est plus élevée en Italie qu'en France. C'est une circonstance dont nous n'avons pas à rechercher les causes ici.

Aussi, Sighele a-t-il dégagé ces deux lois de la statistique italienne :

1° La complicité est plus fréquente dans les infractions graves que dans les infractions légères ; autrement dit, elle se constate plus souvent entre délinquants d'habitude qu'entre délinquants d'occasion ;

2° La complicité est le phénomène spécifique des voleurs.

A ces points de vue, nous croyons qu'elle appelle une répression spéciale énergique (1).

---

(1) Voy., dans ce sens, Scipio Sighele, *La Teoria positiva della complicita*, Turin, Bocca, 1894 ; Enrico Ferri, *La Sociologie criminelle*, 2ᵉ édition, p. 426 ; Cuche, *Une Théorie nouvelle de la complicité*, article dans les *Annales de l'Université de Grenoble*, t. VIII, n° 2, sommaire I, année 1896, p. 205-223 ; Garraud, *op. cit.*, 2ᵉ édition, t. II, n° 646, p. 605 et suivants.

Les criminalistes classiques et les législateurs ont puni l'association criminelle, mais dans des circonstances extraordinaires et quand le danger était pressant (voy., dans le Code français, les art. 381, 2°, 265 et suivants, modifiés par la loi de 1893, relative aux anarchistes), et que la Société s'est trouvée menacée par certains événements exceptionnels.

Il y avait cependant une tendance, assez confuse il est vrai, à systématiser la répression de la complicité, chez les criminalistes classiques ; voy. dans Sighele, *op. cit.*, p. 151, les citations des criminalistes Carrara, Zupetta et Pessina.

CONCLUSION

De cette étude théorique sur la pénalité qu'il conviendrait d'appliquer à la complicité, que faut-il conclure? D'après nous, une législation conforme aux données de la raison et de la justice devrait réaliser les deux réformes suivantes :

1° Faire, de toute entente criminelle préalable à l'infraction, une circonstance aggravante de cette infraction ;

2° Proportionner la peine de chaque codélinquant à l'importance de leur participation respective, et frapper d'une peine d'un degré inférieur ceux qui n'ont été que de simples auxiliaires dans l'exécution du délit (1).

Ce sont là des améliorations urgentes à introduire dans notre législation pénale. Nous souhaitons vivement qu'elles viennent prendre place dans le projet de réforme du Code pénal.

---

(1) Voy., en ce sens, tous les grands criminalistes classiques : Rossi, Chauveau et Hélie, Ortolan, Garraud, etc.— Voy. aussi Tarde, *La Philosophie pénale*, p. 465 ; Garofalo, *La Criminologie*, p. 331.

L'article 82 du projet de révision du Code pénal consacre l'ancienne règle de l'article 59.

INDEX BIBLIOGRAPHIQUE

MONTESQUIEU. — Esprit des lois, livre XIV, chapitre XII.

BECCARIA. — Traité des délits et des peines, édition de 1856.

ROSSI. — Traité de droit pénal, édition de 1829.

RAUTER. — Traité de droit criminel.

CARNOT. — Commentaire du Code pénal.

CARNOT. — Instruction criminelle.

LEGRAVEREND. — Législation criminelle de la France.

BLANCHE. — Etudes pratiques sur le Code pénal, 2me édition.

CHAUVEAU ET HÉLIE. — Théorie du Code pénal, 6me édition, annotée par M. Villey, professeur de droit pénal à la faculté de Caen.

TRÉBUTIEN. — Cours élémentaire de droit criminel, 2mo édition.

BERTAULD. — Cours de Code pénal, 3mo édition.

LE SELLYER. — Traité de la criminalité et de la pénalité, 2me édition.

GARRAUD. — Traité théorique et pratique du droit pénal, 1re et 2mo éditions.

MOLINIER. — Traité théorique et pratique de droit pénal, 2mo édition, annotée par M. Vidal, professeur de droit pénal à la faculté de Toulouse.

HAUS. — Principes généraux du droit pénal belge, 2me édition.

LABORDE. — Cours de droit criminel, 2me édition.

FAUSTIN HÉLIE. — Traité de l'instruction criminelle.

MENGIN ET SOREL. — Traité de l'action publique.

LE SELLYER. — Traité de l'exercice et de l'extinction de l'action publique.

BRUN DE VILLERET. — Traité de la prescription en matière criminelle.

POPINEAU. — Etude sur la complicité en droit français et dans quelques législations étrangères. Thèse de doctorat, Paris, 1891.

Ch. Bazeille et Constant. — Le Code de la presse.

H. Celliez et Le Senne. — La loi de 1881 sur la presse.

Perrot de Chezelles. — Article dans la *Revue critique de législation et de jurisprudence*, t. XIV, p. 70 et suiv.

Laborde. — Article dans la *Revue critique de législation et de jurisprudence*, 1885, p. 259 et suiv.

Villey. — Articles dans la *France Judiciaire*, 1876, 1re partie, pp. 2-9 et 312-318, 1885-1886, t. I, pp. 365-370.

Voisin. — Article dans la *Revue pratique de droit français*, 1862, t. XIII, p. 188 et suiv.

Delpech. — Article dans la *Revue générale de droit*, 1879, p. 364 et suiv.

Carrara. — Article dans la *Revue critique de législation et de jurisprudence*, 1865, p. 409 et suiv.

Cuche. — Article dans les *Annales de l'enseignement supérieur* de Grenoble, 1896, p. 213 et suiv.

Scipio Sighele. — *La teoria positiva della complicita*. Turin, Bocca, frères, 1894.

Enrico Ferri. — *La Sociologie criminelle*, 2me édition.

Garofalo. — *La Criminologie*, 2me édition.

Tarde. — *La Philosophie pénale*, 2me édition.

Desjardins. — Article dans la *Revue critique de législation et de jurisprudence*, 1885, p. 81 et suiv.

Benoit Champy. — Essai sur la complicité, 1865.

De Servan. — Influence de la philosophie sur l'Instruction criminelle, œuvres choisies.

Vu par le Président de la thèse,   Le Doyen de la Faculté de droit,

LABORDE.   VIGIÉ.

Vu et permis d'imprimer :

Montpellier, le 26 novembre 1900.

Le Recteur :

Ant. BENOIST.

TABLE DES MATIÈRES

www.ingramcontent.com/pod-product-compliance
Lightning Source LLC
Chambersburg PA
CBHW071630200326
41519CB00012BA/2226